NEW 일본어
상용한자
기초 마스터
1026

쓰기노트

다락원

┃ 머 리 말

일본과의 문화 개방과 인터넷 보급으로 인하여 일본어 학습 연령은 점점 낮아지고 있습니다. 정규 교과목으로 채택한 중·고등학교도 늘고 있으며 그 외 많은 학교가 방과 후 학습을 합니다. 최근에는 초등학교에서도 특기나 적성 교육으로 일본어 학습을 하는 학교가 많아졌습니다. 이러한 일본어 학습의 증가로 학생들의 일본어 회화 구사 능력은 좋아졌으나 일본어 쓰기 실력은 향상되지 않아 학생들의 실력이 초기 단계에 머무는 경우가 많습니다. 그 원인은 바로 부족한 한자 학습 시간에 있습니다. 한자를 읽지 못하고 쓰는 데 서툴러 일본어 어휘 수준이 낮기 때문입니다. 그 결과 일본어 실력은 늘지 않고 간단한 회화를 하는 수준에 그치고 맙니다.

이 책은 일본의 초등학교에서 배우는 한자를 학년별로 나누어 음과 훈, 의미를 적고 기초에서 필요한 음독과 훈독 단어를 제시하고 있습니다. 한자 자체를 쓰는 연습과 함께 자주 쓰이는 단어나 표현에도 공란을 두어, 다시 한번 단어를 익히며 써볼 수 있도록 하였습니다.

한자는 한 번 학습을 했더라도 반복하거나 활용하지 않으면 금방 잊어버립니다. 본서는 매일 공부한 분량을 복습할 수 있는 확인문제를 홈페이지에서 제공하여 계속 확인하고 반복하도록 하였습니다. 한자를 쓰고 읽는 일은 쉽지 않지만 포기하지 않고 학습하다보면 어휘가 많이 향상되어 일본어 실력도 상당히 좋아지리라 믿어 의심치 않습니다. 한자는 꾸준한 반복학습이 가장 중요합니다. 아무쪼록 한자 학습을 통하여 일본어를 정복하시기 바랍니다.

저자 일동

이 책 의 구 성 과 특 징

1 한자는 물론 단어까지 쓰고 익힌다!

초등학생들이 배우는 교육한자 1026자를 학년별로 배열한 『NEW 일본어 상용 한자 기초 마스터 1026』에 나와 있는 한자를 직접 쓰면서 익힐 수 있습니다.

1학년부터 3학년까지는 쓰기 쉬운 한자부터 임의로 배열하였고, 4학년부터 6학년까지는 한글의 자모순으로 배열하였습니다. 1학년 한자는 unit 한 개, 2학년부터 6학년까지는 unit 두 개로 구성되어 총 열한 개의 unit입니다. 각 unit 당 80~100자씩으로 나누어 총 1026자를 부담 없이 학습할 수 있으며, 각 한자 뿐만 아니라 음독과 훈독으로 쓰이는 단어 및 표현들도 써보며 익힐 수 있도록 구성되어 있습니다.

학년별 한자수는 다음과 같습니다.

| 1학년 : 80자 | 2학년 : 160자 | 3학년 : 200자 |
| 4학년 : 202자 | 5학년 : 193자 | 6학년 : 191자 |

2 11주 학습 계획표로 매일매일 한자 익히기!

교재 8쪽에 있는 11주 계획표에 따라 매일매일 한자와 표현을 익힐 수 있습니다. 계획표는 80~100자로 이루어진 각 unit을 일주일 동안 학습할 수 있게끔 하루에 약 16~20자씩 나누어져 있습니다.

3 익힌 한자는 확인문제를 통해 복습할 수 있다.

계획표에 따라 한자와 단어를 익히고, 홈페이지 (www.darakwon.co.kr)에서 제공하는 확인문제 를 통해 그날그날 익힌 내용을 복습할 수 있습니다. 확인 문제까지 끝난 후 ☐ 박스에 체크해 주세요.

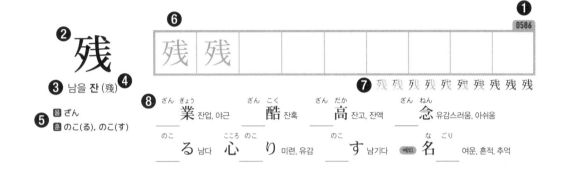

❷ 残

❸ 남을 잔 (殘) ❹

❺ 음 ざん
훈 のこ(る), のこ(す)

❻ 残 残

❼ 残 残 残 残 残 残 残 残 残

❽
ざん ぎょう
＿＿業 잔업, 야근

ざん こく
＿＿酷 잔혹

ざん だか
＿＿高 잔고, 잔액

ざん ねん
＿＿念 유감스러움, 아쉬움

のこ
＿＿る 남다

こころ のこ
心＿＿り 미련, 유감

のこ
＿＿す 남기다

예외
な ごり
名＿＿ 여운, 흔적, 추억

----

❶ **일련번호** 1부터 1026까지의 일련번호입니다.

❷ **표제한자** 보기 쉽게 한자를 크게 표시했습니다.

❸ **우리말 음훈** 우리나라에서 쓰는 음과 훈을 표기하였습니다.

❹ **한국 한자** 우리나라에서 쓰는 한자(정자)가 따로 있는 경우 표기해 두었습니다.

❺ **일본어 음독과 훈독** 한자의 대표적인 음독과 훈독을 제시하였습니다.

❻ **한자쓰기** 해당 한자를 써보는 공간입니다. 총 9번 쓸 수 있습니다.

❼ **쓰는 순서** 한자의 쓰는 순서를 제시하여 올바른 쓰기학습이 가능하도록 하였습니다. 우리나라에서 쓰는 한자와 일본 한자의 필순이 다른 경우도 있습니다.

❽ **단어** 기초에서 알아두어야 할 음독과 훈독 단어를 나열하고 예외가 있는 단어도 함께 실었습니다. 또한 해당 한자 부분은 빈칸을 두어 단어를 익히며 다시 한번 복습할 수 있습니다. 입으로 소리내어 단어를 읽으며 써봅시다.

*일상생활에서 자주 쓰지 않는 음독·훈독은 따로 단어를 제시하지 않은 경우가 있습니다.

I
일본어 한자에 대하여

일본어를 표기할 때는 한자, 히라가나, 가타카나를 사용합니다. 히라가나는 문법적인 말(활용어미나 조사, 조동사 등), 가타카나는 외래어나 강조하고 싶은 말, 한자는 실질적인 어휘에 사용합니다. 한자는 실질적인 어휘를 나타내는 만큼 특히 중요합니다. 그럼 일본어 한자의 특징에 대하여 알아봅시다.

1 한자에는 음(音)과 훈(訓)이 있습니다.

일본어 한자는 음독(音読み)과 훈독(訓読み)으로 발음합니다. 음은 중국에서 한자가 건너올 때 한자가 나타내는 중국어 발음을 그대로 일본어에 도입한 것을 말합니다. 한편 훈은 일본인이 한자를 알기 전부터 사용했던 음입니다. 한자가 일본으로 전해지면서 같은 뜻을 나타내자 훈으로 읽게 되었지요. 그래서 대개 훈을 보면 의미도 알 수 있습니다.

음 さん 중국어 발음을 일본어에 도입한 음
훈 やま 한자가 나타내는 중국어 의미를 일본어로 표기한 것

우리나라에서는 한자에 음독과 훈독이 하나씩인 경우가 많지만, 일본어 한자는 음독과 훈독이 다양하며 의미가 여러 가지 있는 경우도 많습니다.

음 せい, しょう
훈 いきる, いかす, いける, うまれる, うむ, おう, はえる, はかす, なま, き

2 발음이 변할 때가 있습니다.

한자의 앞이나 뒤에 다른 한자나 다른 단어가 붙어서 새로운 단어가 되었을 때 예와 같이 발음이 변하거나 특별하게 읽는 경우가 있습니다.

① **音便化(음편화)** : 앞의 음이 뒤의 음의 영향을 받아 촉음으로 바뀌는 현상입니다.
　学(が<u>く</u>) + 校(こう) → 学校(が<u>っ</u>こう) 학교
　出(しゅ<u>つ</u>) + 発(はつ) → 出発(しゅ<u>っ</u>ぱつ) 출발

② 連濁(연탁) : 뒤의 첫음이 청음에서 탁음으로 바뀌는 현상입니다.

　天(てん) ＋ 国(こく) → 天国(てんごく) 천국

③ 連声(연성) : 앞의 음이 ん·ち·つ로 끝날 때 あ·や·わ행이 이어지면 그 음이 な·ま·た행으로 바뀌는 현상입니다.

　因(いん) ＋ 縁(えん) → 因縁(いんねん) 인연

④ 当て字 : 특별하게 읽는 경우입니다.

　田(でん) ＋ 舎(しゃ) → 田舎(いなか) 시골

본서에서는 단어의 음편화, 연탁, 연성에 대한 설명은 따로 하지 않았습니다. 특별하게 읽지만 자주 사용하는 当て字는 　예외　라고 표시해 두었습니다.

3　오쿠리가나(送り仮名)

오쿠리가나는 문장을 읽을 때 쉽게 읽기 위하여 한자 뒤에 붙는 히라가나를 말합니다. 오쿠리가나는 기본적으로 훈독으로 읽는 동사, イ·ナ형용사, 부사(일부)에 있고, 동사,형용사에는 활용어미(活用語尾)에, 부사에는 마지막 음절(音節)에 사용하여 정확한 의미, 문맥을 알 수 있도록 하는 역할을 합니다. 오쿠리가나에 따라 의미가 달라지므로 주의하여야 합니다. 본서에서는 오쿠리가나를 괄호에 넣어 표시하였습니다.

동사	閉まる 닫히다　閉める 닫다　生む 낳다　生まれる 태어나다
イ형용사	細い 가늘다　細かい 상세하다, 잘다　苦しい 괴롭다　苦い (맛이) 쓰다
ナ형용사	幸せだ 행복하다　幸いだ 다행이다
부사	最も 가장　必ず 꼭　概ね 대강, 대체로

11주 학습 계획표

본서 『NEW 일본어 상용한자 기초 마스터 1026 쓰기노트』를 학습하는 독자분들을 위해 11주 완성으로 학습 계획표를 짰습니다. 80~100자로 이루어진 각 unit을 일주일 동안 학습할 수 있게끔 일련번호순으로 하루에 약 16~20자씩 나누었습니다. 매일매일 풀어 보는 확인 문제도 홈페이지(www.darakwon.co.kr)에서 제공하니 다운로드하여 활용해 보세요.

		월	화	수	목	금
1주	초등학교 1학년 한자	1~16 ☐	17~32 ☐	33~48 ☐	49~64 ☐	65~80 ☐
2주	초등학교 2학년 한자①	81~96 ☐	97~112 ☐	113~128 ☐	129~144 ☐	145~160 ☐
3주	초등학교 2학년 한자②	161~176 ☐	177~192 ☐	193~208 ☐	209~224 ☐	225~240 ☐
4주	초등학교 3학년 한자①	241~260 ☐	261~280 ☐	281~300 ☐	301~320 ☐	321~340 ☐
5주	초등학교 3학년 한자②	341~360 ☐	361~380 ☐	381~400 ☐	401~420 ☐	421~440 ☐
6주	초등학교 4학년 한자①	441~460 ☐	461~480 ☐	481~500 ☐	501~520 ☐	521~540 ☐

		월	화	수	목	금
7주	초등학교 4학년 한자②	541~560 ☐	561~580 ☐	581~600 ☐	601~620 ☐	621~642 ☐
8주	초등학교 5학년 한자①	643~662 ☐	663~682 ☐	683~702 ☐	703~722 ☐	723~742 ☐
9주	초등학교 5학년 한자②	743~761 ☐	762~780 ☐	781~799 ☐	800~817 ☐	818~835 ☐
10주	초등학교 6학년 한자①	836~854 ☐	855~873 ☐	874~892 ☐	893~910 ☐	911~928 ☐
11주	초등학교 6학년 한자②	929~948 ☐	949~968 ☐	969~988 ☐	989~1008 ☐	1009~1026 ☐

차 례

머리말   003

이 책의 구성과 특징   004

일본어 한자에 대하여   006

11주 학습 계획표   008

초등학교 1학년 한자   012

초등학교 2학년 한자 ❶   032

초등학교 2학년 한자 ❷   050

초등학교 3학년 한자 ❶   070

초등학교 3학년 한자 ❷   092

초등학교 4학년 한자 ❶   116

초등학교 4학년 한자 ❷   138

초등학교 5학년 한자 ❶   162

초등학교 5학년 한자 ❷   183

초등학교 6학년 한자 ❶   204

초등학교 6학년 한자 ❷   224

日本語漢字

초등학교 1학년

한자쓰기

초등학교 1학년 한자

80 자

一 한 일	二 두 이	三 석 삼	四 넉 사	五 다섯 오	六 여섯 육(륙)	七 일곱 칠	八 여덟 팔
九 아홉 구	十 열 십	百 일백 백	千 일천 천	年 해 년	日 날 일	月 달 월	火 불 화
水 물 수	木 나무 목	金 쇠 금	土 흙 토	上 윗 상	下 아래 하	大 큰 대	中 가운데 중
小 작을 소	左 왼 좌	右 오른 우	白 흰 백	青 푸를 청	赤 붉을 적	口 입 구	耳 귀 이
目 눈 목	手 손 수	足 발 족	文 글월 문	字 글자 자	先 먼저 선	生 날 생	学 배울 학
校 학교 교	車 수레 차(거)	出 날 출	入 들 입	山 뫼 산	川 내 천	天 하늘 천	石 돌 석
森 수풀 삼	林 수풀 림	空 빌 공	気 기운 기	雨 비 우	夕 저녁 석	男 사내 남	女 여자 녀
人 사람 인	名 이름 명	王 임금 왕	子 아들 자	力 힘 력	正 바를 정	犬 개 견	虫 벌레 충
貝 조개 패	花 꽃 화	草 풀 초	竹 대 죽	円 둥글 원	玉 구슬 옥	糸 실 사	見 볼 견
音 소리 음	休 쉴 휴	本 근본 본	立 설 립	早 이를 조	田 밭 전	町 밭두둑 정	村 마을 촌

一
한 **일**

음 いち, いつ
훈 ひと, ひと(つ)

0001

一 ｜ 一

いち ねん
年 1년

いち ばん
番 첫 번째, 가장

いっ かい
回 1회, 한 번

とう いつ
統 통일

ひと り
人 한 명, 혼자

ひと
つ 한 개

예외 つい たち
日 1일, 초하루

二
두 **이**

음 に
훈 ふた, ふた(つ)

0002

二 ｜ 二

に かい
回 2회, 두 번

に じ
時 두 시

ふた り
人 두 명

ふた
つ 두 개

예외 は たち
十歳 스무 살

はつ か
十日 20일

ふつ か
日 2일, 이틀

三
석 **삼**

음 さん
훈 み, み(つ), みっ(つ)

0003

三 ｜ 三 三

さん にん
人 세 명

さん ねん せい
年生 3학년

さん まい
枚 세 장

さん ぼん
本 세 병, 세 자루

みっ か
日 3일, 사흘

みっ
つ 세 개

四
넉 **사**

음 し
훈 よ, よ(つ), よっ(つ), よん

0004

四 ｜ 四 四 四 四 四

し がつ
月 4월

し き
季 사계

よ じ
時 네 시

よっ か
日 4일, 나흘

よっ
つ 네 개

よん さい
歳 네 살

よん ほん
本 네 병, 네 자루

五
다섯 **오**

음 ご
훈 いつ, いつ(つ)

0005

五 ｜ 五 五 五 五

ご じ
時 다섯 시

ご にん
人 다섯 명

ご ねん
年 5년

いつ か
日 5일

いつ
つ 다섯 개

六

여섯 **육**

- 음 ろく
- 훈 む, むい, む(つ), むっ(つ)

0006

六 六

六 六 六 六

ろく がつ
___月 6월

ろく じ
___時 여섯 시

ろく にん
___人 여섯 명

ろっ ぽん
___本 여섯 병, 여섯 자루

むい か
___日 6일

むっ
___つ 여섯 개

七

일곱 **칠**

- 음 しち
- 훈 なな, なな(つ), なの

0007

七 七

七 七

しち がつ
___月 7월

しち じ
___時 일곱 시

しち にん
___人 일곱 명

なな ほん
___本 일곱 병, 일곱 자루

なな
___つ 일곱 개

なの か
___日 7일

八

여덟 **팔**

- 음 はち
- 훈 や, や(つ), やっ(つ), よう

0008

八 八

八 八

はち がつ
___月 8월

はち じ
___時 여덟 시

はち にん
___人 여덟 명

はっ ぽん
___本 여덟 병, 여덟 자루

や おや
___百屋 채소 가게

やっ
___つ 여덟 개

よう か
___日 8일

九

아홉 **구**

- 음 く, きゅう
- 훈 ここの, ここの(つ)

0009

九 九

九 九

く がつ
___月 9월

く じ
___時 아홉 시

きゅう かい
___階 9층

きゅう さい
___歳 아홉 살

きゅう にん
___人 아홉 명

ここの か
___日 9일

ここの
___つ 아홉 개

十

열 **십**

- 음 じゅう, じっ
- 훈 と, とお

0010

十 十

十 十

じゅう がつ
___月 10월

じゅう にん
___人 열 명

じゅっ かい じっ かい
___回・___回 10회, 열 번

じゅっ ぷん じっ ぷん
___分・___分 10분

とお か
___日 10일, 열흘

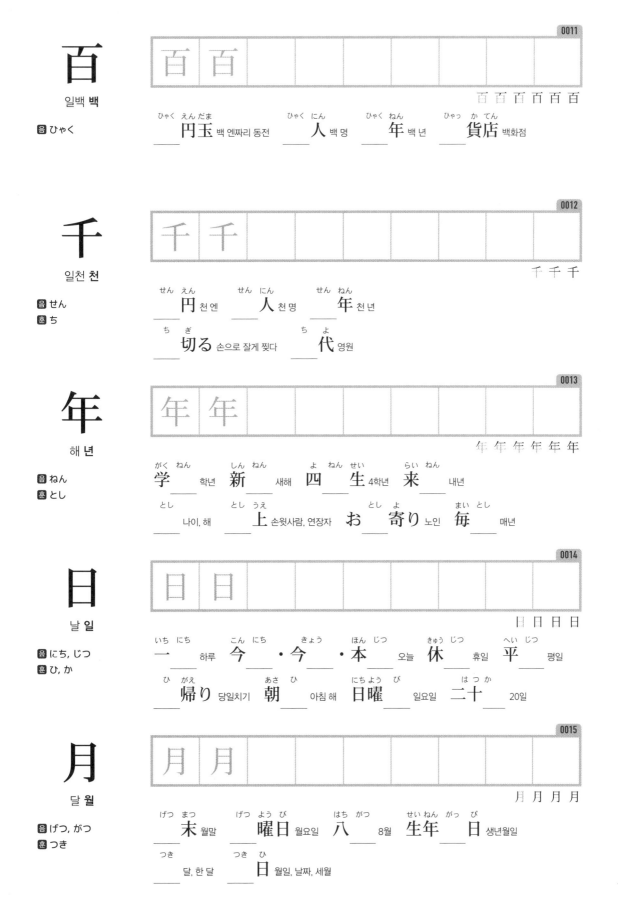

百
일백 **백**
음 ひゃく

0011

___ 円玉 백 엔짜리 동전 （ひゃく えん だま）
___ 人 백 명 （ひゃく にん）
___ 年 백 년 （ひゃく ねん）
___ 貨店 백화점 （ひゃっ か てん）

百 百 百 百 百 百

千
일천 **천**
음 せん
훈 ち

0012

___ 円 천 엔 （せん えん）
___ 人 천 명 （せん にん）
___ 年 천 년 （せん ねん）
___ 切る 손으로 잘게 찢다 （ち ぎ）
___ 代 영원 （ち よ）

千 千 千

年
해 **년**
음 ねん
훈 とし

0013

学___ 학년 （がく ねん）
新___ 새해 （しん ねん）
四___生 4학년 （よ ねん せい）
来___ 내년 （らい ねん）
___ 나이, 해 （とし）
___上 손윗사람, 연장자 （とし うえ）
お___寄り 노인 （とし よ）
毎___ 매년 （まい とし）

年 年 年 年 年 年

日
날 **일**
음 にち, じつ
훈 ひ, か

0014

一___ 하루 （いち にち）
今・今___ 오늘 （こん にち・きょう）
本___ 오늘 （ほん じつ）
休___ 휴일 （きゅう じつ）
平___ 평일 （へい じつ）
___帰り 당일치기 （ひ がえ）
朝___ 아침 해 （あさ ひ）
___曜 일요일 （にち よう び）
二十___ 20일 （はつ か）

日 日 日 日

月
달 **월**
음 げつ, がつ
훈 つき

0015

___末 월말 （げつ まつ）
___曜日 월요일 （げつ よう び）
八___ 8월 （はち がつ）
生年___日 생년월일 （せい ねん がっ び）
___ 달, 한 달 （つき）
___日 월일, 날짜, 세월 （つき ひ）

月 月 月 月

火

불 화

음 か
훈 ひ, ほ

0016

火 火

火 火 火 火

山 화산 　事 화재 　曜日 화요일
か ざん　　か じ　　か ようび

불 花 불꽃놀이
ひ　はな び

水

물 수

음 すい
훈 みず

0017

水 水

水 水 水 水

泳 수영 　道 수도 　曜日 수요일 香 향수
すい えい　すい どう　すい ようび　こう すい

물 　着 수영복 　虫 무좀 鼻 콧물
みず　　みず ぎ　　みず むし　はな みず

木

나무 목

음 もく, ぼく
훈 き, こ

0018

木 木

木 木 木 木

材 목재 　造 목조 　曜日 목요일 土 토목
もく ざい　もく ぞう　もく ようび　ど ぼく

나무 　並 가로수 　の葉 나뭇잎
き　なみ き　こ は

金

쇠 금

음 きん, こん
훈 かね, かな

0019

金 金

金 金 金 金 金 金 金 金

庫 금고 　曜日 금요일 税 세금 黄 황금
きん こ　きん ようび　ぜい きん　おう ごん

お 돈 お 持ち 부자 　物 철물
かね　　かね も　　かな もの

土

흙 토

음 ど, と
훈 つち

0020

土 土

土 土 土

日 토요일과 일요일, 주말 　曜日 토요일 国 국토 　地 토지
ど にち　　ど ようび　こく ど　と ち

흙 　ぼこり 흙투성이
つち　つち

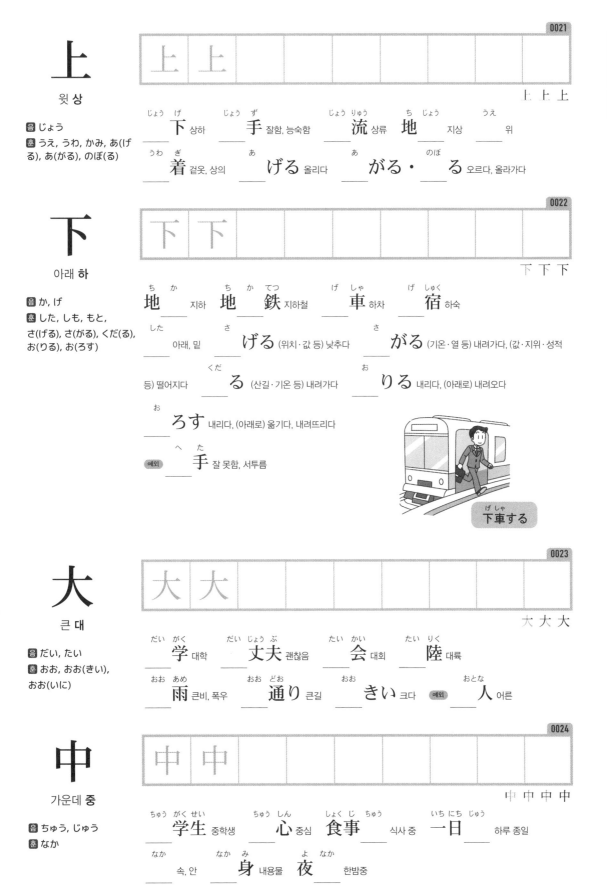

上

윗 **상**

음 じょう
훈 うえ, うわ, かみ, あ(げる), あ(がる), のぼ(る)

0021

上 上

上 上 上

じょう げ　下 상하
じょう ず　手 잘함, 능숙함
じょう りゅう　流 상류
ち じょう　地　지상
うえ　위

うわ ぎ　着 겉옷, 상의
あ　げる 올리다
あ　がる・のぼ　る 오르다, 올라가다

下

아래 **하**

음 か, げ
훈 した, しも, もと, さ(げる), さ(がる), くだ(る), お(りる), お(ろす)

0022

下 下

下 下 下

ち か　地　지하
ち か てつ　地　鉄 지하철
げ しゃ　車 하차
げ しゅく　宿 하숙

した　아래, 밑
さ　げる (위치·값 등) 낮추다
さ　がる (기온·열 등) 내려가다, (값·지위·성적 등) 떨어지다
くだ　る (산길·기온 등) 내려가다
お　りる 내리다, (아래로) 내려오다

お　ろす 내리다, (아래로) 옮기다, 내려뜨리다

예외　へ た　手 잘 못함, 서투름

げ しゃ
下車する

大

큰 **대**

음 だい, たい
훈 おお, おお(きい), おお(いに)

0023

大 大

大 大 大

だい がく　学 대학
だい じょう ぶ　丈夫 괜찮음
たい かい　会 대회
たい りく　陸 대륙

おお あめ　雨 큰비, 폭우
おお どお　通り 큰길
おお　きい 크다
예외　おとな　人 어른

中

가운데 **중**

음 ちゅう, じゅう
훈 なか

0024

中 中

中 中 中 中

ちゅう がく せい　学生 중학생
ちゅう しん　心 중심
しょく じ ちゅう　食事　식사 중
いち にち じゅう　一日　하루 종일

なか　속, 안
なか み　身 내용물
よ なか　夜　한밤중

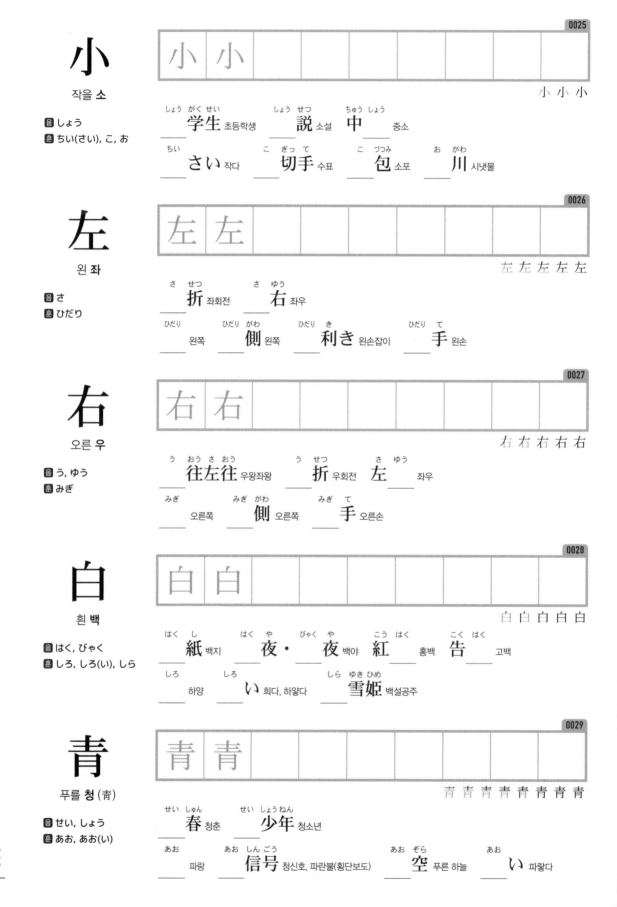

小
작을 소

음 しょう
훈 ちい(さい), こ, お

小	小						

小 小 小

しょう がく せい
__学生 초등학생

しょう せつ
__説 소설

ちゅう しょう
中__ 중소

ちい
__さい 작다

こ ぎって
__切手 수표

こ づつみ
__包 소포

お がわ
__川 시냇물

左
왼 좌

음 さ
훈 ひだり

左	左						

左 左 左 左 左

さ せつ
__折 좌회전

さ ゆう
__右 좌우

ひだり
__ 왼쪽

ひだり がわ
__側 왼쪽

ひだり き
__利き 왼손잡이

ひだり て
__手 왼손

右
오른 우

음 う, ゆう
훈 みぎ

右	右						

右 右 右 右 右

う おう さ おう
__往左往 우왕좌왕

う せつ
__折 우회전

さ ゆう
左__ 좌우

みぎ
__ 오른쪽

みぎ がわ
__側 오른쪽

みぎ て
__手 오른손

白
흰 백

음 はく, びゃく
훈 しろ, しろ(い), しら

白	白						

白 白 白 白 白

はく し
__紙 백지

はく や
__夜・

びゃく や
__夜 백야

こう はく
紅__ 홍백

こく はく
告__ 고백

しろ
__ 하양

しろ
__い 희다, 하얗다

しら ゆき ひめ
__雪姫 백설공주

青
푸를 청 (青)

음 せい, しょう
훈 あお, あお(い)

青	青						

青 青 青 青 青 青 青

せい しゅん
__春 청춘

せい しょうねん
__少年 청소년

あお
__ 파랑

あお しん ごう
__信号 청신호, 파란불(횡단보도)

あお ぞら
__空 푸른 하늘

あお
__い 파랗다

赤
붉을 **적**

음 せき, しゃく
훈 あか, あか(い), あか(らむ), あか(らめる)

0030

赤 赤

赤 赤 赤 赤 赤 赤 赤

___ 十字 <ruby>せき<rt>せき</rt></ruby> 적십자   ___ 道 적도   ___ 飯 팥밥

___ 빨강   ___ い 빨갛다   ___ 字 적자   ___ 信号 적신호, 빨간불(횡단보도)

___ ちゃん 아기   ___ らむ 불그스름해지다, 붉어지다

___ らめる (얼굴을) 붉히다

あかしんごう
赤信号

口
입 **구**

음 こう, く
훈 くち

0031

口 口

口 口 口

___ 座 계좌   ___ 人 인구   ___ 調 말투, 어조

___ 入 ___ 入り 입구   出 ___ 출구   一 ___ 한마디, 한 입, 한 모금

耳
귀 **이**

음 じ
훈 みみ

0032

耳 耳

耳 耳 耳 耳 耳 耳

___ 鼻科 이비인후과   ___ 目 이목

___ 귀 ___ 初 초문, 처음 들음

目
눈 **목**

음 もく, ぼく
훈 め, ま

0033

目 目

目 目 目 目 目

___ 的 목적   ___ 科 과목   注 ___ 주목   ___ 面 · 面 ___ 면목

___ 눈   ___ 上 손윗사람, 연장자   覚まし時計 자명종

手
손 **수**

🔉 しゅ
🔉 て, た

手 手 手 手

しゅ わ　話 수화　か しゅ　歌 가수　とう しゅ　投 투수

て　手 손　て がみ　紙 편지　て ぶくろ　袋 장갑　へ た　下 잘 못함, 서투름

足
발 **족**

🔉 そく
🔉 あし, た(りる), た(る), た(す)

足 足 足 足 足 足 足

いっ そく　一 한 켤레, 한 발　えん そく　遠 소풍　ふ そく　不 부족　まん ぞく　満 만족

あし　足 발　て あし　手 손발　た　りる 충분하다　た　る 만족하다　た　す 더하다

文
글월 **문**

🔉 ぶん, もん
🔉 ふみ

文 文 文 文

ぶん か　化 문화　ぶん がく　学 문학　さく ぶん　作 작문　もん く　句 문구, 불평　예외　も じ　字 문자

ふみ　문서, 책　こい ぶみ　恋 연애 편지

字
글자 **자**

🔉 じ
🔉 あざ

字 字 字 字 字 字

あか じ　赤 적자　かん じ　漢 한자　くろ じ　黒 흑자　すう じ　数 숫자　も じ　文 문자

先
먼저 **선**

🔉 せん
🔉 さき

先 先 先 先 先 先

せん げつ　月 지난달　せん しゅう　週 지난주　せん せい　生 선생님　せん ぱい　輩 선배

さき　に 먼저, 전에

生

날 생

음 せい, しょう
훈 い(きる), い(かす),
い(ける), う(まれる),
う(む), お(う), は(える),
は(やす), なま, き

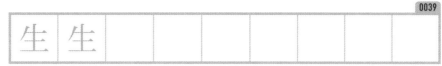

生 生 生 生 生

せい ぶつ ___物 생물　がく せい 学___ 학생　じん せい ___人 인생　せん せい 先___ 선생님　いっ しょう 一___ 일생, 평생

い ___きる 살다　い ___かす 살리다　い ___ける 꽂다, 살리다　い ___け花 꽃꽂이

う ___まれる 태어나다　う ___む 낳다　お ___い立ち 성장함, 성장 배경 た

は ___える 자라다　は ___やす 자라게 하다, 기르다

なま ___ビール 생맥주　き じ ___地 본성, 옷감

なま
生ビール

学

배울 학 (學)

음 がく
훈 まな(ぶ)

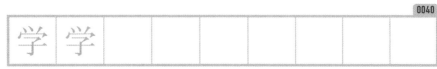

学 学 学 学 学 学 学 学

がく しゅう ___習 학습　がく ひ ___費 학비　しん がく 進___ 진학　だい がく 大___ 대학　にゅう がく 入___ 입학

まな ___ぶ 배우다

校

학교 교

음 こう

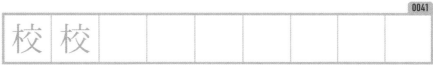

校 校 校 校 校 校 校 校 校 校

こう ちょう ___長 교장　こう もん ___門 교문　がっ こう 学___ 학교　こう こう せい 高___生 고등학생　ぼ こう 母___ 모교

車

수레 차(거)

음 しゃ
훈 くるま

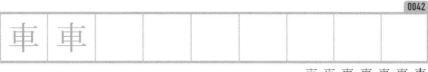

車 車 車 車 車 車 車

しん しゃ 新___ 새 차, 신차　じ どう しゃ 自動___ 자동차　ちゅう こ しゃ 中古___ 중고차　ちゅう しゃ 駐___ 주차　でん しゃ 電___ 전철

くるま ___ 자동차　くるま ___いす 휠체어

出
날 **출**

🔊 しゅつ, すい
🔊 で(る), だ(す)

出	出						

出 出 出 出 出

現 출현 ‧ 席 출석 ‧ 発 출발 ‧ 支 지출 ‧ 納 출납

る 나가다, 나오다 ‧ 前 배달 요리 ‧ す 내다, 제출하다

入
들 **입**

🔊 にゅう
🔊 い(る), い(れる), はい(る)

入	入						

入 入

院 입원 ‧ 学 입학 ‧ 試 입시 ‧ 場 입장

り口 입구 ‧ れる 넣다 ‧ 押し れ 벽장 ‧ る 들어오다, 들어가다

山
뫼 **산**

🔊 さん
🔊 やま

山	山						

山 山 山

水 산수 ‧ 富士 후지산 ‧ 火 화산 ‧ 登 등산

산 ‧ 火事 산불

川
내 **천**

🔊 せん
🔊 かわ

川	川						

川 川 川

河 하천

강 ‧ 上 강의 상류 ‧ 下 강의 하류 ‧ 沿い 강가, 냇가

天
하늘 **천**

🔊 てん
🔊 あま, あめ

天	天						

天 天 天 天

気 날씨 ‧ 国 천국 ‧ 才 천재 ‧ 文台 천문대 ‧ 雨 우천, 비가 옴

の川 은하수

石

돌 석

음 せき, しゃく, こく
훈 いし

0048

石 石

石 石 石 石 石

せき ゆ 油 석유　か せき 化 화석　ほう せき 宝 보석　じ しゃく 磁 자석

いし 돌　いし だん 段 돌계단　こ いし 小 작은 돌, 자갈

森

수풀 삼

음 しん
훈 もり

0049

森 森

森 森 森 森 森 森 森 森 森 森 森 森

しん りん 林 삼림

もり 숲　あお もり 青 아오모리(지명)

林

수풀 림

음 りん
훈 はやし

0050

林 林

林 林 林 林 林 林 林 林

りん ぎょう 業 임업　りん や 野 임야　しん りん 森 삼림

はやし 숲　まつ ばやし 松 송림, 솔숲

空

빌 공

음 くう
훈 そら, あ(く), あ(ける),
　 す(く), むな(しい), から

0051

空 空

空 空 空 空 空 空 空 空

くう かん 間 공간　くう き 気 공기　くう こう 港 공항

そら 하늘　あ く 비다　あ かん き缶 빈 깡통　あ ける 비우다, 쏟다

す く 틈이 나다, 허기지다　むな しい 허무하다, 헛되다

から っぽ 텅 빔

バスの席が空く

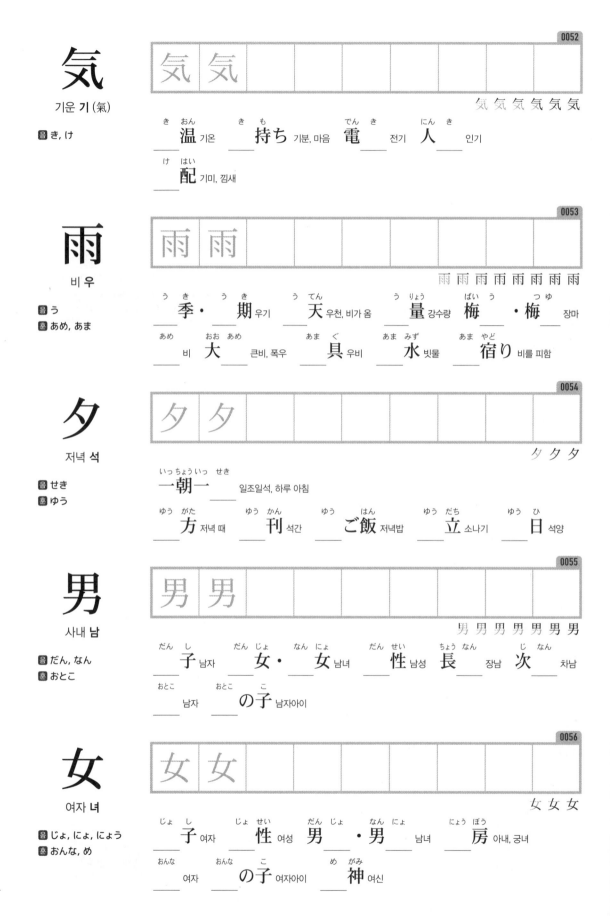

気
기운 **기** (氣)

- 음 き, け

気温 **き おん** 기온　持ち **き も** 기분, 마음　電気 **でん き** 전기　人気 **にん き** 인기

気配 **け はい** 기미, 낌새

気 気気気気気気

雨
비 **우**

- 음 う
- 훈 あめ, あま

雨季・雨期 **う き・う き** 우기　雨天 **う てん** 우천, 비가 옴　雨量 **う りょう** 강수량　梅雨・梅雨 **ばい う・つゆ** 장마

雨 **あめ** 비　大雨 **おお あめ** 큰비, 폭우　雨具 **あま ぐ** 우비　雨水 **あま みず** 빗물　雨宿り **あま やど** 비를 피함

雨 雨雨雨雨雨雨雨雨

夕
저녁 **석**

- 음 せき
- 훈 ゆう

一朝一夕 **いっ ちょう いっ せき** 일조일석, 하루 아침

夕方 **ゆう がた** 저녁 때　夕刊 **ゆう かん** 석간　夕ご飯 **ゆう はん** 저녁밥　夕立 **ゆう だち** 소나기　夕日 **ゆう ひ** 석양

夕 夕夕夕

男
사내 **남**

- 음 だん, なん
- 훈 おとこ

男子 **だん し** 남자　男女・男女 **だん じょ・なん にょ** 남녀　男性 **だん せい** 남성　長男 **ちょう なん** 장남　次男 **じ なん** 차남

男 **おとこ** 남자　男の子 **おとこ の こ** 남자아이

男 男男男男男男男

女
여자 **녀**

- 음 じょ, にょ, にょう
- 훈 おんな, め

女子 **じょ し** 여자　女性 **じょ せい** 여성　男女・男女 **だん じょ・なん にょ** 남녀　女房 **にょう ぼう** 아내, 궁녀

女 **おんな** 여자　女の子 **おんな の こ** 여자아이　女神 **め がみ** 여신

女 女女女

人 사람 인

음 じん, にん
훈 ひと

人 人

0057

人生 인생 　外国人 외국인 　人気 인기 　人形 인형 　病人 병자, 환자

人 사람 　人柄 인품 　男の人 남자 　女の人 여자

名 이름 명

음 めい, みょう
훈 な

名 名 名 名 名 名

0058

人名 인명 　姓名 성명 　地名 지명 　有名 유명함 　名字 성

名札 명찰 　名前 이름

王 임금 왕

음 おう

王 王 王 王

0059

王様 임금님, 왕 　王子 왕자 　国王 국왕 　大王 대왕

子 아들 자

음 し, す
훈 こ

子 子 子

0060

女子 여자 　男子 남자 　調子 상태 　弟子 제자 　様子 모습, 모양

子育て 육아 　子ども 아이 　男の子 남자아이 　親子 부모와 자식

力 힘 력

음 りょく, りき
훈 ちから

力 力

0061

学力 학력 　努力 노력 　能力 능력 　力説 역설 　力士 스모 선수

力 힘 　力持ち 힘이 셈, 장사

正 바를 정

- 음 せい, しょう
- 훈 ただ(しい), ただ(す), まさ

正正

正 正 正 正 正

正式 정식　正門 정문　不正 부정　正面 정면　お正月 양력 설날

正しい 바르다, 정당하다　正す 바로잡다, 고치다　正に 확실히, 정말로

犬 개 견

- 음 けん
- 훈 いぬ

犬犬

犬 犬 犬 犬

愛犬 애견　名犬 명견

犬 개　犬年 개띠　子犬 강아지

虫 벌레 충

- 음 ちゅう
- 훈 むし

虫虫

虫 虫 虫 虫 虫 虫

害虫 해충　昆虫 곤충

虫 벌레　虫歯 충치　虫眼鏡 돋보기, 확대경　泣き虫 울보　水虫 무좀

貝 조개 패

- 훈 かい

貝貝

貝 貝 貝 貝 貝 貝 貝

貝 조개　貝がら 조개 껍데기　ほたて貝 가리비

花 꽃 화

- 음 か
- 훈 はな

花花

花 花 花 花 花 花 花

花瓶 꽃병　花粉 꽃가루　開花 개화

花 꽃　花束 꽃다발　花火 불꽃놀이　花見 꽃구경　花嫁 신부, 새색시

草

풀 **초**

음 そう
훈 くさ

0067

| 草 | 草 | | | | | | | | |

草草草草草草草草草

そう げん
___原・

くさ はら
___原 초원

そう しょ たい
___書体 초서체, 흘림체

ざっ そう
雑___ 잡초

くさ
___ 풀

くさ いろ
___色 초록빛

くさ ばな
___花 화초

竹

대 **죽**

음 ちく
훈 たけ

0068

| 竹 | 竹 | | | | | | | | |

竹竹竹竹竹竹

ばく ちく
爆___ 폭죽

しょう ちく ばい
松___梅 송죽매(추위에 잘 견디는 소나무, 대나무, 매화나무를 일컬음)

たけ
___ 대나무

たけ ざい く
___細工 죽세공

たけ こ
___の子 죽순

たけ ばやし
___林 죽림, 대나무 숲

円

둥글 **원** (圓)

음 えん
훈 まる(い)

0069

| 円 | 円 | | | | | | | | |

円円円円

えん
___ 엔(일본 화폐 단위)

えん そう ば
___相場 엔 시세

えん だか
___高 엔화 강세

えん やす
___安 엔화 약세

えん まん
___満 원만함

まる
___い 둥글다

玉

구슬 **옥**

음 ぎょく
훈 たま

0070

| 玉 | 玉 | | | | | | | | |

玉玉玉玉玉

ぎょく せき
___石 옥석

ぎょく たい
___体 옥체

ほう ぎょく
宝___ 보옥, 보석

たま
___ 옥, 보석

たま
___ねぎ 양파

みず たま
水___ 물방울

とし だま
お年___ 세뱃돈

め だま や
目___焼き 계란 프라이

糸

실 **사** (絲)

음 し
훈 いと

0071

| 糸 | 糸 | | | | | | | | |

糸糸糸糸糸糸

けん し
絹___ 견사, 명주실

ばっ し
抜___ 실을 뽑음

めん し
綿___ 면사, 무명실

いと
___ 실

いと
___くず 실보무라지

いと ぐち
___口 실의 끝, 실마리

け いと
毛___ 털실

見
볼 견

- 음 けん
- 훈 み(る), み(える), み(せる)

見 見 見 見 見 見 見

けん がく	けん ぶつ	い けん	はっ けん	み
学 견학	物 구경	意 見 의견	発 見 발견	る 보다

み ほん	み ま	み	み
本 견본	お 舞い 병문안, 문병	える 보이다	せる 보이다, 나타내다

音
소리 음

- 음 おん, いん
- 훈 おと, ね

音 音 音 音 音 音 音 音 音

おん がく	おん せい	おん どく	はつ おん	ぼ いん
楽 음악	声 음성	読 음독(＝音読み)	発 발음	母 모음

おと	あし おと	ね いろ	ほん ね
소리	足 발소리	色 음색	本 속마음, 진심

休
쉴 휴

- 음 きゅう
- 훈 やす(む), やす(まる), やす(める)

休 休 休 休 休 休

きゅう がく	きゅう かん	きゅう けい	きゅう じつ	やす
学 휴학	刊 휴간	憩 휴게, 휴식	日 휴일	む 쉬다

なつ やす	ひと やす	やす	やす
夏 み 여름방학	一 み 잠깐 쉼	まる 편안해지다	める 쉬게 하다

本
근본 본

- 음 ほん
- 훈 もと

本 本 本 本 本

ほん	ほん き	ほん とう	ほん もの	ほん や
책	気 진심	当 사실, 정말	物 진짜	屋 서점

もと	ね もと
처음, 기원	根 뿌리, 근원

立
설 립

- 음 りつ, りゅう
- 훈 た(つ), た(てる)

立 立 立 立 立

りっ しゅん	りっ ぱ	こく りつ	せつ りつ	こん りゅう
春 입춘	派 훌륭함	国 국립	設 설립	建 건립(＝けんりつ)

た	たち ば	た い きん し	た
つ 서다	場 입장	ち入り禁止 출입 금지	てる 세우다

早
이를 조

음 そう, さっ
훈 はや(い), はや(まる),
はや(める)

0077

早	早						

早 早 早 早 早 早

そう しゅん
___春 이른 봄, 초봄

そう たい
___退 조퇴

そう ちょう
___朝 이른 아침, 조조

さっ そく
___速 곧, 즉시

はや
___い 이르다, 빠르다

はや くち
___口 말이 빠름

はや
___まる 빨라지다, 서두르다, 앞당겨지다

はや
___める 앞당기다, 재촉하다

田
밭 전

음 でん
훈 た

0078

田	田						

田 田 田 田 田

でん えん
___園 전원

えん でん
塩___ 염전

すい でん
水___ 수전, 논

ゆ でん
油___ 유전

た
___논

た
___植え 모내기

た はた
___畑 논밭

た
___んぼ 논 예외

いな か
___舎 시골, 고향

町
밭두둑 정

음 ちょう
훈 まち

0079

町	町						

町 町 町 町 町 町 町

ちょう ちょう
___長 지방의 장, 촌장

まち
___시내, 읍내

まち かど
___角 길모퉁이

まち
___はずれ 변두리

みなと まち
港___ 항구 도시

村
마을 촌

음 そん
훈 むら

0080

村	村						

村 村 村 村 村 村 村

そん ちょう
___長 촌장

そん らく
___落 촌락

ぎょ そん
漁___ 어촌

のう そん
農___ 농촌

むら
___마을

むら びと
___人 마을 사람

日本語漢字

초등학교 2학년
한자쓰기

東 동녘 동	西 서녘 서	南 남녘 남	北 북녘 북	春 봄 춘	夏 여름 하	秋 가을 추	冬 겨울 동
父 아버지 부	母 어머니 모	兄 형 형	弟 아우 제	姉 손위 누이 자	妹 누이 매	親 친할 친	友 벗 우
自 스스로 자	分 나눌 분	古 옛 고	今 이제 금	内 안 내	外 바깥 외	前 앞 전	後 뒤 후
多 많을 다	少 적을 소	強 강할 강	弱 약할 약	遠 멀 원	近 가까울 근	万 일만 만	牛 소 우
馬 말 마	魚 물고기 어	鳥 새 조	鳴 울 명	米 쌀 미	麦 보리 맥	肉 고기 육	食 밥 식
茶 차 다(차)	道 길 도	毎 매양 매	週 돌 주	朝 아침 조	昼 낮 주	夜 밤 야	時 때 시
曜 빛날 요	半 반 반	京 서울 경	里 마을 리	会 모일 회	社 모일 사	公 공평할 공	園 동산 원
寺 절 사	交 사귈 교	絵 그림 회	画 그림 화/ 그을 획	言 말씀 언	語 말씀 어	教 가르칠 교	室 집 실
工 장인 공	作 지을 작	計 셀 계	算 셈 산	点 점 점	数 셈 수	読 읽을 독	書 글 서
記 기록할 기	新 새 신	聞 들을 문	番 차례 번	組 짤 조	歌 노래 가	声 소리 성	楽 노래 악/ 즐길 락

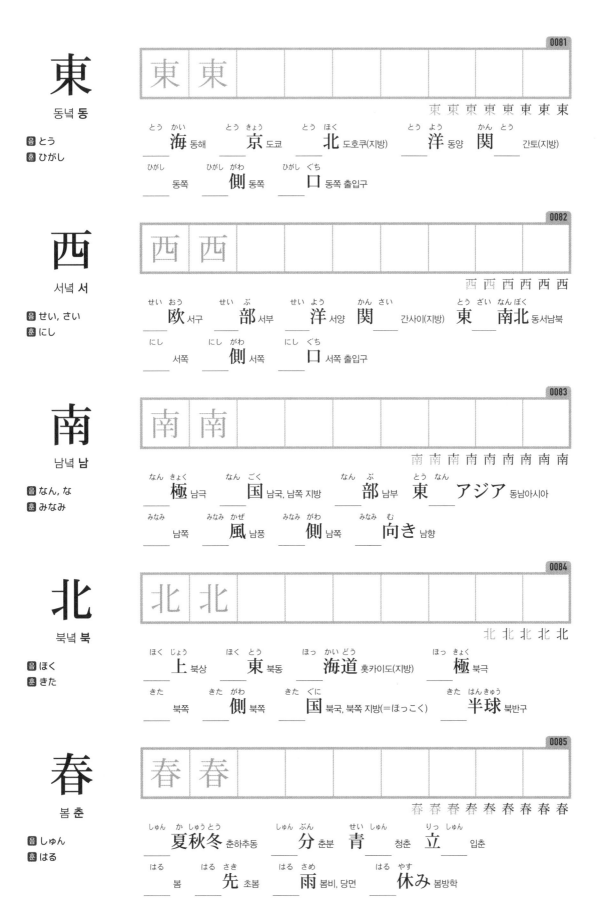

東
동녘 **동**

음 とう
훈 ひがし

| とう かい | 海 동해 | とう きょう | 京 도쿄 | とう ほく | 北 도호쿠(지방) | とう よう | 洋 동양 | かん とう | 関 간토(지방) |

| ひがし | 東쪽 | ひがし がわ | 側 동쪽 | ひがし ぐち | 口 동쪽 출입구 |

西
서녘 **서**

음 せい, さい
훈 にし

| せい おう | 欧 서구 | せい ぶ | 部 서부 | せい よう | 洋 서양 | かん さい | 関 간사이(지방) | とう ざい なん ぼく | 東 南北 동서남북 |

| にし | 西쪽 | にし がわ | 側 서쪽 | にし ぐち | 口 서쪽 출입구 |

南
남녘 **남**

음 なん, な
훈 みなみ

| なん きょく | 極 남극 | なん ごく | 国 남국, 남쪽 지방 | なん ぶ | 部 남부 | とう なん | 東 アジア 동남아시아 |

| みなみ | 南쪽 | みなみ かぜ | 風 남풍 | みなみ がわ | 側 남쪽 | みなみ む | 向き 남향 |

北
북녘 **북**

음 ほく
훈 きた

| ほく じょう | 上 북상 | ほく とう | 東 북동 | ほっ かい どう | 海道 홋카이도(지방) | ほっ きょく | 極 북극 |

| きた | 北쪽 | きた がわ | 側 북쪽 | きた ぐに | 国 북국, 북쪽 지방(=ほっこく) | きた はんきゅう | 半球 북반구 |

春
봄 **춘**

음 しゅん
훈 はる

| しゅん か しゅう とう | 夏秋冬 춘하추동 | しゅん ぶん | 分 춘분 | せい しゅん | 青 청춘 | りっ しゅん | 立 입춘 |

| はる | 봄 | はる さき | 先 초봄 | はる さめ | 雨 봄비, 당면 | はる やす | 休み 봄방학 |

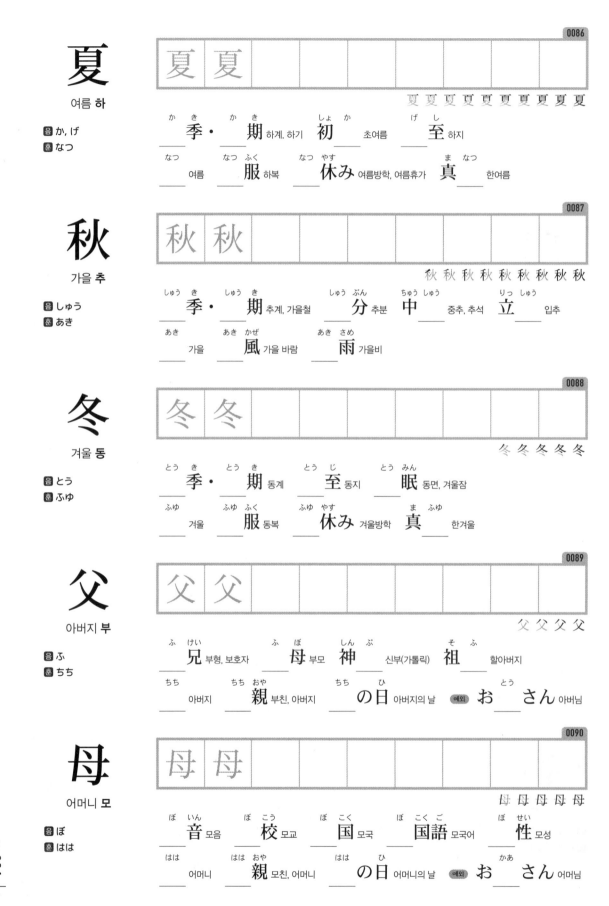

夏
여름 하
음 か, げ
훈 なつ

0086

夏 夏

夏夏夏夏夏夏夏夏夏夏

か き 季・ か き 期 하계, 하기　しょ か 初　초여름　げ し 至 하지

なつ 여름　なつ ふく 服 하복　なつ やす 休み 여름방학, 여름휴가　ま なつ 真 한여름

秋
가을 추
음 しゅう
훈 あき

0087

秋 秋

秋秋秋秋秋秋秋秋秋

しゅう き 季・ しゅう き 期 추계, 가을철　しゅう ぶん 分 추분　ちゅう しゅう 中 중추, 추석　りっ しゅう 立 입추

あき 가을　あき かぜ 風 가을 바람　あき さめ 雨 가을비

冬
겨울 동
음 とう
훈 ふゆ

0088

冬 冬

冬冬冬冬冬

とう き 季・ とう き 期 동계　とう じ 至 동지　とう みん 眠 동면, 겨울잠

ふゆ 겨울　ふゆ ふく 服 동복　ふゆ やす 休み 겨울방학　ま ふゆ 真 한겨울

父
아버지 부
음 ふ
훈 ちち

0089

父 父

父父父父

ふ けい 兄 부형, 보호자　ふ ぼ 母 부모 神 しん ぶ 신부(가톨릭)　そ ふ 祖 할아버지

ちち 아버지　ちち おや 親 부친, 아버지　ちち の日 ひ 아버지의 날　예외 お とう さん 아버님

母
어머니 모
음 ぼ
훈 はは

0090

母 母

母母母母母

ぼ いん 音 모음　ぼ こう 校 모교　ぼ こく 国 모국　ぼ こく ご 国語 모국어　ぼ せい 性 모성

はは 어머니　はは おや 親 모친, 어머니　はは の日 ひ 어머니의 날　예외 お かあ さん 어머님

兄
형 **형**

- 음 きょう, けい
- 훈 あに

0091

兄 兄 兄 兄 兄

きょう だい	ぎ けい	ふ けい
___弟 형제	義___ 형부, 매형	___父 부형, 보호자

あに	あに よめ	예외 に
___ 형, 오빠	___嫁 형수	お___さん 형, 오빠

弟
아우 **제**

- 음 てい, だい, で
- 훈 おとうと

0092

弟 弟 弟 弟 弟 弟 弟

し てい	きょう だい	で し
師___ 사제	兄___ 형제	___子 제자

おとうと
___ 남동생

姉
손위 누이 **자**

- 음 し
- 훈 あね

0093

姉 姉 姉 姉 姉 姉 姉 姉

し まい
___妹 자매

あね	예외 ねえ
___ 언니, 누나	お___さん 언니, 누나

妹
누이 **매**

- 음 まい
- 훈 いもうと

0094

妹 妹 妹 妹 妹 妹 妹 妹

し まい
姉___ 자매

いもうと
___ 여동생

親
친할 **친**

- 음 しん
- 훈 おや, した(しい), した(しむ)

0095

親 親 親 親 親 親 親 親 親 親 親 親 親 親 親

しん こう	しん せき	しん せつ	しん ゆう	りょう しん
___交 친교	___戚 친척	___切 친절함	___友 친한 친구, 벗	両___ 양친, 부모

おや	おや こ	した	した
___ 부모	___子 부모와 자식	___しい 친하다	___しむ 친하게 지내다

友
벗 우

- 음 ゆう
- 훈 とも

| 0096 |

友友

友友友友

ゆう こう	ゆう じょう	ゆう じん	しん ゆう
___好 우호	___情 우정	___人 친구, 벗	親___ 친한 친구, 벗

とも	とも だち
___ 벗	___達 친구

自
스스로 자

- 음 じ, し
- 훈 みずか(ら)

| 0097 |

自自

自自自自自自

じ こ	じ しん	じ どう	じ ゆう	し ぜん
___己 자기	___信 자신	___動 자동	___由 자유	___然 자연

みずか
___ら 스스로

分
나눌 분

- 음 ぶん, ふん, ぶ
- 훈 わ(ける), わ(かれる), わ(かる), わ(かつ)

| 0098 |

分分

分分分分

ぶん たん	ぶん べつ	ぶん るい	じゅう ぶん	み ぶん
___担 분담	___別 분별, 분리	___類 분류	充___ 충분함	身___ 신분

ふん べつ	ご ぶ ご ぶ
___別 분별, 지각	___五___五 비슷함, 우열이 없음

わ	ひき わ	わ
___ける 나누다	引___け 무승부	___かれる 갈라지다, 나뉘다

わ みち	わ	わ
___かれ道 갈림길	___かる 알다, 이해하다	___かつ 나누다, 가르다

わ あ
___かち合う 서로 나누어 가지다, 함께 나누다

わ みち
分かれ道

古
옛 고

- 음 こ
- 훈 ふる(い), ふる(す)

| 0099 |

古古

古古古古古

こ しょ	こ だい	こ てん	こ ぶん	ちゅう こ しゃ
___書 고서	___代 고대	___典 고전	___文 고문	中___車 중고차

ふる	ふる ぎ	ふる ほん	ふる
___い 낡다	___着 헌옷	___本 헌책, 고서	___す 낡게 하다

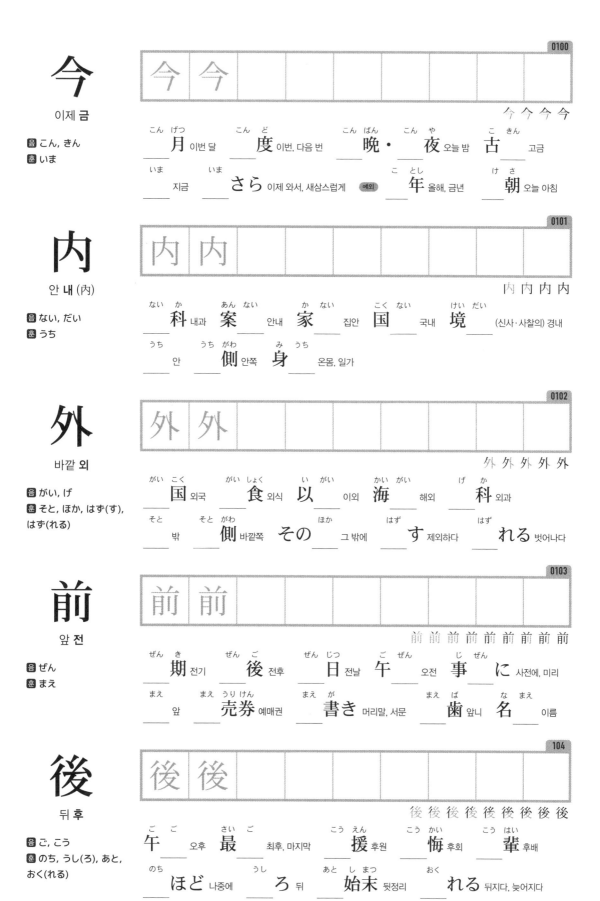

今 이제 금

음 こん, きん
훈 いま

今今今今

| こん げつ 月 이번 달 | こん ど 度 이번, 다음 번 | こん ばん こん や 晩・夜 오늘 밤 | こ きん 古 고금 |
| いま 지금 | いま さら 이제 와서, 새삼스럽게 예외 | こ とし 年 올해, 금년 | け さ 朝 오늘 아침 |

内 안 내 (內)

음 ない, だい
훈 うち

内内内内

| ない か 科 내과 | あん ない 案 안내 | か ない 家 집안 | こく ない 国 국내 | けい だい 境 (신사·사찰의) 경내 |
| うち 안 | うち がわ 側 안쪽 | み うち 身 온몸, 일가 |

外 바깥 외

음 がい, げ
훈 そと, ほか, はず(す), はず(れる)

外外外外外

| がい こく 国 외국 | がい しょく 食 외식 | い がい 以 이외 | かい がい 海 해외 | げ か 科 외과 |
| そと 밖 | そと がわ 側 바깥쪽 | その ほか その 그 밖에 | はず す 제외하다 | はず れる 벗어나다 |

前 앞 전

음 ぜん
훈 まえ

前前前前前前前前前

| ぜん き 期 전기 | ぜん ご 後 전후 | ぜん じつ 日 전날 | ご ぜん 午 오전 | じ ぜん 事 に 사전에, 미리 |
| まえ 앞 | まえ うり けん 売券 예매권 | まえ が 書き 머리말, 서문 | まえ ば 歯 앞니 | な まえ 名 이름 |

後 뒤 후

음 ご, こう
훈 のち, うし(ろ), あと, おく(れる)

後後後後後後後後

| ご ご 午 오후 | さい ご 最 최후, 마지막 | こう えん 援 후원 | こう かい 悔 후회 | こう はい 輩 후배 |
| のち ほど 나중에 | うし ろ 뒤 | あと し まつ 始末 뒷정리 | おく れる 뒤지다, 늦어지다 |

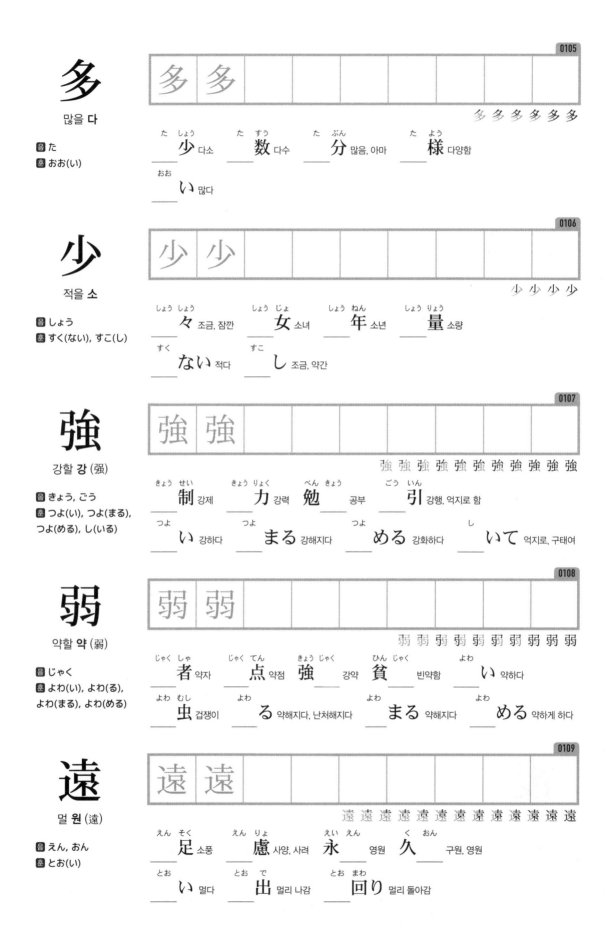

多
많을 다

음 た
훈 おお(い)

| 0105 |

多 少 다소　　多 数 다수　　多 分 많음, 아마　　多 様 다양함

おお
多 い 많다

少
적을 소

음 しょう
훈 すく(ない), すこ(し)

| 0106 |

少 々 조금, 잠깐　　少 女 소녀　　少 年 소년　　少 量 소량

すく
少 ない 적다　　すこ
少 し 조금, 약간

強
강할 강 (强)

음 きょう, ごう
훈 つよ(い), つよ(まる),
つよ(める), し(いる)

| 0107 |

強 制 강제　　強 力 강력　　強 勉 공부　　強 引 강행, 억지로 함

つよ
強 い 강하다　　つよ
強 まる 강해지다　　つよ
強 める 강화하다　　し
強 いて 억지로, 구태여

弱
약할 약 (弱)

음 じゃく
훈 よわ(い), よわ(る),
よわ(まる), よわ(める)

| 0108 |

弱 者 약자　　弱 点 약점　　強 弱 강약　　貧 弱 빈약함　　弱 い 약하다

よわ むし
弱 虫 겁쟁이　　よわ
弱 る 약해지다, 난처해지다　　よわ
弱 まる 약해지다　　よわ
弱 める 약하게 하다

遠
멀 원 (遠)

음 えん, おん
훈 とお(い)

| 0109 |

遠 足 소풍　　遠 慮 사양, 사려　　永 遠 영원　　久 遠 구원, 영원

とお
遠 い 멀다　　とお で
遠 出 멀리 나감　　とお まわ
遠 回 り 멀리 돌아감

近

가까울 근 (近)

- 음 きん
- 훈 ちか(い)

きん じょ ___所 근처	きん だい ___代 근대	さい きん 最___ 최근	ふ きん 付___ 부근

ちか
___い 가깝다　　ちか
___ごろ 요즘, 최근　　ちか
___づく 가까이 가다, 접근하다　　ちか みち
___道 지름길

万

일만 만 (萬)

- 음 まん, ばん

まん いち
___が一 만에 하나, 만약　　まん ねん ひつ
___年筆 만년필　　いち まん えん
一___円 만 엔

ばん こく
___国 만국　　ばん ざい
___歳 만세　　ばん のう
___能 만능

牛

소 우

- 음 ぎゅう
- 훈 うし

ぎゅう どん
___丼 쇠고기 덮밥　　ぎゅう にく
___肉 쇠고기　　ぎゅう にゅう
___乳 우유

うし
___ 소　　うし ご や
___小屋 외양간　　こ うし
___子 송아지

馬

말 마

- 음 ば
- 훈 うま, ま

ば しゃ
___車 마차　　けい ば
競___ 경마　　じょう ば
乗___ 승마　　もく ば
木___ 목마

うま
___ 말　　うま ご や
___小屋 마구간　　こ うま
___子 망아지　　ま ご
___子 마부

魚

물고기 어

- 음 ぎょ
- 훈 さかな, うお

ぎょ かい るい
___介類 어패류　　きん ぎょ
金___ 금붕어　　にん ぎょ
人___ 인어　　ねっ たい ぎょ
熱帯___ 열대어

さかな
___ 물고기, 생선　　さかな や
___屋 생선 가게　　うお いち ば
___市場 어시장　　うお め
___の目 티눈

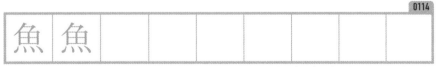

鳥
새 조

鳥 鳥

鳥 鳥 鳥 鳥 鳥 鳥 鳥 鳥 鳥 鳥 鳥

- 음 ちょう
- 훈 とり

ちょう るい
鳥類 조류　　一石二鳥 일석이조　　白鳥 백조

とり
鳥 새　　鳥かご 새장　　鳥小屋 닭장

鳴
울 명

鳴 鳴

鳴 鳴 鳴 鳴 鳴 鳴 鳴 鳴 鳴 鳴 鳴 鳴

- 음 めい
- 훈 な(く), な(る), な(らす)

きょう めい
共鳴 공명　　悲鳴 비명　　鳴く (새, 벌레 등이) 울다　　鳴き声 울음소리

な
鳴る 소리가 나다, 울리다　　鳴らす 소리를 내다, (평판, 명성 등을) 떨치다

米
쌀 미

米 米

米 米 米 米 米 米

- 음 べい, まい
- 훈 こめ

べい こく
米国 미국　　欧米 구미(유럽과 미국)　　玄米 현미　　新米 햅쌀　　白米 백미

こめ
米 쌀　　米粒 쌀알

麦
보리 맥 (麥)

麦 麦

麦 麦 麦 麦 麦 麦 麦

- 음 ばく
- 훈 むぎ

ばく が
麦芽 맥아, 엿기름　　麦秋 보릿가을

むぎ
麦 보리　　麦茶 보리차　　麦飯 보리밥　　小麦粉 밀가루

肉
고기 육

肉 肉

肉 肉 肉 肉 肉 肉

- 음 にく

にく
肉 고기　　肉食 육식　　肉体 육체　　牛肉 쇠고기　　豚肉 돼지고기

食
밥 식

- 음 しょく, じき
- 훈 た(べる), く(う), く(らう)

0120

食 食

食食食食食食食食食

___事 식사　___堂 식당　昼___ 점심　朝___ 조식, 아침 식사　___断 단식

___べる 먹다　___べ物 음식　___う 먹다　___らう 먹다, 마시다, 당하다

茶
차 다(차)

- 음 さ, ちゃ

0121

茶 茶

茶茶茶茶茶茶茶茶茶

___道 다도　喫___店 찻집

お___ 차　紅___ 홍차　緑___ 녹차

道
길 도(道)

- 음 どう, とう
- 훈 みち

0122

道 道

道道道道道道道道道道道

国___ 국도　柔___ 유도　水___ 수도　鉄___ 철도　神___ 신도(일본의 전통 신앙)

___길 지름길　___山___ 산길

毎
매양 매 (毎)

- 음 まい

0123

毎 毎

毎毎毎毎毎毎

___朝 매일 아침　___月・___月 매월　___週 매주　___度 매번

___日 매일

週
돌 주(週)

- 음 しゅう

0124

週 週

週週週週週週週週週週

___刊誌 주간지　___末 주말　今___ 이번 주　先___ 지난 주

毎___ 매주

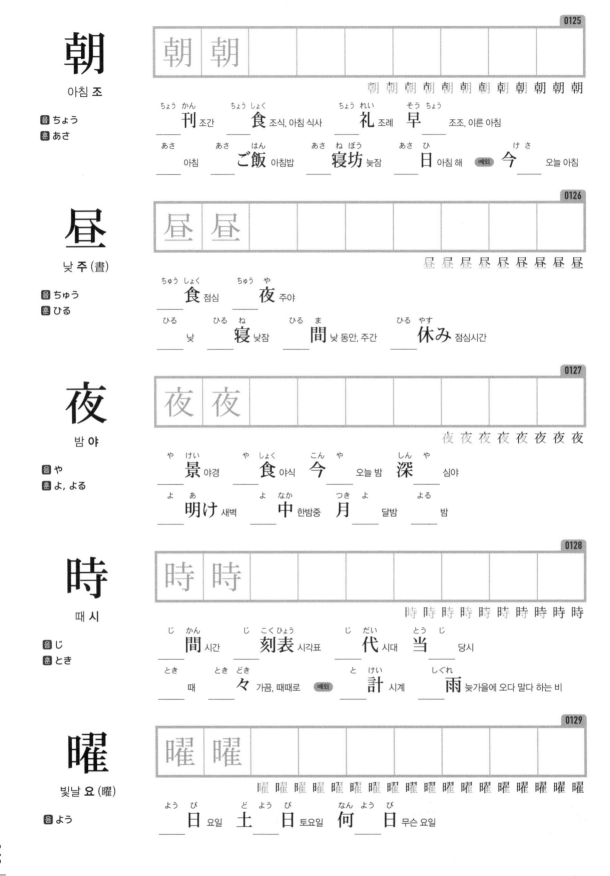

朝
아침 조

0125

음 ちょう
훈 あさ

朝朝朝朝朝朝朝朝朝朝朝朝

ちょう かん	ちょう しょく	ちょう れい	そう ちょう
__刊 조간	__食 조식, 아침 식사	__礼 조례	早__ 조조, 이른 아침

あさ	あさ はん	あさ ね ぼう	あさ ひ	けさ
__ 아침	__ご飯 아침밥	__寝坊 늦잠	__日 아침 해	예외 今__ 오늘 아침

昼
낮 주 (晝)

0126

음 ちゅう
훈 ひる

昼昼昼昼昼昼昼昼昼

ちゅう しょく	ちゅう や
__食 점심	__夜 주야

ひる	ひる ね	ひる ま	ひる やす
__ 낮	__寝 낮잠	__間 낮 동안, 주간	__休み 점심시간

夜
밤 야

0127

음 や
훈 よ, よる

夜夜夜夜夜夜夜夜

や けい	や しょく	こん や	しん や
__景 야경	__食 야식	今__ 오늘 밤	深__ 심야

よ あ	よ なか	つき よ	よる
__明け 새벽	__中 한밤중	月__ 달밤	__ 밤

時
때 시

0128

음 じ
훈 とき

時時時時時時時時時時

じ かん	じ こく ひょう	じ だい	とう じ
__間 시간	__刻表 시각표	__代 시대	当__ 당시

とき	とき どき	と けい	しぐれ
__ 때	__々 가끔, 때때로	예외 __計 시계	__雨 늦가을에 오다 말다 하는 비

曜
빛날 요 (曜)

0129

음 よう

曜曜曜曜曜曜曜曜曜曜曜曜曜曜曜

よう び	ど よう び	なん よう び
__日 요일	土__日 토요일	何__日 무슨 요일

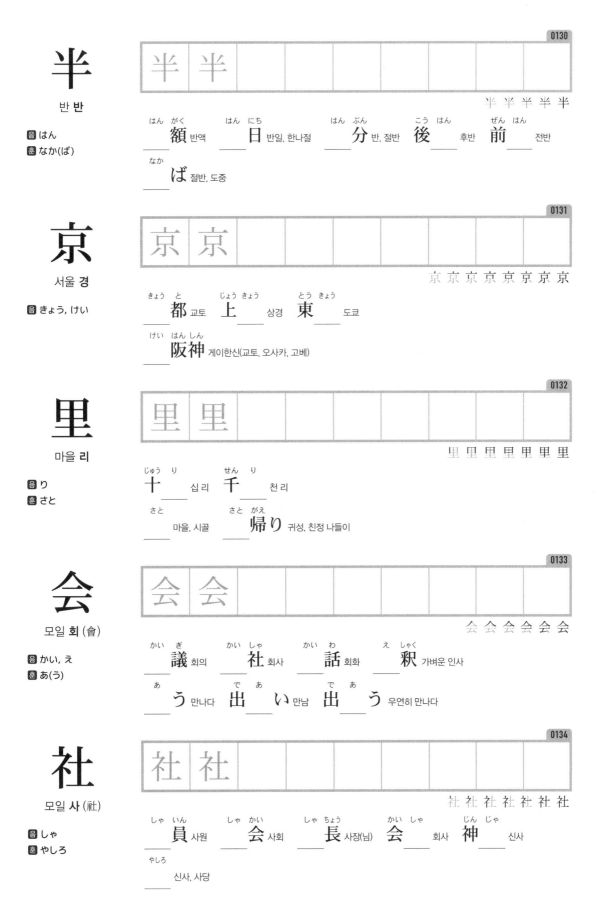

半 반 반

0130

半 半

半 半 半 半 半

| はん | がく | 額 반액 |
| なか | にち | 日 반일, 한나절 |

半
額 반액　日 반일, 한나절　分 반, 절반　後 후반　前 전반

なか
ば 절반, 도중

음 はん
훈 なか(ば)

京 서울 경

0131

京 京

京 京 京 京 京 京 京 京

きょう と
都 교토　上 상경　東 도쿄

けい はん しん
阪神 게이한신(교토, 오사카, 고베)

음 きょう, けい

里 마을 리

0132

里 里

里 里 里 里 里 里 里

じゅう り　せん り
十 십 리　千 천 리

さと　　さと がえ
마을, 시골　帰り 귀성, 친정 나들이

음 り
훈 さと

会 모일 회 (會)

0133

会 会

会 会 会 会 会 会

かい ぎ　かい しゃ　かい わ　え しゃく
議 회의　社 회사　話 회화　釈 가벼운 인사

あ　　で あ　　で あ
う 만나다　出 い 만남　出 う 우연히 만나다

음 かい, え
훈 あ(う)

社 모일 사 (社)

0134

社 社

社 社 社 社 社 社

しゃ いん　しゃ かい　しゃ ちょう　かい しゃ　じん じゃ
員 사원　会 사회　長 사장(님)　会 회사　神 신사

やしろ
신사, 사당

음 しゃ
훈 やしろ

公
공평할 **공**

- 음 こう
- 훈 おおやけ

公 公

公 公 公 公

演 공연 　 園 공원 　 開 공개 　 立 공립 　 主人 주인공
こう えん 　 こう えん 　 こう かい 　 こう りつ 　 しゅ じん こう

おおやけ
___ 정부, 공공, 공공연

園
동산 **원**

- 음 えん
- 훈 その

園 園

園 園 園 園 園 園 園 園 園 園 園 園

公 공원 　 田 전원 　 動物 동물원 　 幼稚 유치원
こう えん 　 でん えん 　 どう ぶつ えん 　 よう ち えん

エデンの 에덴 동산 　 花 화원
その 　 はな その

寺
절 **사**

- 음 じ
- 훈 てら

寺 寺

寺 寺 寺 寺 寺 寺

院 사원 　 浅草 센소지(도쿄 아사쿠사에 있는 절) 　 東大 도다이지(나라에 있는 절)
じ いん 　 せん そう じ 　 とう だい じ

お 절 　 山 산사
てら 　 やま でら

交
사귈 **교**

- 음 こう
- 훈 まじ(わる), まじ(える), ま(じる), ま(ざる), か(う), か(わす)

交 交

交 交 交 交 交 交

代 교대 　 通 교통 　 番 파출소 　 外 외교
こう たい 　 こう つう 　 こう ばん 　 がい こう

わる 교차하다, 사귀다 　 える 섞다, 교차시키다 　 じる 섞이다, 사귀다
まじ 　 まじ 　 ま

ざる 섞이다 　 う 섞이다
ま 　 か

わす 주고받다, 통하다
か

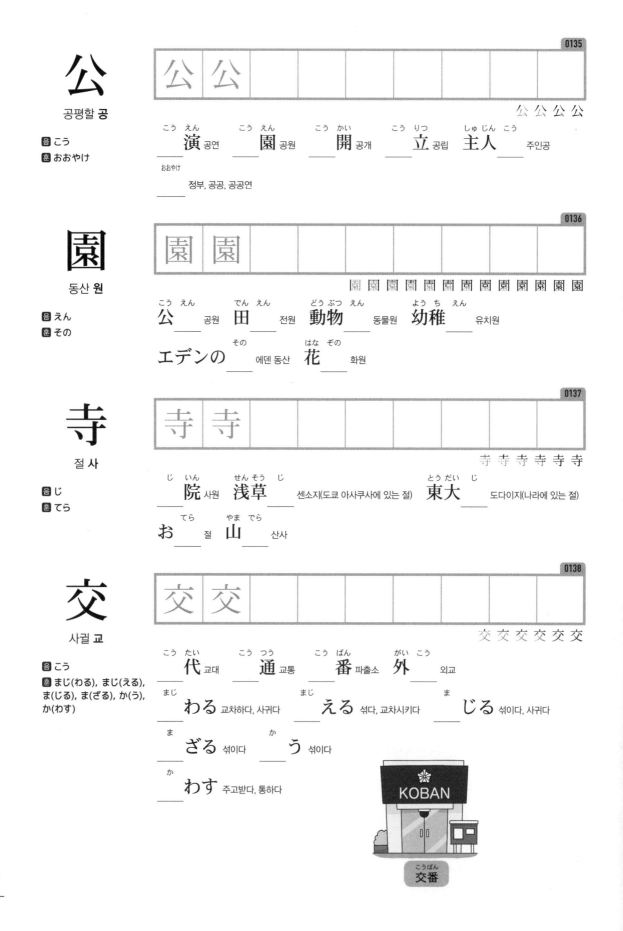

KOBAN

交番
こうばん

絵

그림 회 (繪)

음 かい, え

	0139

絵絵絵絵絵絵絵絵絵絵絵

かい が
___画 회화, 그림

え
___ 그림

え ぐ
___の具 그림물감

え は がき
___葉書 그림엽서

え ほん
___本 그림책

画

그림 화/그을 획 (畵)

음 が, かく

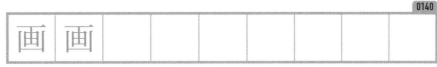

	0140

画画画画画画画画

が か
___家 화가

えい が
映___ 영화

まん が
漫___ 만화

かく すう
___数 획수

き かく
企___ 기획

けい かく
計___ 계획

言

말씀 언

음 げん, ごん
훈 い(う), こと

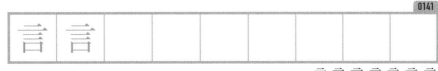

	0141

言言言言言言言

げん ご
___語 언어

はつ げん
発___ 발언

ほう げん
方___ 방언, 사투리

でん ごん
伝___ 전언, 전갈

ゆい ごん
遺___ 유언

い
___う 말하다

い わけ
___い訳 변명

こと ば
___葉 말, 언어

ひと こと
一___ 한마디 말

ね ごと
寝___ 잠꼬대

語

말씀 어

음 ご
훈 かた(る), かた(らう)

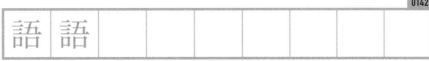

	0142

語語語語語語語語語語語語語

ご い
___彙 어휘

ご がく
___学 어학

げん ご
言___ 언어

に ほん ご
日本___ 일본어

かた
___る 말하다, 이야기하다

もの がたり
物___ 이야기, 소설

かた
___らう 이야기를 주고받다, 함께 이야기하다

教

가르칠 교 (敎)

음 きょう
훈 おし(える), おそ(わる)

	0143

教教教教教教教教教教

きょう いく
___育 교육

きょう し
___師 교사

きょう しつ
___室 교실

しゅう きょう
宗___ 종교

おし
___える 가르치다

おし ご
___え子 제자

おそ
___わる 배우다

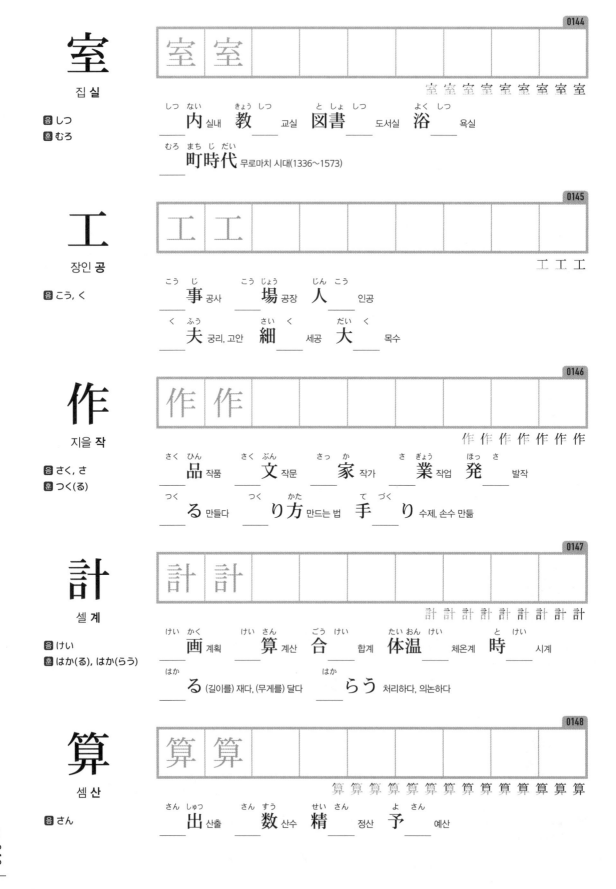

室 집 실

0144

- 음 しつ
- 훈 むろ

しつ ない　内 실내　きょう しつ　教　교실　と しょ しつ　図書　도서실　よく しつ　浴 욕실

むろ まち じ だい　町時代 무로마치 시대(1336~1573)

工 장인 공

0145

- 음 こう, く

こう じ　事 공사　こう じょう　場 공장　じん こう　人 인공

く ふう　夫 궁리, 고안　さい く　細 세공　だい く　大 목수

作 지을 작

0146

- 음 さく, さ
- 훈 つく(る)

さく ひん　品 작품　さく ぶん　文 작문　さっ か　家 작가　さ ぎょう　業 작업　ほっ さ　発 발작

つく　る 만들다　つく かた　り方 만드는 법　て づく　手 り 수제, 손수 만듦

計 셀 계

0147

- 음 けい
- 훈 はか(る), はか(らう)

けい かく　画 계획　けい さん　算 계산　ごう けい　合 합계　たい おん けい　体温 체온계　と けい　時 시계

はか　る (길이를) 재다, (무게를) 달다　はか　らう 처리하다, 의논하다

算 셈 산

0148

- 음 さん

さん しゅつ　出 산출　さん すう　数 산수　せい さん　精 정산　よ さん　予 예산

点
점 점 (點)

0149

점 점 点 点 点 点 点 点 点 点 点

음 てん

| てん けん | てん すう | じゃく てん | しゅう てん |
| 検 점검 | 数 점수 | 弱 약점 | 終 종점 |

| ひゃく てん | まん てん |
| 百 100점 | 満 만점 |

数
셈 수 (數)

0150

数 数 数 数 数 数 数 数 数 数 数 数 数

음 すう, す
훈 かず, かぞ(える)

| すう がく | すう じ | てん すう | にん ずう |
| 学 수학 | 字 숫자 | 点 점수 | 人 인원수 |

| かず | かぞ | かぞ どし |
| 수 | える 세다, 헤아리다 | え年 태어난 해를 한 살로 치는 나이 |

読
읽을 독 (讀)

0151

読 読 読 読 読 読 読 読 読 読 読 読 読 読

음 どく, とく, とう
훈 よ(む)

| どく しゃ | どく しょ | ろう どく | とく ほん | く とう てん |
| 者 독자 | 書 독서 | 朗 낭독 | 本 독본 | 句 点 구두점 |

| よ | よ かた | よ もの |
| む 읽다 | み方 읽는 법 | み物 읽을 거리 |

書
글 서

0152

書 書 書 書 書 書 書 書 書 書

음 しょ
훈 か(く)

| しょ てん | しょ どう | しょ るい | い しょ | と しょ かん |
| 店 서점 | 道 서예 | 類 서류 | 遺 유서 | 図 館 도서관 |

| か | かき とめ | て が |
| く 쓰다 | 留 등기 우편 | 手 き 손으로 씀 |

記
기록할 기

0153

記 記 記 記 記 記 記 記 記 記

음 き
훈 しる(す)

| き じ | き にゅう | き ねん び | き ろく | にっ き |
| 事 기사 | 入 기입 | 念日 기념일 | 録 기록 | 日 일기 |

| しる |
| す 적다, 기록하다, (마음에) 새기다 |

新
새 신

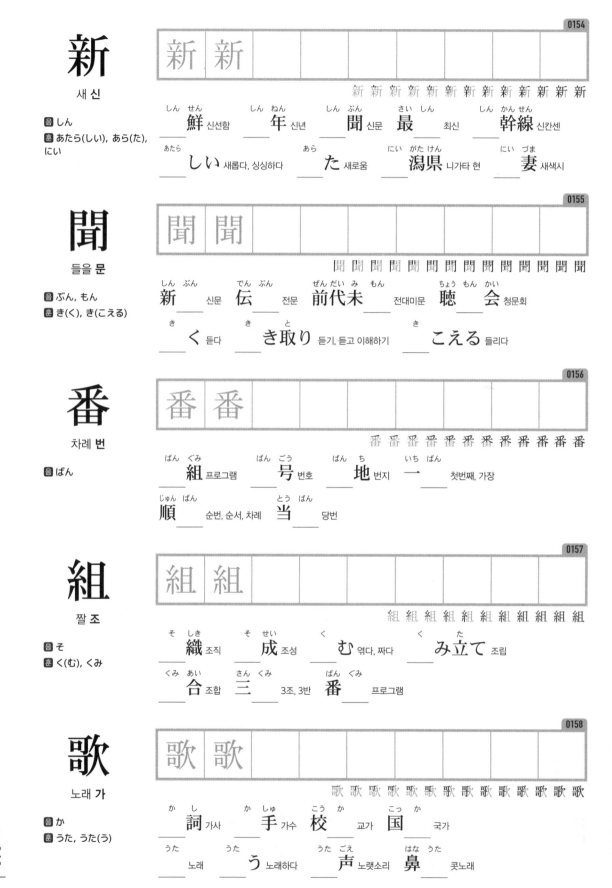

0154

음 しん
훈 あたら(しい), あら(た), にい

鮮 신선함　年 신년　聞 신문　最　　최신　幹線 신칸센

しい 새롭다, 싱싱하다　た 새로움　潟県 니가타 현　妻 새색시

聞
들을 문

0155

음 ぶん, もん
훈 き(く), き(こえる)

新　신문　伝　전문　前代未　전대미문　聴　会 청문회

く 듣다　き取り 듣기, 듣고 이해하기　こえる 들리다

番
차례 번

0156

음 ばん

組 프로그램　号 번호　地 번지　一　　첫번째, 가장

順　순번, 순서, 차례　当　당번

組
짤 조

0157

음 そ
훈 く(む), くみ

織 조직　成 조성　む 엮다, 짜다　み立て 조립

合 조합　三　3조, 3반　番 프로그램

歌
노래 가

0158

음 か
훈 うた, うた(う)

詞 가사　手 가수　校　교가　国　국가

　노래　う 노래하다　声 노랫소리　鼻　콧노래

048

声

声 声 声 声 声 声 声

소리 성 (聲)

음 せい, しょう
훈 こえ, こわ

| せい がく
__楽 성악 | せい めい
__明 성명 | おん せい
音__ 음성 | はっ せい
発__ 발성 |

| こえ
__ 목소리 | うた ごえ
歌__ 노랫소리 | おお ごえ
大__ 큰 소리 | な ごえ
鳴き__ 우는 소리 | こわ いろ
__色 음색 |

楽

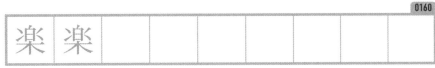

楽 楽 楽 楽 楽 楽 楽 楽 楽 楽 楽 楽

노래 악/즐길 락 (樂)

음 がく, らく
훈 たの(しい), たの(しむ)

| おん がく
音__ 음악 | せい がく
声__ 성악 | がっ き
__器 악기 | らく えん
__園 낙원 | らく らく
__々 편안히 |

| たの
__しい 즐겁다 | たの
__しむ 즐기다 | たの
__しみ 즐거움, 기대 |

売	買	門	戸	行	来	歩	走
팔 매	살 매	문 문	집 호	다닐 행	올 래	걸음 보	달릴 주
止	方	角	市	場	心	体	頭
그칠 지	모 방	뿔 각	저자 시	마당 장	마음 심	몸 체	머리 두
首	顔	色	羽	毛	丸	形	刀
머리 수	얼굴 안	빛 색	깃 우	털 모	둥글 환	모양 형	칼 도
店	長	用	才	科	答	引	線
가게 점	길 장	쓸 용	재주 재	과목 과	대답할 답	끌 인	줄 선
弓	矢	汽	船	台	光	紙	午
활 궁	화살 시	물 끓는 김 기	배 선	토대 대/별 태	빛 광	종이 지	낮 오
元	広	太	池	谷	岩	星	風
으뜸 원	넓을 광	클 태	못 지	골짜기 곡	바위 암	별 성	바람 풍
海	高	原	雪	野	黄	黒	雲
바다 해	높을 고	근원 원	눈 설	들 야	누를 황	검을 흑	구름 운
地	図	電	話	国	家	思	考
땅 지	그림 도	번개 전	말씀 화	나라 국	집 가	생각 사	생각할 고
活	切	合	同	回	帰	何	当
살 활	끊을 절/온통 체	합할 합	한가지 동	돌아올 회	돌아갈 귀	어찌 하	마땅할 당
明	直	間	理	通	知	晴	細
밝을 명	곧을 직	사이 간	다스릴 리	통할 통	알 지	맑을 청	가늘 세

売

팔 매 (賣)

음 ばい
훈 う(る), う(れる)

0161

| 売 | 売 | | | | | |

売 売 売 売 売 売 売

却 매각　店 매점　商 장사　発 발매　販 판매

る 팔다　り上げ 매상, 매출　り場 매장　れる 팔리다

買

살 매

음 ばい
훈 か(う)

0162

| 買 | 買 | | | | | |

買 買 買 買 買 買 買 買 買 買 買

収 매수　購 구매　売 매매

う 사다　い物 쇼핑, 장보기　おい得 싸게 사서 득을 봄, 이득

門

문 문

음 もん
훈 かど

0163

| 門 | 門 | | | | | |

門 門 門 門 門 門 門 門

戸 문호　校 교문　専 전문　入 입문　名 명문

口 문간　出 집을 나섬, 출발　松 가도마쓰(새해에 문 앞에 장식하는 소나무)

戸

집 호 (戸)

음 こ
훈 と

0164

| 戸 | 戸 | | | | | |

戸 戸 戸 戸

主 호주　籍 호적　一 建て 단독주택　下 술을 못 마시는 사람

締り 문단속　棚 찬장　網 망창　井 우물

行

다닐 행

음 こう, ぎょう, あん
훈 い(く), ゆ(く), おこな(う)

0165

| 行 | 行 | | | | | |

行 行 行 行 行 行

動 행동　銀 은행　旅 여행　事 행사　灯 행등, 초롱불

く・く 가다　方 행방　う 행동하다

来

올 래 (來)

음 らい
훈 く(る), きた(る),
きた(す)

<ruby>来<rt>らい</rt></ruby><ruby>月<rt>げつ</rt></ruby> 다음 달	<ruby>来<rt>らい</rt></ruby><ruby>年<rt>ねん</rt></ruby> 내년	<ruby>将<rt>しょう</rt></ruby><ruby>来<rt>らい</rt></ruby> 장래	<ruby>未<rt>み</rt></ruby><ruby>来<rt>らい</rt></ruby> 미래

<ruby>来<rt>く</rt></ruby>る 오다　<ruby>来<rt>きた</rt></ruby>る 오다, 다가오다, 다가오는, 이번　<ruby>来<rt>きた</rt></ruby>す 초래하다

0166

来来来来来来来

歩

걸음 보 (步)

음 ほ, ぶ, ふ
훈 ある(く), あゆ(む)

<ruby>歩<rt>ほ</rt></ruby><ruby>道<rt>どう</rt></ruby> 보도	<ruby>徒<rt>と</rt></ruby><ruby>歩<rt>ほ</rt></ruby> 도보	<ruby>散<rt>さん</rt></ruby><ruby>歩<rt>ぽ</rt></ruby> 산책	<ruby>歩<rt>ぶ</rt></ruby><ruby>合<rt>あい</rt></ruby> 비율, 수수료	<ruby>歩<rt>ふ</rt></ruby> 졸(일본 장기)

<ruby>歩<rt>ある</rt></ruby>く 걷다, 산책하다　<ruby>歩<rt>あゆ</rt></ruby>む 걷다, (한 발짝씩) 전진하다

0167

歩歩歩歩歩歩歩歩

走

달릴 주

음 そう
훈 はし(る)

<ruby>走<rt>そう</rt></ruby><ruby>行<rt>こう</rt></ruby> 주행	<ruby>走<rt>そう</rt></ruby><ruby>者<rt>しゃ</rt></ruby> 주자	<ruby>競<rt>きょう</rt></ruby><ruby>走<rt>そう</rt></ruby> 경주	<ruby>逃<rt>とう</rt></ruby><ruby>走<rt>そう</rt></ruby> 도주

<ruby>走<rt>はし</rt></ruby>る 달리다

0168

走走走走走走走

止

그칠 지

음 し
훈 と(まる), と(める)

<ruby>止<rt>し</rt></ruby><ruby>血<rt>けつ</rt></ruby> 지혈	<ruby>禁<rt>きん</rt></ruby><ruby>止<rt>し</rt></ruby> 금지	<ruby>中<rt>ちゅう</rt></ruby><ruby>止<rt>し</rt></ruby> 중지	<ruby>停<rt>てい</rt></ruby><ruby>止<rt>し</rt></ruby> 정지

<ruby>止<rt>と</rt></ruby>まる 멈추다, 서다　<ruby>止<rt>と</rt></ruby>める 멈추다, 세우다　<ruby>通<rt>つう</rt></ruby><ruby>行<rt>こう</rt></ruby><ruby>止<rt>ど</rt></ruby>め 통행금지

0169

止止止止

方

모 방

음 ほう
훈 かた

<ruby>方<rt>ほう</rt></ruby><ruby>向<rt>こう</rt></ruby> 방향	<ruby>方<rt>ほう</rt></ruby><ruby>法<rt>ほう</rt></ruby> 방법	<ruby>前<rt>ぜん</rt></ruby><ruby>方<rt>ぽう</rt></ruby> 전방	<ruby>地<rt>ち</rt></ruby><ruby>方<rt>ほう</rt></ruby> 지방

<ruby>方<rt>かた</rt></ruby> 방법　<ruby>作<rt>つく</rt></ruby>り<ruby>方<rt>かた</rt></ruby> 만드는 법　<ruby>味<rt>み</rt></ruby><ruby>方<rt>かた</rt></ruby> 내편, 아군

0170

方方方方

角
뿔 각

음 かく
훈 かど, つの

角 角

角 角 角 角 角 角 角

かく ど 度 각도　さん かく けい 三　形 삼각형　ちょっ かく 直 직각　とう かく 頭 두각

かど 모서리, 모퉁이　つの 뿔　つの ぶえ 笛 뿔피리

市
저자 시

음 し
훈 いち

市 市

市 市 市 市 市

し がい 外 시외　し ない 内 시내　し みん 民 시민　と し 都 도시　おお さか し 大阪 오사카 시

いち ば 場 시장　うお いち ば 魚 場 어시장

場
마당 장

음 じょう
훈 ば

場 場

場 場 場 場 場 場 場 場 場 場 場

じょう ない 内 장내　うん どう じょう 運動 운동장　かい じょう 会 회장　こう じょう 工 공장

ば あい 合 때, 경우　ば しょ 所 장소　ば めん 面 장면　いち ば 市 시장　ひろ ば 広 광장

心
마음 심

음 しん
훈 こころ

心 心

心 心 心 心

しん しん 身 심신　しん ぱい 配 걱정　あん しん 安 안심　ちゅう しん 中 중심　ほん しん 本 본심, 진심

こころ 마음　こころ づかい 배려　こころ ぼそ 細い 불안하다, 허전하다　おや ごころ 親 부모 마음

体
몸 체 (體)

음 たい, てい
훈 からだ

体 体

体 体 体 体 体 体 体

たい いく 育 체육　たい りょく 力 체력　しん たい 身 신체　にく たい 肉 육체　せ けん てい 世間 세상에 대한 체면

からだ 몸　からだ つき 몸매, 체격

頭
머리 두

음 とう, ず, と
훈 あたま, かしら

頭	頭	

頭頭頭頭頭頭頭頭頭頭頭頭頭頭頭頭

とう かく 角 두각　せん とう 先___ 선두　ず つう 痛 두통　ず のう 脳 두뇌

あたま ___ 머리　かしら ___ 머리, 우두머리　かしら も じ ___文字 머리글자

首
머리 수

음 しゅ
훈 くび

首	首	

首首首首首首首首首

しゅ しょう 相 수상, 총리　しゅ と 都 수도　じ しゅ 自___ 자수　ぶ しゅ 部___ 부수

くび ___ 목　くび かざ 飾り 목걸이　て くび 手___ 손목　あし くび 足___ 발목

顔
얼굴 안

음 がん
훈 かお

顔	顔	

顔顔顔顔顔顔顔顔顔顔顔顔顔顔顔顔顔

がん しょく 色・かお いろ ___色 얼굴색, 안색　がん めん 面 안면　せん がん 洗___ 세안　どう がん 童___ 동안

かお ___ 얼굴　かお だ 立ち 이목구비　かお み し 見知り 안면이 있음　え がお 笑___ 웃는 얼굴

色
빛 색

음 しょく, しき
훈 いろ

色	色	

色色色色色色

せん しょく 染___ 염색　とく しょく 特___ 특색　しき さい 彩 색채　け しき 景 경치, 풍경

いろ ___ 색　いろ いろ 々 여러 가지　いろ がみ 紙 색종이　かお いろ 顔___・がん しょく 顔___ 얼굴색, 안색

羽
깃 우

음 う
훈 は, はね, わ

羽	羽	

羽羽羽羽羽羽

う か 化 번데기가 날개 있는 성충이 됨　う もう 毛 깃털

は おり 織 기모노 위에 입는 짧은 겉옷　はね ___ 날개　はね ぶ とん 布団 깃이불　いち わ 一___ 한 마리 (새·토끼 등)

毛
털 모

음 もう
훈 け

0181

毛 毛

毛 毛 毛 毛

もう ひつ	もう ふ	ふ もう ち	よう もう
筆 모필, 털붓	布 담요	不 の地 불모의 땅(불모지)	羊 양모

け	け いと	け むし	まゆ げ
털	糸 털실	虫 송충이	眉 눈썹

丸
둥글 환

음 がん
훈 まる, まる(い), まる
(める)

0182

丸 丸

九 九 丸

がん やく	いち がん	だん がん	ほう がん な
薬 환약	一 탄환 하나, 한 덩어리	弾 탄환	砲 投げ 투포환

まる	まる	まる	まる
동그라미	い 둥글다	める 둥글게 하다, 뭉치다	ごと 통째로

形
모양 형

음 けい, ぎょう
훈 かた, かたち

0183

形 形

形 形 形 形 形 形 形

けい しき	けい よう し	ず けい	ぎょう そう	にん ぎょう
式 형식	容詞 형용사	図 도형	相 형상	人 인형

かた み	て がた	かたち
見 기념품, 유품	手 손도장, 어음	형태

刀
칼 도

음 とう
훈 かたな

0184

刀 刀

刀 刀

たん とう	に ほん とう	ぼく とう	めい とう
短 단도	日本 일본도	木 목도	名 명도

かたな	こ がたな	しない
칼	小 창칼, 주머니칼	예외 竹 죽도

店
가게 점

음 てん
훈 みせ

0185

店 店

店 店 店 店 店 店 店 店

てん いん	てん ちょう	かい てん	しょ てん	ばい てん
員 점원	長 점장	開 개점	書 서점	売 매점

みせ	みせ ばん	よ みせ
가게	番 가게를 봄	夜 밤거리 노점, 야시장

長
길 **장**

음 ちょう
훈 なが(い)

長 長

長 長 長 長 長 長 長 長

ちょう しょ
所 장점

ちょう じょ
女 장녀

ちょう なん
男 장남

しゃ ちょう
社___ 사장(님)

せい ちょう
成___ 성장

なが
___い 길다

なが い
___生き 장수, 오래 삶

用
쓸 **용**

음 よう
훈 もち(いる)

用 用

用 用 用 用 用

よう い
意 준비

よう じ
事 용무, 볼일

し よう
使___ 사용

にち よう ひん
日___品 생필품

り よう
利___ 이용

もち
___いる 사용하다

才
재주 **재**

음 さい

才 才

才 才 才

さい き
気 재기

さい じょ
女 재주가 있는 여자, 재원

さい のう
能 재능

てん さい
天___ 천재

科
과목 **과**

음 か

科 科

科 科 科 科 科 科 科 科 科

か がく
学 과학

か もく
目 과목

がっ か
学___ 학과

きょう か しょ
教___書 교과서

げ か
外___ 외과

答
대답할 **답**

음 とう
훈 こた(える), こた(え)

答 答

答 答 答 答 答 答 答 答 答 答 答

とう あん
案 답안

とう べん
弁 답변

おう とう
応___ 응답

かい とう
解___ 해답

せい とう
正___ 정답

こた
___える 대답하다

こた
___え 대답

引 끌 인
- 0191
- 引 引　　　　　　　　引 引 引 引
- 음 いん
- 훈 ひ(く), ひ(ける)
- いん たい 退 은퇴
- いん よう 用 인용
- いん りょく 力 인력
- さく いん 索 색인
- ひ く 끌다
- ひ わ き分け 무승부
- わり びき 割 할인
- ひ ける 끝나다, 파하다

線 줄 선
- 0192
- 線 線　　　　線 線 線 線 線 線 線 線 線 線 線 線 線 線
- 음 せん
- せん が 画 선으로만 그린 그림
- せん ろ 路 선로
- ちょく せん 直 직선
- でん せん 電 전선

弓 활 궁
- 0193
- 弓 弓　　　　　　　弓 弓 弓
- 음 きゅう
- 훈 ゆみ
- きゅう けい 形・ゆみ がた 形 궁형, 활꼴
- きゅう どう 道 궁도
- よう きゅう 洋 양궁
- ゆみ 활
- ゆみ や 矢 궁시, 활과 화살

矢 화살 시
- 0194
- 矢 矢　　　　　　　矢 矢 矢 矢 矢
- 음 し
- 훈 や
- いっ し 一 한 개의 화살
- いっ し むく 一 報いる 보복하다
- や 화살
- や おもて 面 화살이 날아오는 정면, 진두
- や じるし 印 화살표
- どく や 毒 독화살

汽 물 끓는 김 기
- 0195
- 汽 汽　　　　　汽 汽 汽 汽 汽 汽 汽
- 음 き
- き しゃ 車 기차
- き せん 船 기선
- き てき 笛 기적, 고동

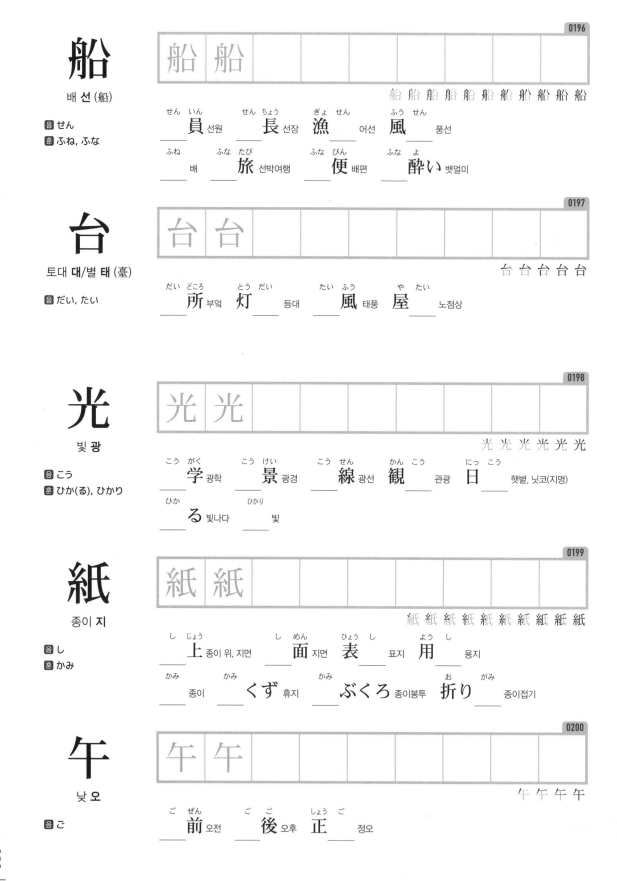

船

배 선 (船)

0196

음 せん
훈 ふね, ふな

船船船船船船船船船船

せん いん	せん ちょう	ぎょ せん	ふう せん
員 선원	長 선장	漁 어선	風 풍선

ふね	ふな たび	ふな びん	ふな よ
배	旅 선박여행	便 배편	酔い 뱃멀미

台

토대 대/별 태 (臺)

0197

음 だい, たい

台台台台台

だい どころ	とう だい	たい ふう	や たい
所 부엌	灯 등대	風 태풍	屋 노점상

光

빛 광

0198

음 こう
훈 ひか(る), ひかり

光光光光光光

こう がく	こう けい	こう せん	かん こう	にっ こう
学 광학	景 광경	線 광선	観 관광	日 햇볕, 닛코(지명)

ひか	ひかり
る 빛나다	빛

紙

종이 지

0199

음 し
훈 かみ

紙紙紙紙紙紙紙紙紙紙

し じょう	し めん	ひょう し	よう し
上 종이 위, 지면	面 지면	表 표지	用 용지

かみ	かみ	かみ	お がみ
종이	くず 휴지	ぶくろ 종이봉투	折り 종이접기

午

낮 오

0200

음 ご

午午午午

ご ぜん	ご ご	しょう ご
前 오전	後 오후	正 정오

元
으뜸 원

- 음 げん, がん
- 훈 もと

___気 기운, 건강함 (げん き)
___紀 기원 (き げん)
___根 근원 (こん げん)
___日 설날 (がん じつ)
___来 원래, 애당초 (がん らい)

___ 이전, 원래 (もと)
___々 원래 (もと もと)
___身___ 신원 (み もと)

広
넓을 광 (廣)

- 음 こう
- 훈 ひろ(い), ひろ(まる), ひろ(める), ひろ(がる), ひろ(げる)

___告 광고 (こう こく)
___大 광대, 넓고 큼 (こう だい)
___報 홍보 (こう ほう)
___野 광야 (こう や)

___い 넓다 (ひろ)
___場 광장 (ひろ ば)
___まる 넓어지다, 보급되다 (ひろ)

___める 넓히다, 보급시키다 (ひろ)
___がる (면적이) 넓어지다, 퍼지다 (ひろ)

___げる (면적을) 넓히다, 확장하다 (ひろ)

広場 (ひろ ば)

太
클 태

- 음 た, たい
- 훈 ふと(い), ふと(る)

丸___ 통나무 (まる た)
___古 태고, 먼 옛날 (たい こ)
___平洋 태평양 (たい へい よう)
___陽 태양 (たい よう)

___い 굵다 (ふと)
___る 살찌다 (ふと)

池
못 지

- 음 ち
- 훈 いけ

貯水___ 저수지 (ちょ すい ち)
電___ 전지 (でん ち)
用水___ 용수지 (よう すい ち)

___ 연못 (いけ)
___ため 저수지 (いけ)
古___ 오래된 연못 (ふる いけ)

谷
골짜기 **곡**

- 음 こく
- 훈 たに

0205

峡谷 きょう こく 협곡
渓谷 けい こく 계곡

谷 たに 골짜기
谷風 たに かぜ 골짜기 바람
谷川 たに がわ 계류, 산골짜기 시냇물
谷間 たに ま 골짜기

岩
바위 **암** (巖)

- 음 がん
- 훈 いわ

0206

岩塩 がん えん 돌소금
岩石 がん せき 암석
砂岩 さ がん 사암
溶岩 よう がん 용암

岩 いわ 바위
岩場 いわ ば 바위가 많은 곳, 암벽
岩山 いわ やま 바위산

星
별 **성**

- 음 せい, しょう
- 훈 ほし

0207

星座 せい ざ 별자리
火星 か せい 화성
金星 きん せい 금성
北極星 ほっきょく せい 북극성
明星 みょう じょう 금성의 옛이름

星 ほし 별
星明り ほし あか り 별빛
星空 ほし ぞら 별이 총총한 밤하늘
流れ星 なが れ ぼし 유성, 별똥별

風
바람 **풍**

- 음 ふう, ふ
- 훈 かぜ, かざ

0208

風雨 ふう う 바람과 비
風景 ふう けい 풍경
風情 ふ ぜい 운치, 정취
お風呂 お ふ ろ 목욕(탕)

風 かぜ 바람
風涼 すず かぜ (초가을의) 산들바람
風車 かざ ぐるま 풍차
風邪 かぜ 감기 (예외)

海
바다 **해** (海)

- 음 かい
- 훈 うみ

0209

海外 かい がい 해외
海水浴 かい すいよく 해수욕
公海 こう かい 공해
地中海 ち ちゅう かい 지중해

海 うみ 바다
海風 うみ かぜ 해풍, 바닷바람
海辺 うみ べ 해변 (예외)
海老 えび 새우

高
높을 고

음 こう
훈 たか(い), たか,
たか(まる), たか(める)

高	高								

高高高高高高高高高高

___ 価 고가   ___ 級 고급   ___ 校 고등학교   ___ 度 고도   最 ___ 최고

___ い 높다, 비싸다   売上 ___ 판매액, 매출액   残 ___ 잔고, 잔액

___ まる 높아지다, 고조되다   ___ める 높이다

こうか
高価

原
근원 **원**

음 げん
훈 はら

原	原								

原原原原原原原原原原

___ 因 원인   ___ 稿 원고   ___ 子力 원자력   ___ 油 원유   高 ___ 고원

___ 들, 벌판   ___ っぱ 들판, 공터   野 ___ 들판

雪
눈 **설**

음 せつ
훈 ゆき

雪	雪								

雪雪雪雪雪雪雪雪雪雪

___ 原 설원   ___ 像 눈을 다져 만든 조각   除 ___ 제설   積 ___ 量 적설량

___ 눈   ___ 国 설국, 눈고장   ___ だるま 눈사람   初 ___ 첫눈

野
들 **야**

음 や
훈 の

野	野								

野野野野野野野野野野

___ 球 야구   ___ 菜 채소   平 ___ 평야   分 ___ 분야

___ 들   ___ 宿 노숙   ___ 花 들꽃   ___ 良猫 길고양이

黄

누를 황 (黄)

음 おう, こう
훈 き, こ

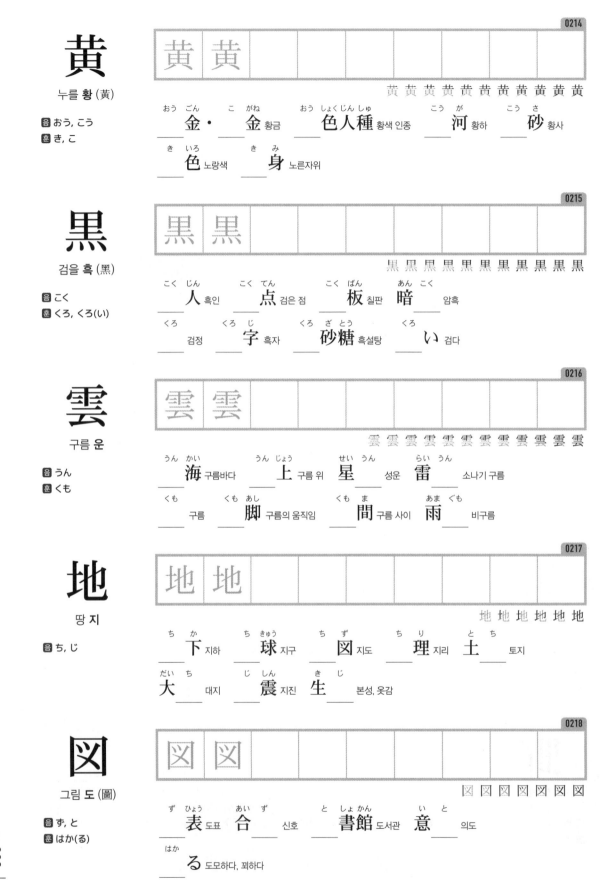

0214

黄 黄

黄黄黄黄黄黄黄黄黄黄黄

___金・___金 황금　___色人種 황색 인종　___河 황하　___砂 황사

___色 노랑색　___身 노른자위

黒

검을 흑 (黒)

음 こく
훈 くろ, くろ(い)

0215

黒 黒

黒黒黒黒黒黒黒黒黒黒黒

___人 흑인　___点 검은 점　___板 칠판　暗___ 암흑

___ 검정　___字 흑자　___砂糖 흑설탕　___い 검다

雲

구름 운

음 うん
훈 くも

0216

雲 雲

雲雲雲雲雲雲雲雲雲雲雲雲

___海 구름바다　___上 구름 위　___星 성운　___雷 소나기 구름

___ 구름　___脚 구름의 움직임　___間 구름 사이　雨___ 비구름

地

땅 지

음 ち, じ

0217

地 地

地地地地地地

___下 지하　___球 지구　___図 지도　___理 지리　___土 토지

大___ 대지　___震 지진　___生 본성, 옷감

図

그림 도 (圖)

음 ず, と
훈 はか(る)

0218

図 図

図図図図図図図

___表 도표　合___ 신호　___書館 도서관　___意 의도

___る 도모하다, 꾀하다

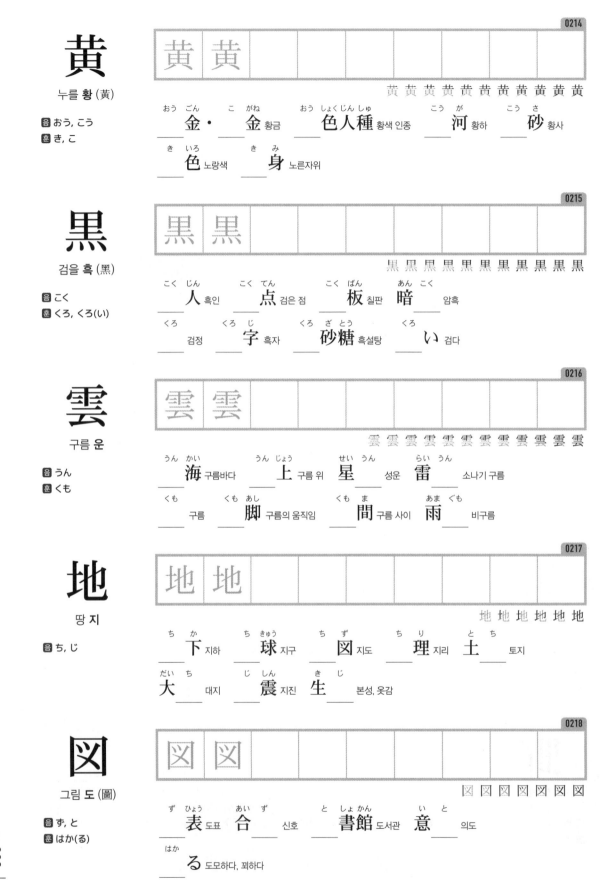

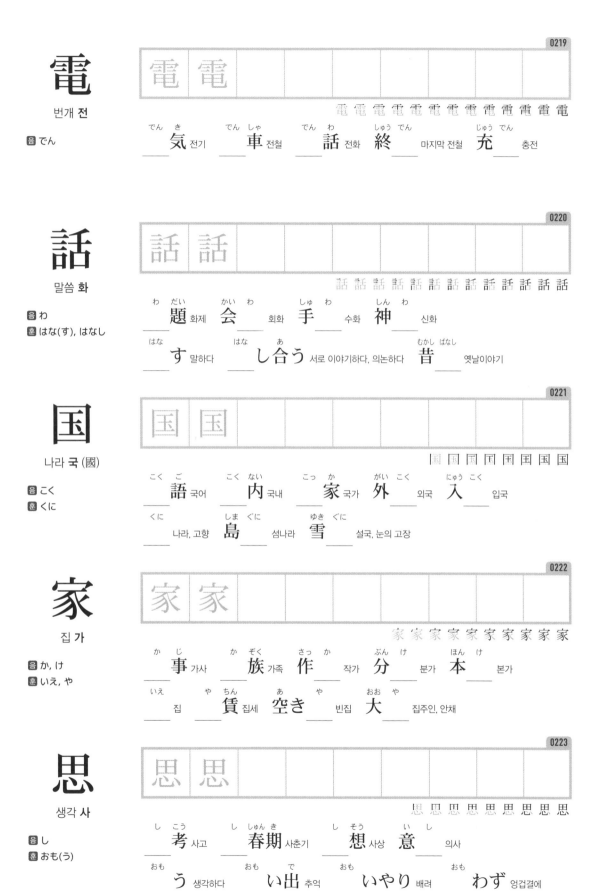

電 번개 **전**
음 でん

0219

電 電

電電電電電電電電電電電電電

＿気 전기 ＿車 전철 ＿話 전화 終＿ 마지막 전철 ＿充 충전

話 말씀 **화**
음 わ
훈 はな(す), はなし

0220

話 話

話話話話話話話話話話話話話

＿題 화제 会＿ 회화 手＿ 수화 神＿ 신화

＿す 말하다 ＿し合う 서로 이야기하다, 의논하다 昔＿ 옛날이야기

国 나라 **국** (國)
음 こく
훈 くに

0221

国 国

国国国国国国国国

＿語 국어 ＿内 국내 ＿家 국가 外＿ 외국 入＿ 입국

＿ 나라, 고향 ＿島 섬나라 雪＿ 설국, 눈의 고장

家 집 **가**
음 か, け
훈 いえ, や

0222

家 家

家家家家家家家家家家

＿事 가사 ＿族 가족 作＿ 작가 分＿ 분가 本＿ 본가

＿ 집 ＿賃 집세 空き＿ 빈집 大＿ 집주인, 안채

思 생각 **사**
음 し
훈 おも(う)

0223

思 思

思思思思思思思思思

＿考 사고 ＿春期 사춘기 ＿想 사상 ＿意 의사

＿う 생각하다 ＿い出 추억 ＿いやり 배려 ＿わず 엉겁결에

考

생각할 고

- 음 こう
- 훈 かんが(える)

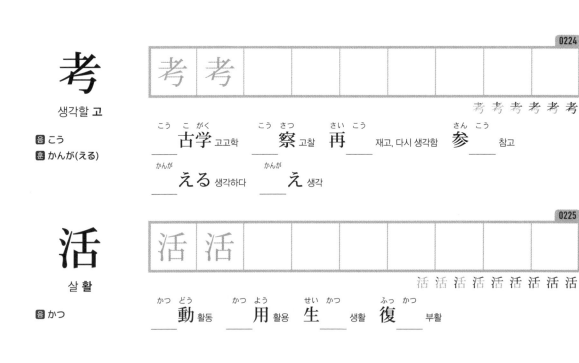

0224

考 考

考 考 考 考 考 考

こう　こ　がく	こう　さつ	さい　こう	さん　こう
古学 고고학	察 고찰	再___ 재고, 다시 생각함	参___ 참고

かんが
___える 생각하다

かんが
___え 생각

活

살 활

- 음 かつ

0225

活 活

活活活活活活活活活

かつ　どう	かつ　よう	せい　かつ	ふっ　かつ
___動 활동	___用 활용	生___ 생활	復___ 부활

切

끊을 **절**/온통 **체**

- 음 せつ, さい
- 훈 き(る), き(れる)

0226

切 切

` 切 切 切 切

せつ　じつ	しん　せつ	たい　せつ	いっ　さい
___実 절실함	親___ 친절함	大___ 중요함, 소중함	一___ 일체, 모두, 일절

き
___る 자르다

きっ　て
___手 우표

きっ　ぶ
___符 표

き
___れる 끊어지다, 베이다

合

합할 합

- 음 ごう, がっ, かっ
- 훈 あ(う), あ(わす), あ(わせる)

0227

合 合

合合合合合合

ごう　かく	ごう　けい	しゅう　ごう	がっ　しゅく	かっ　ぱ
___格 합격	___計 합계	集___ 집합	___宿 합숙	___羽 소매 없는 비옷

あ
___う 합쳐지다, 서로 ~하다

あい　ず
___図 신호

わり　あい
___割 비율

あ
___わす・

あ
___わせる 맞추다, 합치다

ま　　あ
待ち___わせ 약속하여 만나기로 함

ま　あ
待ち合わせ

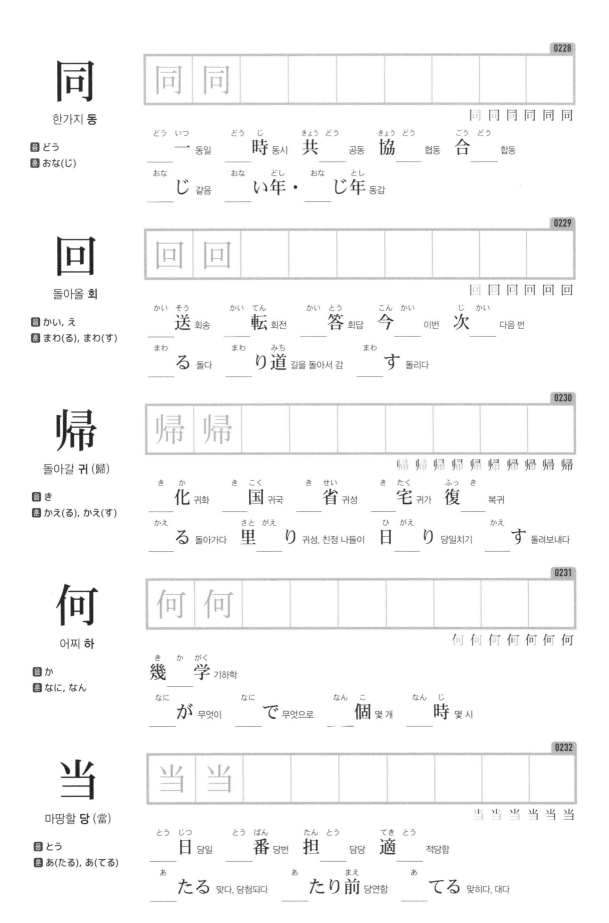

同

한가지 **동**

음 どう
훈 おな(じ)

0228

同 同

同 同 同 同 同 同

___ 一 동일　　___ 時 동시　　共 ___ 공동　　協 ___ 협동　　合 ___ 합동

___ じ 같음　　___ い年・___ じ年 동갑

回

돌아올 **회**

음 かい, え
훈 まわ(る), まわ(す)

0229

回 回

回 回 回 回 回 回

___ 送 회송　　___ 転 회전　　___ 答 회답　　今 ___ 이번　　次 ___ 다음 번

___ る 돌다　　___ り道 길을 돌아서 감　　___ す 돌리다

帰

돌아갈 **귀** (歸)

음 き
훈 かえ(る), かえ(す)

0230

帰 帰

帰 帰 帰 帰 帰 帰 帰 帰 帰 帰

___ 化 귀화　　___ 国 귀국　　___ 省 귀성　　___ 宅 귀가　　復 ___ 복귀

___ る 돌아가다　　里 ___ り 귀성, 친정 나들이　　日 ___ り 당일치기　　___ す 돌려보내다

何

어찌 **하**

음 か
훈 なに, なん

0231

何 何

何 何 何 何 何 何 何

幾 ___ 学 기하학

___ が 무엇이　　___ で 무엇으로　　___ 個 몇 개　　___ 時 몇 시

当

마땅할 **당** (當)

음 とう
훈 あ(たる), あ(てる)

0232

当 当

当 当 当 当 当 当

___ 日 당일　　___ 番 당번　　担 ___ 담당　　適 ___ 적당함

___ たる 맞다, 당첨되다　　___ たり前 당연함　　___ てる 맞히다, 대다

明
밝을 **명**

音 めい, みょう
訓 あ(かり), あか(るい),
あか(るむ), あか(らむ),
あき(らか), あ(ける),
あ(く), あ(くる), あ(かす)

明 明

明 明 明 明 明 明 明 明

めい あん 暗 명암	めい はく 白 명백함
はつ めい 発 발명	じ めい 自 자명, 명백함
みょう ちょう 朝 내일 아침	みょう ばん 晩 내일 밤

あ
かり 빛

あか
るい 밝다

あか
るむ 밝아지다

あか
らむ (동이 터서) 훤해지다

あき
らか 명백함, 밝음

あ
ける (날이) 새다, 밝아지다

あ
くる 다음 (~날, 달 등이 옴)

あ
かす 밝히다, (숨긴 것, 비밀 등을) 털어놓다

直
곧을 **직**

音 ちょく, じき
訓 ただ(ちに), なお(す),
なお(る)

直 直

直 直 直 直 直 直 直 直

ちょく せつ 接 직접	ちょく せん 線 직선
じき そ 訴 직소, 직접 상소함	しょう じき 正 정직함

ただ
ちに 곧, 즉시

なお
す 고치다, 바로잡다

なお
る 고쳐지다, 치료되다

間
사이 **간**

音 かん, けん
訓 あいだ, ま

間 間

間 間 間 間 間 間 間 間 間 間

かん しょく 食 간식	かん せつ 接 간접	じ かん 時 시간
せ けん 世 세간, 세상 (사람들)	にん げん 人 인간	

あいだ
사이, 동안

あいだ がら
柄 친척 관계

ま あ
に合う 제 시간에 대다

ま ちが
違う 틀리다

理
다스릴 **리**

音 り

理 理

理 理 理 理 理 理 理 理 理 理

り か 科 이과	り かい 解 이해	り ゆう 由 이유	だい り 代 대리	どう り 道 도리
む り 無 무리	りょう り 料 요리			

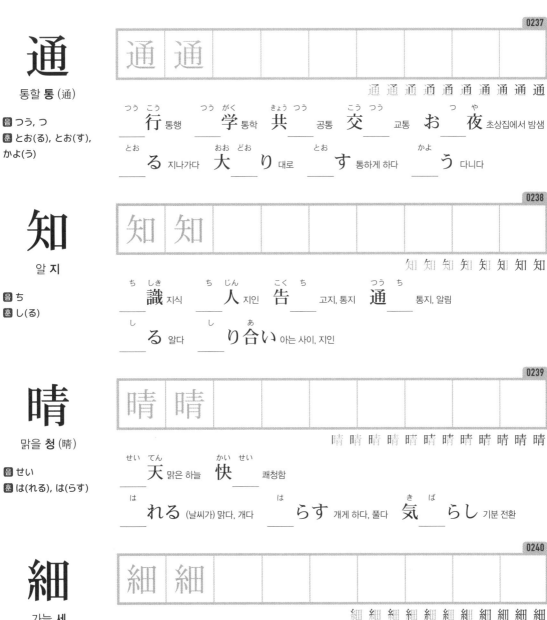

通
통할 **통** (通)

음 つう, つ
훈 とお(る), とお(す), かよ(う)

0237

通 通

通 通 通 通 通 通 通 通 通

___行 통행　___学 통학　共___ 공통　交___ 교통　お___夜 초상집에서 밤샘

とお___る 지나가다　大___り 대로　とお___す 통하게 하다　かよ___う 다니다

知
알 **지**

음 ち
훈 し(る)

0238

知 知

知 知 知 知 知 知 知 知

___識 지식　___人 지인　告___ 고지, 통지　通___ 통지, 알림

し___る 알다　し___り合い 아는 사이, 지인

晴
맑을 **청** (晴)

음 せい
훈 は(れる), は(らす)

0239

晴 晴

晴 晴 晴 晴 晴 晴 晴 晴 晴 晴 晴

___天 맑은 하늘　快___ 쾌청함

は___れる (날씨가) 맑다, 개다　は___らす 개게 하다, 풀다　気___らし 기분 전환

細
가늘 **세**

음 さい
훈 ほそ(い), ほそ(る), こま(か), こま(かい)

0240

細 細

細 細 細 細 細 細 細 細 細 細 細

___菌 세균　___心 세심함　___胞 세포　___詳 상세함

ほそ___い 가늘다　ほそ___る 가늘어지다　こま___か 아주 작음, 상세함　こま___かい 상세하다, 잘다

日本語漢字

초등학교 3학년
한자쓰기

100 자

反 돌이킬 반	対 대할 대	軽 가벼울 경	重 무거울 중	寒 찰 한	暑 더울 서	登 오를 등	落 떨어질 락	神 귀신 신	宮 집 궁
写 베낄 사	真 참 진	旅 나그네 려	館 집 관	期 기약할 기	待 기다릴 대	消 사라질 소	息 쉴 식	終 마칠 종	駅 역 역
着 붙을 착	始 비로소 시	発 필 발	病 병 병	院 집 원	流 흐를 류	血 피 혈	医 의원 의	者 놈 자	薬 약 약
局 판 국	号 이름 호	全 온전할 전	身 몸 신	遊 놀 유	泳 헤엄칠 영	急 급할 급	速 빠를 속	安 편안 안	打 칠 타
練 익힐 련	習 익힐 습	勝 이길 승	負 질 부	投 던질 투	球 공 구	幸 다행 행	福 복 복	感 느낄 감	動 움직일 동
列 벌일 렬	島 섬 도	受 받을 수	取 가질 취	物 물건 물	品 물건 품	配 나눌 배	送 보낼 송	商 장사 상	業 업 업
鉄 쇠 철	橋 다리 교	乗 탈 승	客 손 객	住 살 주	所 바 소	仕 섬길 사	事 일 사	進 나아갈 진	路 길 로
転 구를 전	向 향할 향	研 갈 연	究 연구할 구	相 서로 상	談 말씀 담	宿 잘 숙	題 제목 제	詩 시 시	集 모을 집
意 뜻 의	味 맛 미	委 맡길 위	員 인원 원	君 임금 군	主 주인 주	平 평평할 평	等 무리 등	追 쫓을 추	放 놓을 방
礼 예도 례	式 법식 식	使 하여금 사	命 목숨 명	悪 악할 악/ 미워할 오	筆 붓 필	飲 마실 음	酒 술 주	部 떼 부	屋 집 옥

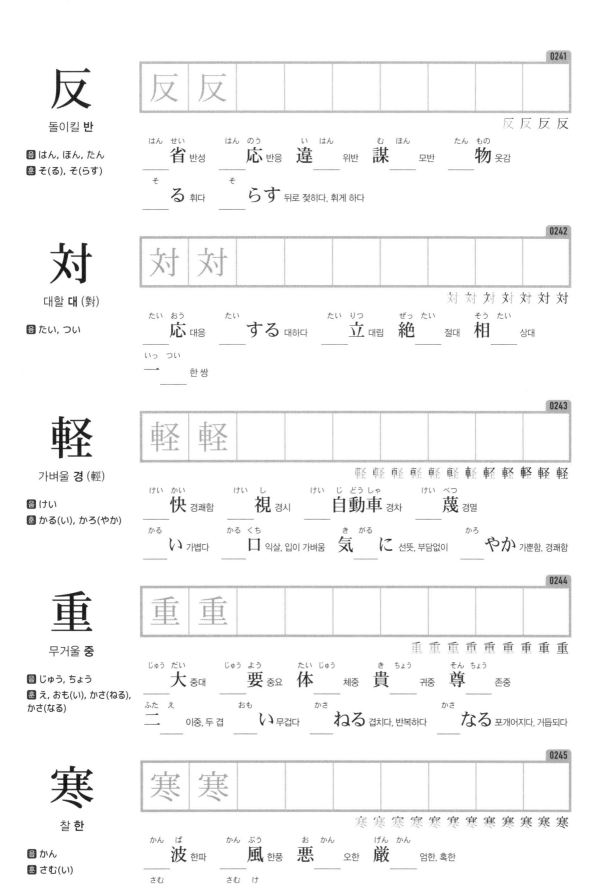

反
돌이킬 **반**

음 はん, ほん, たん
훈 そ(る), そ(らす)

0241

省 반성 ・ 応 반응 ・ 違 위반 ・ 謀 모반 ・ 物 옷감

る 휘다 ・ らす 뒤로 젖히다, 휘게 하다

対
대할 **대** (對)

음 たい, つい

0242

応 대응 ・ する 대하다 ・ 立 대립 ・ 絶 절대 ・ 相 상대

一 한 쌍

軽
가벼울 **경** (輕)

음 けい
훈 かる(い), かろ(やか)

0243

快 경쾌함 ・ 視 경시 ・ 自動車 경차 ・ 蔑 경멸

い 가볍다 ・ 口 익살, 입이 가벼움 ・ 気 に 선뜻, 부담없이 ・ やか 가뿐함, 경쾌함

重
무거울 **중**

음 じゅう, ちょう
훈 え, おも(い), かさ(ねる), かさ(なる)

0244

大 중대 ・ 要 중요 ・ 体 체중 ・ 貴 귀중 ・ 尊 존중

二 이중, 두 겹 ・ い 무겁다 ・ ねる 겹치다, 반복하다 ・ なる 포개어지다, 거듭되다

寒
찰 **한**

음 かん
훈 さむ(い)

0245

波 한파 ・ 風 한풍 ・ 悪 오한 ・ 厳 엄한, 혹한

い 춥다 ・ 気 한기, 오한

暑
더울 서 (暑)

暑 暑

暑暑暑暑暑暑暑暑暑暑暑暑

- 음 しょ
- 훈 あつ(い)

しょ ちゅう み ま
中見舞い 복중 문안

こく しょ
酷 혹서

ざん しょ
残 늦더위

ひ しょ
避 피서

あつ
い 덥다

む あつ
蒸し い 무덥다

登
오를 등

登 登

登登登登登登登登登登登登

- 음 とう, と
- 훈 のぼ(る)

とう こう
校 등교

とう じょう
場 등장

とう ろく
録 등록

と ざん
山 등산

のぼ
る 오르다

き のぼ
木 り 나무 타기

やま のぼ
山 り 등산

落
떨어질 락

落 落

落落落落落落落落落落落落

- 음 らく
- 훈 お(ちる), お(とす)

らく が
書き 낙서

らく だい
第 낙제

らっ か
下 낙하

げ らく
下 하락

てん らく
転 전락

お
ちる 떨어지다

お
とす 떨어뜨리다

お もの
とし物 분실물

神
귀신 신 (神)

神 神

神神神神神神神神神

- 음 しん, じん
- 훈 かみ, かん, こう

しん けい
経 신경

しん ぷ
父 신부(가톨릭)

しん わ
話 신화

せい しん
精 정신

じん じゃ
社 신사, 사당

かみ
神

かみ さま
様 신령님, 하나님

かん ぬし
主 신사의 신관

こう ごう
々しい 숭고하다, 성스럽다

宮
집 궁

宮 宮

宮宮宮宮宮宮宮宮宮宮

- 음 きゅう, ぐう, く
- 훈 みや

きゅう ちゅう
中 궁중

きゅう でん
殿 궁전

おう きゅう
王 왕궁

じん ぐう
神 신궁

く ないちょう
内庁 궁내청

みや
신사, 궁

みや まい
お 参り 신사 참배

写

베낄 **사** (寫)

음 しゃ
훈 うつ(す), うつ(る)

写 写 写 写 写

しゃ しん ____真 사진 　 しゃ せい ____生 사생, 스케치 　 えい しゃ 映____ 영사 　 ふく しゃ 複____ 복사

うつ ____す 베끼다, 그리다, 찍다 　 か うつ 書き____す 베껴 쓰다, 옮겨 적다 　 うつ ____る 찍히다

真

참 **진** (眞)

음 しん
훈 ま

真 真 真 真 真 真 真 真 真

しん い ____意 진의 　 しん じつ ____実 진실 　 しん り ____理 진리 　 じゅん しん 純____ 순진함

ま ごころ ____心 진심, 정성 　 ま じ め ____面目 진지함, 성실함 　 ま しろ ____っ白 새하얌 　 ま なつ ____夏 한여름

旅

나그네 **려** (旅)

음 りょ
훈 たび

旅 旅 旅 旅 旅 旅 旅 旅 旅

りょ かく き ____客機 여객기(=りょかっき) 　 りょ かん ____館 여관 　 りょ こう ____行 여행 　 りょ ひ ____費 여비

たび ____ 여행 　 たび びと ____人 나그네, 여행자 　 ひと り たび 一人____ 혼자 하는 여행 　 ふな たび ____船 선박여행

館

집 **관** (館)

음 かん
훈 やかた

館 館 館 館 館 館 館 館 館 館 館 館 館 館 館

かん ちょう ____長 관장 　 たい し かん 大使____ 대사관 　 と しょ かん 図書____ 도서관 　 ほん かん 本____ 본관 　 りょ かん 旅____ 여관

やかた ____ (귀인의) 저택, 숙소

期

기약할 **기**

음 き, ご

期 期 期 期 期 期 期 期 期 期

き かん ____間 기간 　 き たい ____待 기대 　 き まつ ____末 기말 　 がっ き 学____ 학기 　 じ き ____時 시기

さい ご 最____ 임종, 최후

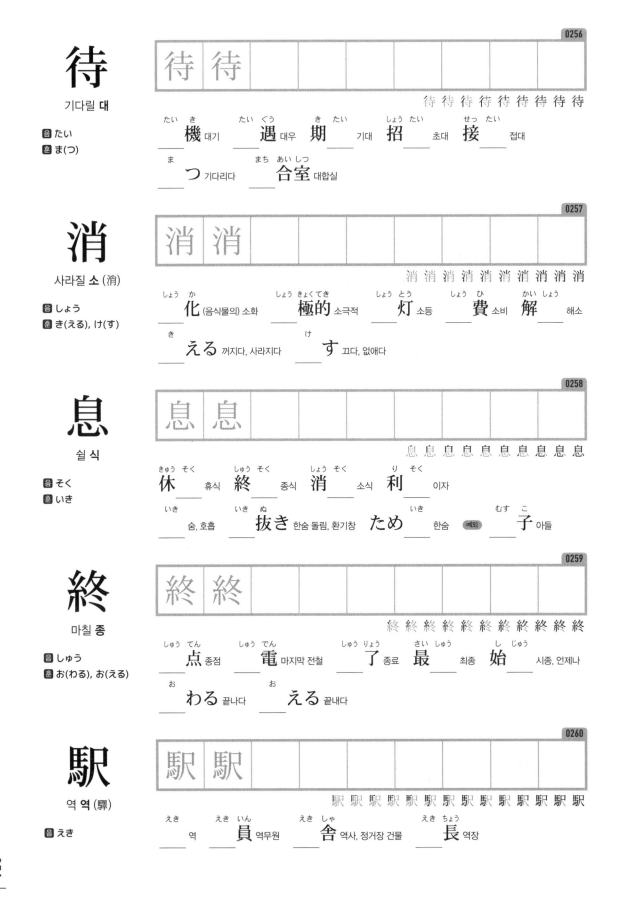

待 기다릴 대

0256

待 待

待 待 待 待 待 待 待 待

음 たい
훈 ま(つ)

___機 대기 ___遇 대우 ___期 기대 ___招 초대 接___ 접대

___つ 기다리다 ___合室 대합실

消 사라질 소 (消)

0257

消 消

消 消 消 消 消 消 消 消 消 消

음 しょう
훈 き(える), け(す)

___化 (음식물의) 소화 ___極的 소극적 ___灯 소등 ___費 소비 ___解 해소

___える 꺼지다, 사라지다 ___す 끄다, 없애다

息 쉴 식

0258

息 息

息 息 息 息 息 息 息 息 息 息

음 そく
훈 いき

休___ 휴식 終___ 종식 消___ 소식 利___ 이자

___ 숨, 호흡 ___抜き 한숨 돌림, 환기창 ___ため 한숨 예외 ___子 아들

終 마칠 종

0259

終 終

終 終 終 終 終 終 終 終 終 終

음 しゅう
훈 お(わる), お(える)

___点 종점 ___電 마지막 전철 ___了 종료 最___ 최종 ___始 시종, 언제나

___わる 끝나다 ___える 끝내다

駅 역 역 (驛)

0260

駅 駅

駅 駅 駅 駅 駅 駅 駅 駅 駅 駅 駅 駅 駅

음 えき

___ 역 ___員 역무원 ___舎 역사, 정거장 건물 ___長 역장

着

붙을 **착**

음 ちゃく, じゃく
훈 き(る), き(せる),
つ(く), つ(ける)

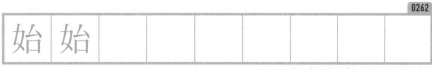

着 着	

着 着 着 着 着 着 着 着 着 着 着

ちゃく じつ 実 착실함
ちゃく よう 用 착용
ちゃく りく 陸 착륙
あい ちゃく 愛 애착
とう ちゃく 到 도착

き る (옷을) 입다
き もの 物 기모노, 일본 옷
うわ ぎ 上 겉옷, 상의
き せる 입히다

つ く 도착하다, 닿다
つ ける (몸에) 걸치다(입다), 대다

き もの
着物

0261

始

비로소 **시**

음 し
훈 はじ(まる), はじ(める)

始 始	

始 始 始 始 始 始 始

し どう 動 시동
し はつ 発 시발
かい し 開 개시
ねん まつ ねん し 年末年 연말연시

はじ まる 시작되다
はじ める 시작하다

0262

発

필 **발** (發)

음 はつ, ほつ

発 発	

発 発 発 発 発 発 発 発

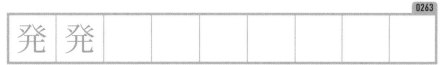

はつ おん 音 발음
はつ めい 明 발명
はっ しゃ 車 발차
はっ せい 生 발생
はっ びょう 表 발표

かい はつ 開 개발
しゅっ ぱつ 出 출발
ほっ さ 作 발작
ほっ そく 足 발족, 출범

0263

病

병 **병**

음 びょう, へい
훈 や(む), やまい

病 病	

病 病 病 病 病 病 病 病 病

びょう いん 院 병원
びょう き 気 병, 질병
け びょう 仮 꾀병
じ びょう 持 지병
しっ ぺい 疾 질병

や む 앓다, 병들다
やまい 병, 나쁜 버릇

0264

院

집 원

음 いん

院院

院院院院院院院院院院

＿＿ 長 원장　医 ＿＿ 의원　大学 ＿＿ 대학원　入 ＿＿ 입원
いん ちょう　　い いん　　　だい がく いん　　　にゅう いん

流

흐를 류

음 りゅう, る
훈 なが(れる), なが(す)

流流

流流流流流流流流流流

行 유행　＿＿ 通 유통　一 ＿＿ 일류　交 ＿＿ 교류　＿＿ 布 유포
りゅう こう　　りゅう つう　　いち りゅう　　こう りゅう　　　る ふ

＿＿ れる 흐르다, 흘러가다　＿＿ す 흘리다, 흐르게 하다
なが　　　　　　　　なが

血

피 혈

음 けつ
훈 ち

血血

血血血血血血

＿＿ 圧 혈압　＿＿ 液 혈액　献 ＿＿ 헌혈　出 ＿＿ 출혈
けつ あつ　　けつ えき　　けん けつ　　しゅっ けつ

＿＿ 피　鼻 ＿＿ 코피
ち　　　はな ぢ

医

의원 의 (醫)

음 い

医医

医医医医医医医

＿＿ 学 의학　＿＿ 者 의사　＿＿ 薬品 의약품　＿＿ 療 의료　名 ＿＿ 명의
い がく　　い しゃ　　い やく ひん　　い りょう　　めい い

者

놈 자 (者)

음 しゃ
훈 もの

者者

者者者者者者者

学 ＿＿ 학자　患 ＿＿ 환자　記 ＿＿ 기자　作 ＿＿ 작자, 지은이　初心 ＿＿ 초보자
がく しゃ　　かん じゃ　　き しゃ　　さく しゃ　　しょ しん しゃ

＿＿ 사람　若 ＿＿ 젊은이　人気 ＿＿ 인기 있는 사람, 인기인
もの　　　わか もの　　にん き もの

薬
약 **약** (藥)

음 やく
훈 くすり

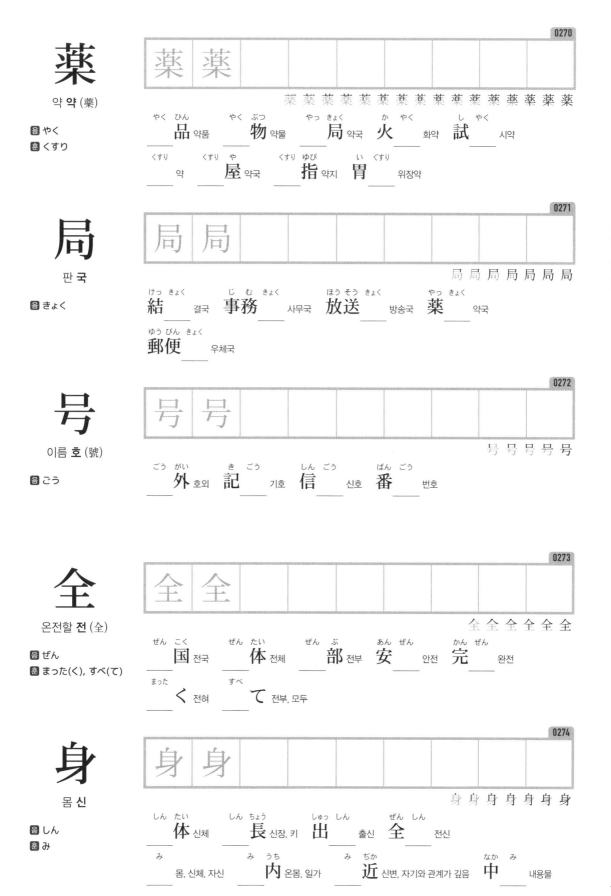

0270

| 薬 | 薬 | | | | | | | | | | | |

薬 薬 薬 薬 薬 薬 薬 薬 薬 薬 薬 薬 薬 薬

___ 品 약품　___ 物 약물　___ 局 약국　火 ___ 화약　試 ___ 시약

___ 약　___ 屋 약국　___ 指 약지　胃 ___ 위장약

局
판 **국**

음 きょく

0271

| 局 | 局 | | | | | | | | | | | |

局 局 局 局 局 局 局

結 ___ 결국　事務 ___ 사무국　放送 ___ 방송국　薬 ___ 약국

郵便 ___ 우체국

号
이름 **호** (號)

음 ごう

0272

| 号 | 号 | | | | | | | | | | | |

号 号 号 号 号

___ 外 호외　記 ___ 기호　信 ___ 신호　番 ___ 번호

全
온전할 **전** (全)

음 ぜん
훈 まった(く), すべ(て)

0273

| 全 | 全 | | | | | | | | | | | |

全 全 全 全 全 全

___ 国 전국　___ 体 전체　___ 部 전부　安 ___ 안전　完 ___ 완전

___ く 전혀　___ て 전부, 모두

身
몸 **신**

음 しん
훈 み

0274

| 身 | 身 | | | | | | | | | | | |

身 身 身 身 身 身 身

___ 体 신체　___ 長 신장, 키　出 ___ 출신　全 ___ 전신

___ 몸, 신체, 자신　___ 内 온몸, 일가　___ 近 신변, 자기와 관계가 깊음　中 ___ 내용물

遊
놀 유 (遊)

음 ゆう, ゆ
훈 あそ(ぶ)

遊 遊

遊 遊 遊 遊 遊 遊 遊 遊 遊 遊 遊 遊

___泳 수영, 헤엄침 (ゆう えい)
___園地 유원지 (ゆう えん ち)
___牧 유목 (ゆう ぼく)
___覧船 유람선 (ゆう らん せん)

___山 유람, 관광 (ゆ さん)
___ぶ 놀다 (あそ)
___び場 놀이터 (あそ ば)
砂___び 모래장난 (すな あそ)

泳
헤엄칠 영

음 えい
훈 およ(ぐ)

泳 泳

泳 泳 泳 泳 泳 泳 泳 泳

___法 수영법 (えい ほう)
水___ 수영 (すい えい)
遠___ 원영, 장거리 수영 (えん えい)
競___ 경영, 수영을 겨룸 (きょう えい)

___ぐ 헤엄치다 (およ)
背___ぎ 배영 (せ およ)
平___ぎ 평영 (ひら およ)

急
급할 급

음 きゅう
훈 いそ(ぐ)

急 急

急 急 急 急 急 急 急 急 急

___行 급행 (きゅう こう)
___用 급한 용무 (きゅう よう)
緊___ 긴급 (きん きゅう)
早___ ・早___ 조급, 지급 (さっ きゅう)(そう きゅう)
特___ 특급 (とっ きゅう)

___ぐ 서두르다 (いそ)
大___ぎ 몹시 서두름, 아주 급함 (おお いそ)

速
빠를 속 (速)

음 そく
훈 はや(い), はや(める),
はや(まる), すみ(やか)

速 速

速 速 速 速 速 速 速 速 速

___達 속달, 빠른 우편 (そく たつ)
___度 속도 (そく ど)
急___ 급속 (きゅう そく)
高___ 고속 (こう そく)

___い 빠르다 (はや)
___める 빠르게 하다 (はや)
___まる 빨라지다 (はや)
___やか 빠름, 신속함 (すみ)

安
편안 안

음 あん
훈 やす(い)

安 安

安 安 安 安 安 安

___心 안심 (あん しん)
___全 안전 (あん ぜん)
___易 안이함 (あん い)
治___ 치안 (ち あん)
不___ 불안 (ふ あん)

___い (값이) 싸다, (마음이) 평온하다 (やす)
___売り 싸게 팖, 염가 판매 (やす う)
___目 표준, 기준 (め やす)

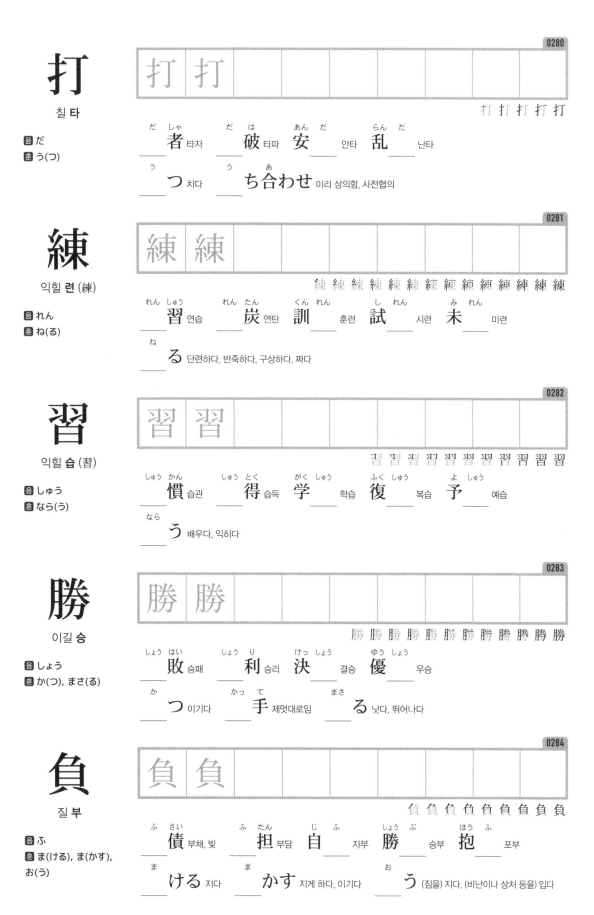

打
칠 **타**

음 だ
훈 う(つ)

打 打 打 打 打

だ しゃ	だ は	あん だ	らん だ
___者 타자	___破 타파	安___ 안타	乱___ 난타

う
___つ 치다

う あ
___ち合わせ 미리 상의함, 사전협의

練
익힐 **련** (練)

음 れん
훈 ね(る)

練 練 練 練 練 練 練 練 練 練 練 練 練 練

れん しゅう	れん たん	くん れん	し れん	み れん
___習 연습	___炭 연탄	訓___ 훈련	試___ 시련	未___ 미련

ね
___る 단련하다, 반죽하다, 구상하다, 짜다

習
익힐 **습** (習)

음 しゅう
훈 なら(う)

習 習 習 習 習 習 習 習 習 習 習

しゅう かん	しゅう とく	がく しゅう	ふく しゅう	よ しゅう
___慣 습관	___得 습득	学___ 학습	復___ 복습	予___ 예습

なら
___う 배우다, 익히다

勝
이길 **승**

음 しょう
훈 か(つ), まさ(る)

勝 勝 勝 勝 勝 勝 勝 勝 勝 勝 勝 勝

しょう はい	しょう り	けっ しょう	ゆう しょう
___敗 승패	___利 승리	決___ 결승	優___ 우승

か
___つ 이기다

かっ て
___手 제멋대로임

まさ
___る 낫다, 뛰어나다

負
질 **부**

음 ふ
훈 ま(ける), ま(かす), お(う)

負 負 負 負 負 負 負 負 負

ふ さい	ふ たん	じ ふ	しょう ぶ	ほう ふ
___債 부채, 빚	___担 부담	自___ 자부	勝___ 승부	抱___ 포부

ま
___ける 지다

ま
___かす 지게 하다, 이기다

お
___う (짐을) 지다, (비난이나 상처 등을) 입다

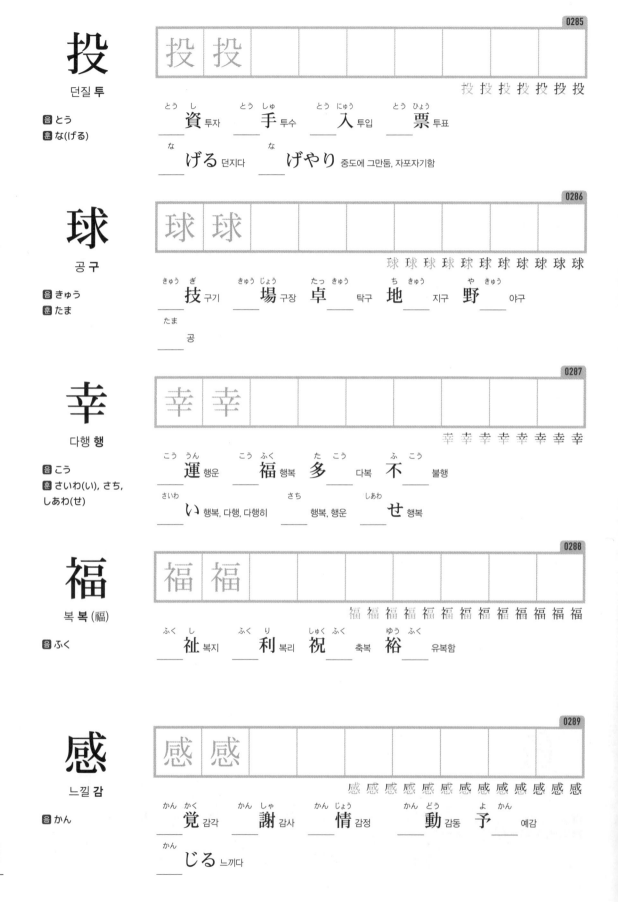

投
던질 **투**

음 とう
훈 な(げる)

투투투투투투투

___資 투자　___手 투수　___入 투입　___票 투표

___げる 던지다　___げやり 중도에 그만둠, 자포자기함

球
공 **구**

음 きゅう
훈 たま

구구구구구구구구구구

___技 구기　___場 구장　卓___ 탁구　地___ 지구　野___ 야구

___ 공

幸
다행 **행**

음 こう
훈 さいわ(い), さち,
しあわ(せ)

행행행행행행행행

___運 행운　___福 행복　多___ 다복　不___ 불행

___い 행복, 다행, 다행히　___ 행복, 행운　___せ 행복

福
복 **복** (福)

음 ふく

복복복복복복복복복복복복복

___祉 복지　___利 복리　祝___ 축복　裕___ 유복함

感
느낄 **감**

음 かん

감감감감감감감감감감감감감

___覚 감각　___謝 감사　___情 감정　___動 감동　予___ 예감

___じる 느끼다

動
움직일 **동**

0290

| 動 | 動 | | | | | | | | | | |

動 動 動 動 動 動 動 動 動 動

- 음 どう
- 훈 うご(く), うご(かす)

___作 どうさ 동작
___物 どうぶつ 동물
移___ いどう 이동
運___ うんどう 운동
活___ かつどう 활동

___く うご 움직이다, 행동하다
___かす うご 움직이(게 하)다, 옮기다

列
벌일 **렬**

0291

| 列 | 列 | | | | | | | | | | |

列 列 列 列 列 列

- 음 れつ

___車 れっしゃ 열차
___島 れっとう 열도
行___ ぎょうれつ 행렬
整___ せいれつ 정렬
陳___ ちんれつ 진열

島
섬 **도**

0292

| 島 | 島 | | | | | | | | | | |

島 島 島 島 島 島 島 島 島 島

- 음 とう
- 훈 しま

___民 とうみん 섬사람
半___ はんとう 반도
無人___ むじんとう 무인도
離___ りとう 벽지, 외딴섬
列___ れっとう 열도

___ しま 섬
___国 しまぐに 섬나라

受
받을 **수**

0293

| 受 | 受 | | | | | | | | | | |

受 受 受 受 受 受 受 受

- 음 じゅ
- 훈 う(ける), う(かる)

___験 じゅけん 수험
___信 じゅしん 수신
___診 じゅしん 진찰을 받음
___授 じゅじゅ 수수, 주고받음

___ける う 받다
___付 うけつけ 접수
___かる う 합격하다

取
가질 **취**

0294

| 取 | 取 | | | | | | | | | | |

取 取 取 取 取 取 取 取

- 음 しゅ
- 훈 と(る)

___材 しゅざい 취재
___得 しゅとく 취득
採___ さいしゅ 채취
先___ せんしゅ 선취

___る と 취하다, 받다, 따다
___っ手 とって 손잡이
___り消し とりけし 취소

物
물건 물

음 ぶつ, もつ
훈 もの

| 物 | 物 | | | | | | |

物物物物物物物物

____価 물가 ____理 물리 人____ 인물 食____ 음식물 ____荷 짐

____ 물건, 것 ____語 이야기 果____ 과일 偽____ 가짜 飲み____ 음료, 마실 것

品
물건 품

음 ひん
훈 しな

| 品 | 品 | | | | | | |

品品品品品品品品品

____質 품질 ____種 품종 作____ 작품 ____商 상품 返____ 반품

____ 물건, 상품 ____切れ 품절 ____物 물건 ____手 마술, 속임수

配
나눌 배

음 はい
훈 くば(る)

| 配 | 配 | | | | | | |

配配配配配配配配配

____達 배달 ____慮 배려 気____ 기미, 기색 手____ 준비, 수배 ____心 걱정

____る 나누어 주다 気____り 배려

送
보낼 송 (送)

음 そう
훈 おく(る)

| 送 | 送 | | | | | | |

送送送送送送送送

____金 송금 ____信 송신 回____ 회송 放____ 방송 郵____ 우송

____る 보내다, 배웅하다 見____り 배웅

商
장사 상

음 しょう
훈 あきな(う)

| 商 | 商 | | | | | | |

商商商商商商商商商商

____業 상업 ____店街 상점가 ____売 장사 ____品 상품 ____行 행상

____う 장사하다

業

업 업

음 ぎょう, ごう
훈 わざ

業業業業業業業業業業業業

ぎょう む
___務 업무

えい ぎょう
営___ 영업

き ぎょう
企___ 기업

そつ ぎょう
卒___ 졸업

じゅ ぎょう
授___ 수업

わざ
___ 짓, 소행, 일, 직업

し わざ
仕___ 소행, 짓

鉄

쇠 철 (鐵)

음 てつ

鉄鉄鉄鉄鉄鉄鉄鉄鉄鉄鉄鉄鉄

てっ きん
___筋 철근

てつ どう
___道 철도

てつ ぼう
___棒 철봉

ち か てつ
地下___ 지하철

橋

다리 교

음 きょう
훈 はし

橋橋橋橋橋橋橋橋橋橋橋橋橋橋橋

きょう きゃく
___脚 교각, 다리 기둥

てっ きょう
鉄___ 철교

ほ どう きょう
歩道___ 보도교, 육교

はし
___ 다리

いし ばし
石___ 돌다리

つ ばし
吊り___ 현수교, 조교

乗

탈 승 (乘)

음 じょう
훈 の(る), の(せる)

乗乗乗乗乗乗乗乗乗

じょう しゃ
___車 승차

じょう ば
___馬 승마

じょう む いん
___務員 승무원

とう じょう
搭___ 탑승

の
___る 타다

の か
___り換え 환승

の ば
___り場 승차장

の
___せる 태우다

客

손 객

음 きゃく, かく

客客客客客客客客

きゃく せき
___席 객석

きゃく かん てき
___観的 객관적

かん きゃく
観___ 관객

じょう きゃく
乗___ 승객

りょ かく き
旅___機 여객기(=りょかっき)

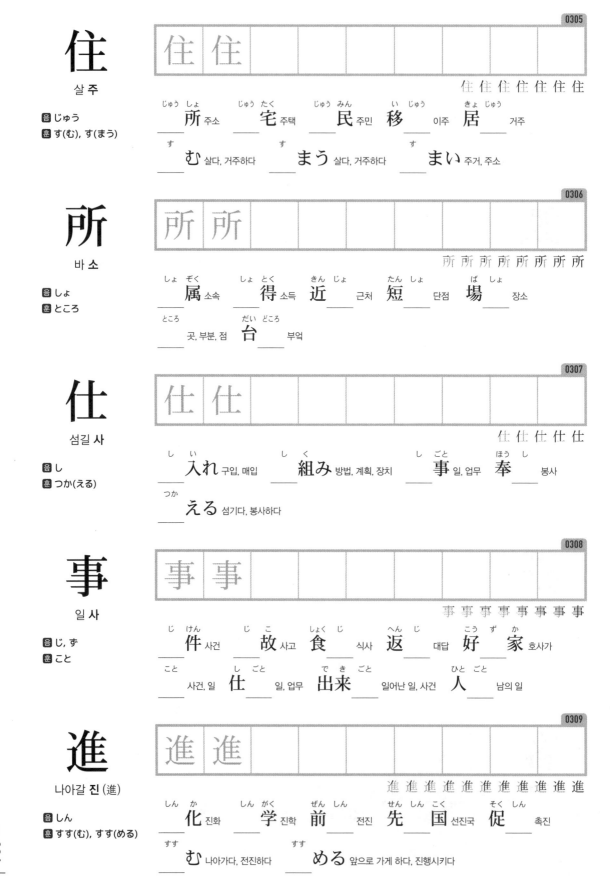

住
살 주

음 じゅう
훈 す(む), す(まう)

0305

住住

住住住住住住

＿＿所 주소　＿＿宅 주택　＿＿民 주민　移＿＿ 이주　＿＿居 거주

＿＿む 살다, 거주하다　＿＿まう 살다, 거주하다　＿＿まい 주거, 주소

所
바 소

음 しょ
훈 ところ

0306

所所

所所所所所所所所

＿＿属 소속　＿＿得 소득　近＿＿ 근처　短＿＿ 단점　＿＿場 장소

＿＿ 곳, 부분, 점　台＿＿ 부엌

仕
섬길 사

음 し
훈 つか(える)

0307

仕仕

仕仕仕仕仕

＿＿入れ 구입, 매입　＿＿組み 방법, 계획, 장치　＿＿事 일, 업무　奉＿＿ 봉사

＿＿える 섬기다, 봉사하다

事
일 사

음 じ, ず
훈 こと

0308

事事

事事事事事事事

＿＿件 사건　＿＿故 사고　食＿＿ 식사　返＿＿ 대답　好＿＿家 호사가

＿＿ 사건, 일　仕＿＿ 일, 업무　出来＿＿ 일어난 일, 사건　人＿＿ 남의 일

進
나아갈 진 (進)

음 しん
훈 すす(む), すす(める)

0309

進進

進進進進進進進進進進

＿＿化 진화　＿＿学 진학　＿＿前 전진　＿＿先 国 선진국　促＿＿ 촉진

＿＿む 나아가다, 전진하다　＿＿める 앞으로 가게 하다, 진행시키다

路

길 **로**

음 ろ
훈 じ

路 路

路 路 路 路 路 路 路 路 路 路 路 路

_{ろ じょう}
上 노상, 길 위, 가는 도중　_{ろ めん}面 노면　_{しん ろ}進 진로　_{せん ろ}線 선로　_{どう ろ}道 도로

_{いえ じ}
家 귀로, 집에 가는 길　_{たび じ}旅 여로, 여행길

転

구를 **전** (轉)

음 てん
훈 ころ(がる), ころ(げる), ころ(がす), ころ(ぶ)

転 転

転 転 転 転 転 転 転 転 転 転

_{てん こう}
校 전학　_{てん しょく}職 이직　_{い てん}移 이전　_{うん てん}運 운전　_{じ てん しゃ}自 車 자전거

_{ころ}
がる · _{ころ}げる · _{ころ}ぶ 구르다, 넘어지다　_{ころ}がす 굴리다, 넘어뜨리다

向

향할 **향**

음 こう
훈 む(く), むか(う), む(ける), む(こう)

向 向

向 向 向 向 向 向

_{こう じょう}
上 향상　_{い こう}意 의향　_{けい こう}傾 경향　_{ほう こう}方 방향　_むく 향하다, 돌리다

_む
かう 향하다, 마주 보다　_むける 향하게 하다　_むこう 건너편

研

갈 **연** (研)

음 けん
훈 と(ぐ)

研 研

研 研 研 研 研 研 研 研 研

_{けん きゅう}
究 연구　_{けん しゅう}修 연수　_{けん ま}磨 연마

_と
ぐ 갈다, 윤을 내다, (곡식을) 씻다

究

연구할 **구**

음 きゅう
훈 きわ(める)

究 究

究 究 究 究 究 究 究

_{きゅう きょく}
極 궁극　_{きゅう めい}明 구명, 규명　_{たん きゅう}探 탐구　_{つい きゅう}追 추구

_{きわ}
める 깊이 연구하다, 끝까지 밝히다

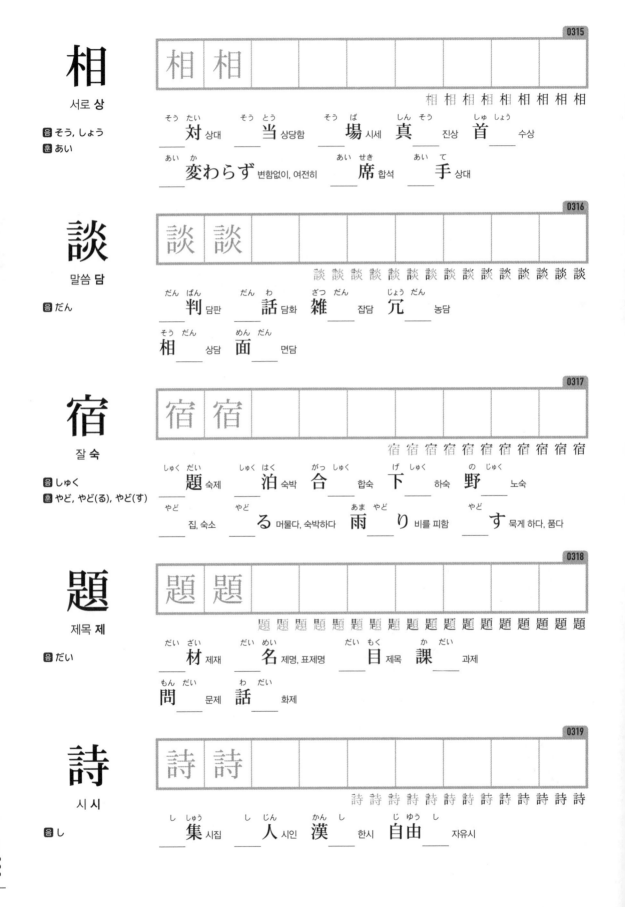

相 서로 상

0315

相 相

相 相 相 相 相 相 相 相

음 そう, しょう
훈 あい

__対 상대　__当 상당함　__場 시세　真__ 진상　__首__ 수상

__変わらず 변함없이, 여전히　__席 합석　__手 상대

談 말씀 담

0316

談 談

談 談 談 談 談 談 談 談 談 談 談 談 談

음 だん

__判 담판　__話 담화　雑__ 잡담　冗__ 농담

相__ 상담　面__ 면담

宿 잘 숙

0317

宿 宿

宿 宿 宿 宿 宿 宿 宿 宿 宿 宿 宿

음 しゅく
훈 やど, やど(る), やど(す)

__題 숙제　__泊 숙박　合__ 합숙　下__ 하숙　野__ 노숙

__ 집, 숙소　__る 머물다, 숙박하다　雨__り 비를 피함　__す 묵게 하다, 품다

題 제목 제

0318

題 題

題 題 題 題 題 題 題 題 題 題 題 題 題 題 題 題 題

음 だい

__材 제재　__名 제명, 표제명　__目 제목　課__ 과제

問__ 문제　話__ 화제

詩 시 시

0319

詩 詩

詩 詩 詩 詩 詩 詩 詩 詩 詩 詩 詩 詩 詩

음 し

__集 시집　__人 시인　漢__ 한시　自由__ 자유시

集

모을 집

음 しゅう
훈 あつ(まる), あつ(める), つど(う)

集集集集集集集集集集集

___合 집합　___団 집단　___中 집중　収___ 수집　募___ 모집

___まる 모이다　___める 모으다　___う 모이다

意

뜻 의

음 い

意意意意意意意意意意意意

___外 의외　___見 의견　___思 의사　___識 의식　___図 의도

___味 의미　決___ 결의　注___ 주의　得___ 잘함　___用 준비

味

맛 미

음 み
훈 あじ, あじ(わう)

味味味味味味味

___覚 미각　意___ 의미　興___ 흥미　地___ 수수함　趣___ 취미

___ 맛　___付け 간맞추기　___見 맛을 봄　___わう 맛보다

委

맡길 위

음 い
훈 ゆだ(ねる)

委委委委委委委委

___員 위원　___嘱 위촉　___託 위탁　___任 위임

___ねる 남에게 맡기다, 위임하다

員

인원 원

음 いん

員員員員員員員員員員

会___ 회원　会社___ 회사원　公務___ 공무원　社___ 사원　店___ 점원

君
임금 군

0325

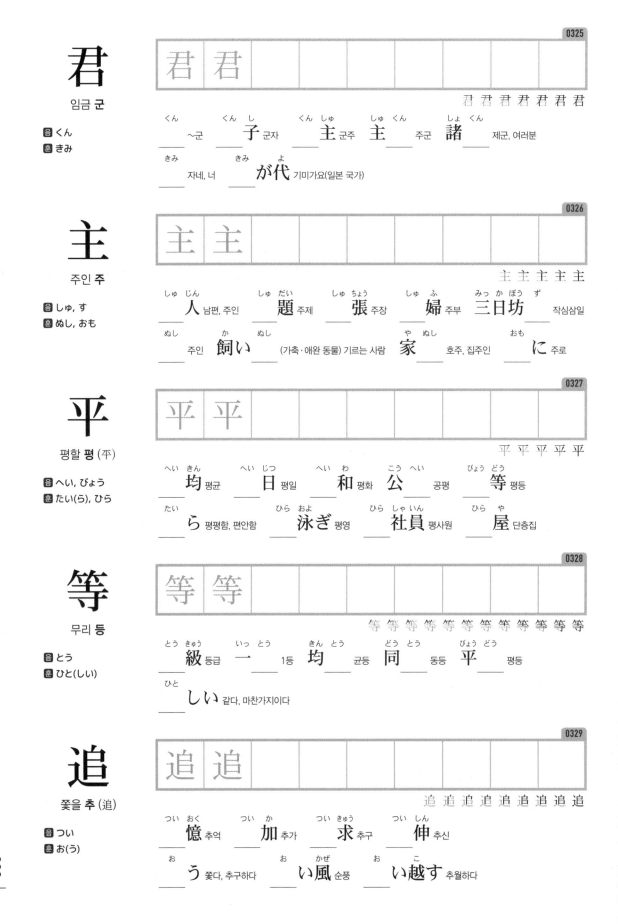

君 君

君君君君君君君

음 くん
훈 きみ

くん	くん し	くん しゅ	しゅ くん	しょ くん
~군	子 군자	主 군주	主 주군	諸 제군, 여러분

きみ	きみ よ
자네, 너	が代 기미가요(일본 국가)

主
주인 주

0326

主 主

主主主主主

음 しゅ, す
훈 ぬし, おも

しゅ じん	しゅ だい	しゅ ちょう	しゅ ふ	みっ か ぼう ず
人 남편, 주인	題 주제	張 주장	婦 주부	三日坊 작심삼일

ぬし	か ぬし	や ぬし	おも
주인	飼い (가축·애완 동물) 기르는 사람	家 호주, 집주인	に 주로

平
평할 평 (平)

0327

平 平

平 平 平 平 平

음 へい, びょう
훈 たい(ら), ひら

へい きん	へい じつ	へい わ	こう へい	びょう どう
均 평균	日 평일	和 평화	公 공평	等 평등

たい	ひら およ	ひら しゃいん	ひら や
ら 평평함, 편안함	泳ぎ 평영	社員 평사원	屋 단층집

等
무리 등

0328

等 等

等 等 等 等 等 等 等 等 等 等 等

음 とう
훈 ひと(しい)

とう きゅう	いっ とう	きん とう	どう とう	びょう どう
級 등급	一 1등	均 균등	同 동등	平 평등

ひと
しい 같다, 마찬가지이다

追
쫓을 추 (追)

0329

追 追

追 追 追 追 追 追 追 追

음 つい
훈 お(う)

つい おく	つい か	つい きゅう	つい しん
憶 추억	加 추가	求 추구	伸 추신

お	お かぜ	お こ
う 쫓다, 추구하다	い風 순풍	い越す 추월하다

放
놓을 **방**

음 ほう
훈 はな(す), はな(つ), はな(れる), ほう(る)

0330

放 放

放 放 放 放 放 放 放

___棄 포기　___送 방송　___置 방치　解___ 해방　追___ 추방

___す 풀어 주다　___つ 놓아주다, 추방하다　___れる 풀리다　___る 던지다, 방치하다

礼
예도 **례** (禮)

음 れい, らい

0331

礼 礼

礼 礼 礼 礼 礼

___儀 예의　___服 예복　___敬 경례　失___ 실례　謝___ 사례

___賛 예찬

式
법 **식**

음 しき

0332

式 式

式 式 式 式 式

株___ 주식　形___ 형식　結婚___ 결혼식　公___ 공식　正___ 정식

洋___ 서양식　和___ 일본식

使
하여금 **사**

음 し
훈 つか(う)

0333

使 使

使 使 使 使 使 使 使

___者 사자, 심부름하는 사람　___用 사용　大___館 대사관　天___ 천사

___う 사용하다　___い捨て 한 번 쓰고 버림, 일회용

命
목숨 **명**

음 めい, みょう
훈 いのち

0334

命 命

命 命 命 命 命 命 命

___じる 명령하다　___令 명령　運___ 운명　生___ 생명　寿___ 수명

___ 목숨, 생명　___がけ 필사적임, 목숨을 걺　___拾い 구사일생으로 살아남

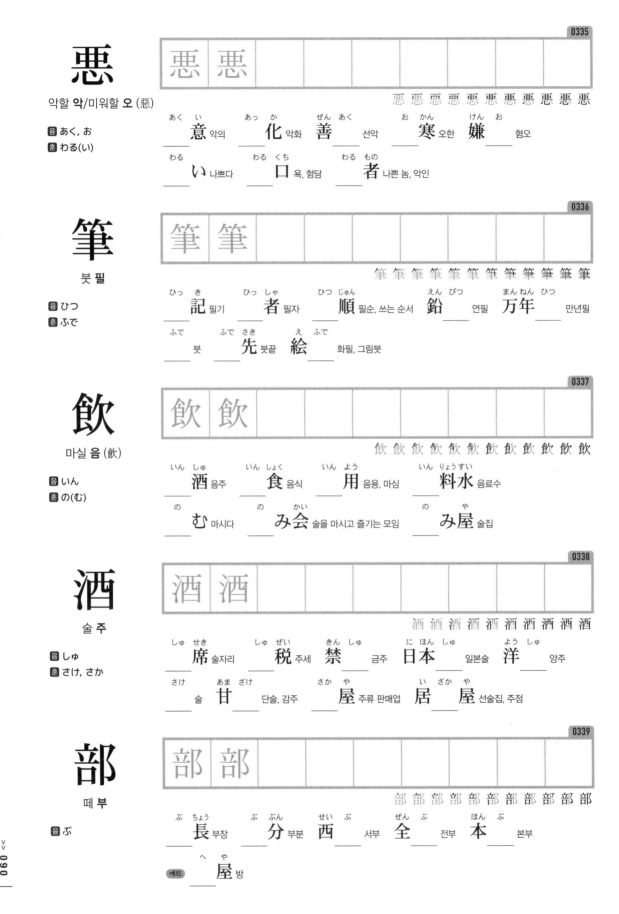

悪
악할 **악**/미워할 **오** (惡)

- 음 あく, お
- 훈 わる(い)

あく　い	あっ　か	ぜん　あく	お　かん	けん　お
＿意 악의	＿化 악화	善＿ 선악	＿寒 오한	嫌＿ 혐오

わる	わる　くち	わる　もの
＿い 나쁘다	＿口 욕, 험담	＿者 나쁜 놈, 악인

筆
붓 **필**

- 음 ひつ
- 훈 ふで

ひっ　き	ひっ　しゃ	ひつ　じゅん	えん　ぴつ	まん　ねん　ひつ
＿記 필기	＿者 필자	＿順 필순, 쓰는 순서	鉛＿ 연필	万年＿ 만년필

ふで	ふで　さき	え　ふで
＿ 붓	＿先 붓끝	絵＿ 화필, 그림붓

飲
마실 **음** (飲)

- 음 いん
- 훈 の(む)

いん　しゅ	いん　しょく	いん　よう	いん　りょう　すい
＿酒 음주	＿食 음식	＿用 음용, 마심	＿料水 음료수

の	の　かい	の　や
＿む 마시다	＿み会 술을 마시고 즐기는 모임	＿み屋 술집

酒
술 **주**

- 음 しゅ
- 훈 さけ, さか

しゅ　せき	しゅ　ぜい	きん　しゅ	に　ほん　しゅ	よう　しゅ
＿席 술자리	＿税 주세	禁＿ 금주	日本＿ 일본술	洋＿ 양주

さけ	あま　ざけ	さか　や	い　ざか　や
＿ 술	甘＿ 단술, 감주	＿屋 주류 판매업	居＿屋 선술집, 주점

部
떼 **부**

- 음 ぶ

ぶ　ちょう	ぶ　ぶん	せい　ぶ	ぜん　ぶ	ほん　ぶ
＿長 부장	＿分 부분	西＿ 서부	全＿ 전부	本＿ 본부

へ　や
예외 ＿屋 방

屋

집 옥

음 おく
훈 や

屋 屋

屋屋屋屋屋屋屋屋

<u>おく がい</u>
<u>外</u> 옥외

<u>おく じょう</u>
<u>上</u> 옥상

<u>か おく</u>
家<u>　</u> 가옥

<u>しゃ おく</u>
社<u>　</u> 사옥

<u>や たい</u>
<u>台</u> 가판점, 포장마차

<u>や ね</u>
<u>根</u> 지붕

<u>はな や</u>
花<u>　</u> 꽃 가게

<u>ほん や</u>
本<u>　</u> 서점

<u>や お や</u>
八百<u>　</u> 채소 가게

指	皮	歯	鼻	有	短	温	暗	去	返
가리킬 지	가죽 피	이 치	코 비	있을 유	짧을 단	따뜻할 온	어두울 암	갈 거	돌이킬 반
助	拾	持	開	起	湖	岸	化	氷	油
도울 조	주울 습	가질 지	열 개	일어날 기	호수 호	언덕 안	될 화	얼음 빙	기름 유
波	庫	荷	箱	曲	次	運	役	苦	美
물결 파	곳집 고	멜 하	상자 상	굽을 곡	버금 차	옮길 운	부릴 역	쓸 고	아름다울 미
想	炭	畑	根	深	植	陽	葉	農	緑
생각 상	숯 탄	화전 전	뿌리 근	깊을 심	심을 식	볕 양	잎 엽	농사 농	푸를 록
予	代	申	央	注	柱	決	坂	皿	豆
미리 예	대신할 대	거듭 신	가운데 앙	부을 주	기둥 주	결정할 결	언덕 판	그릇 명	콩 두
具	第	洋	服	階	童	湯	銀	羊	死
갖출 구	차례 제	큰 바다 양	옷 복	섬돌 계	아이 동	끓일 탕	은 은	양 양	죽을 사
世	界	両	由	板	級	表	面	丁	区
인간 세	지경 계	두 량	말미암을 유	널빤지 판	등급 급	겉 표	낯 면	고무래 정	구역 구
州	県	都	庭	他	悲	勉	問	章	漢
고을 주	고을 현	도읍 도	뜰 정	다를 타	슬플 비	힘쓸 면	물을 문	글 장	한나라 한
族	守	昔	祭	和	係	育	定	昭	秒
겨레 족	지킬 수	옛 석	제사 제	화할 화	맬 계	기를 육	정할 정	밝을 소	분초 초
調	整	様	度	実	笛	港	横	倍	帳
고를 조	가지런할 정	모양 양	법도 도	열매 실	피리 적	항구 항	가로 횡	곱 배	휘장 장

指

가리킬 **지**

- 음 し
- 훈 ゆび, さ(す)

指 指

指 指 指 指 指 指 指

| しき 揮 지휘 | しじ 示 지시 | してい 定 지정 | しめい 名 지명 | しもん 紋 지문 |

ゆび 손가락　ゆび わ 輪 반지　おや ゆび 親 엄지손가락　さ す 가리키다, 지목하다

皮

가죽 **피**

- 음 ひ
- 훈 かわ

皮 皮

皮 皮 皮 皮 皮

ひ にく 肉 가죽과 살, 피상적, 빈정거림　ひ ふ 膚 피부　だっ び 脱 탈피　ひょう ひ 表 표피

かわ 가죽, 껍질　け がわ 毛 모피, 털가죽

歯

이 **치** (齒)

- 음 し
- 훈 は

歯 歯

歯 歯 歯 歯 歯 歯 歯 歯 歯 歯 歯 歯

し か 科 치과　し せき 石 치석　ばっ し 抜 발치

は 이　は いしゃ 医者 치과 의사　は ブラシ 칫솔　は みが 磨き 양치질　むし ば 虫 충치

鼻

코 **비**

- 음 び
- 훈 はな

鼻 鼻

鼻 鼻 鼻 鼻 鼻 鼻 鼻 鼻 鼻 鼻 鼻 鼻 鼻 鼻

び えん 炎 비염　び おん 音 비음　じ び か 耳 科 이비인후과

はな 코　はな うた 歌 콧노래　はな ぢ 血 코피　はな みず 水 콧물

有

있을 **유**

- 음 ゆう, う
- 훈 あ(る)

有 有

有 有 有 有 有 有

ゆう めい 名 유명힘　ゆう りょう 料 유료　しょ ゆう 所 소유　う む 無 유무

あ る 있다

短

짧을 단

음 たん
훈 みじか(い)

短 短

短 短 短 短 短 短 短 短 短 短 短 短

たん き	たん き	たん しゅく	たん しょ
気 성미가 급함	期 단기	縮 단축	所 단점

みじか
い 짧다

温

따뜻할 온 (溫)

음 おん
훈 あたた(か), あたた(か
い), あたた(まる), あたた
(める)

温 温

温 温 温 温 温 温 温 温 温 温 温 温

おん すい	おん せん	おん ど	き おん	こう おん
水 온수	泉 온천	度 온도	気 기온	高 고온

あたた	あたた	あたた
か 따뜻함, 다정함	かい 따뜻하다, (분위기가) 훈훈하다	まる 따뜻해지다

あたた
める 따뜻하게 하다, 데우다

おんせん
温泉

暗

어두울 암

음 あん
훈 くら(い)

暗 暗

暗 暗 暗 暗 暗 暗 暗 暗 暗 暗 暗 暗

あん き	あん ごう	あん ざん	あん しつ	めい あん
記 암기	号 암호	算 암산	室 암실	明 명암

くら	くら やみ	ま くら
い 어둡다	闇 어둠	真っ 아주 캄캄함

去

갈 거

음 きょ, こ
훈 さ(る)

去 去

去 去 去 去 去

きょ ねん	じょ きょ	たい きょ	か こ
年 작년	除 제거	退 퇴거	過 과거

さ
る 떠나가다, 가다, 지나가다

返

돌이킬 반 (返)

음 へん
훈 かえ(す), かえ(る)

0350

返返

返 返 返 返 返 返 返

へん きゃく
___却 반환

へん きん
___金 돈을 갚음

へん じ
___事 대답, 답장

へん しん
___信 회신

かえ
___す 돌려주다

かえ
___る (본디 상태로) 되돌아가다(오다)

助

도울 조

음 じょ
훈 たす(ける), たす(かる), すけ

0351

助助

助 助 助 助 助 助 助

じょ げん
___言 조언

じょ しゅ
___手 조수

じょ りょく
___力 조력

えん じょ
援___ 원조

きゅう じょ
救___ 구조

たす
___ける 구하다, 돕다

たす
___かる 살아나다, 도움이 되다

すけ と
___っ人 조력자

拾

주울 습

음 しゅう, じゅう
훈 ひろ(う)

0352

拾拾

拾 拾 拾 拾 拾 拾 拾 拾 拾

しゅう とく
___得 습득

しゅう しゅう
収___ 수습

ひろ
___う 줍다

ひろ もの
___い物 주운 물건, 습득물

持

가질 지

음 じ
훈 も(つ)

0353

持持

持 持 持 持 持 持 持 持

じ さん
___参 지참

じ ぞく
___続 지속

じ びょう
___病 지병

い じ
維___ 유지

しょ じ
所___ 소지

も
___つ 들다, 가지다, 지속하다

も ぬし
___ち主 소유주

かね も
金___ち 부자

き も
気___ち 기분

開

열 개

음 かい
훈 ひら(く), ひら(ける), あ(く), あ(ける)

0354

開開

開 開 開 開 開 開 開 開 開 開

かい し
___始 개시

かい てん
___店 개점

かい はつ
___発 개발

こう かい
公___ 공개

てん かい
展___ 전개

ひら
___く 열리다

ひら
___ける 열리다, 펼쳐지다

あ
___く 열리다, 개점하다

あ
___ける 열다

起

일어날 **기**

음 き
훈 お(きる), お(こす), お(こる)

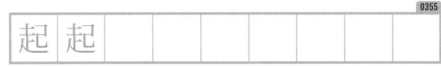

0355

起 起

起起起起起起起起起起

___因 기인　___源 기원　___床 기상　___立 기립　___決 궐기

お___きる 일어나다　早___き 일찍 일어남　___こす 일으키다, 깨우다

お___こる 일어나다, 발생하다

起きる

湖

호수 **호**

음 こ
훈 みずうみ

0356

湖 湖

湖湖湖湖湖湖湖湖湖湖湖湖

___岸 호숫가　___面 호수의 수면　___畔 호반, 호숫가　淡水___ 담수호

みずうみ___ 호수

岸

언덕 **안**

음 がん
훈 きし

0357

岸 岸

岸岸岸岸岸岸岸岸

___壁 안벽　沿___ 연안　海___ 해안　対___ 건너편 기슭

___ 물가　___辺 강변, 물가　川___ 강 기슭

化

될 **화**

음 か, け
훈 ば(ける), ば(かす)

0358

化 化

化化化化

___学 화학　___石 화석　進___ 진화　変___ 변화　___粧 화장

ば___ける 둔갑하다　お___け 도깨비, 요괴　___かす 속이다, (정신을) 호리다

氷
얼음 빙

음 ひょう
훈 こおり, ひ

氷 氷 氷 氷 氷

ひょう が　氷河 빙하	ひょう ざん　氷山 빙산	ひょう てん　氷点 빙점	りゅう ひょう　流氷 유빙	けっ ぴょう　結氷 결빙

こおり　氷 얼음	こおり　かき氷 빙수	ひ むろ　氷室 빙실, 빙고		

油
기름 유

음 ゆ
훈 あぶら

油 油 油 油 油 油 油 油

ゆ だん　油断 방심, 부주의	ゆ でん　油田 유전	しょう ゆ　醬油 간장	せき ゆ　石油 석유

あぶら　油 기름	あぶら　油あげ 유부	あぶら え　油絵 유화, 서양화	ごま油 참기름

波
물결 파

음 は
훈 なみ

波 波 波 波 波 波 波 波

は きゅう　波及 파급	は ちょう　波長 파장	は と ば　波止場 부두, 항구	おん ぱ　音波 음파	でん ぱ　電波 전파

なみ　波 파도	つ なみ　津波 해일	ひと なみ　人波 인파		

庫
곳집 고

음 こ, く

庫 庫 庫 庫 庫 庫 庫 庫 庫

きん こ　金庫 금고	しゃ こ　車庫 차고	そう こ　倉庫 창고	れい ぞう こ　冷蔵庫 냉장고

く り　庫裏 절의 부엌			

荷
멜 하

음 か
훈 に

荷 荷 荷 荷 荷 荷 荷 荷 荷 荷

か じゅう　荷重 하중	しゅう か　集荷 집하	しゅっ か　出荷 출하	にゅう か　入荷 입하

に づく　荷作り 짐을 꾸림, 포장	に ふだ　荷札 꼬리표, 짐표	に もつ　荷物 짐	

箱
상자 **상**

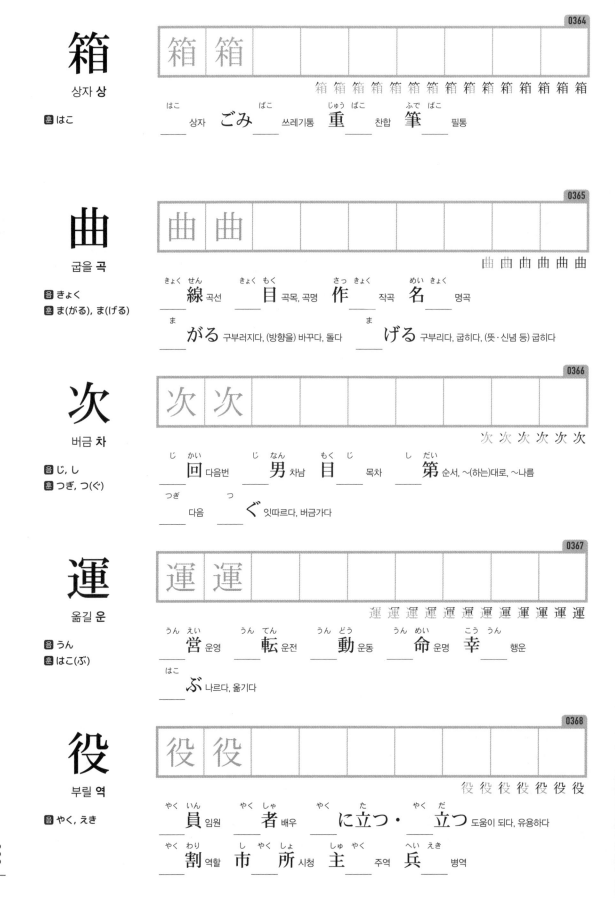

훈 はこ

0364

箱箱

箱箱箱箱箱箱箱箱箱箱箱箱箱箱箱

___ 상자　ごみ ___ 쓰레기통　重 ___ 찬합　筆 ___ 필통
(はこ)　(ばこ)　(じゅう ばこ)　(ふで ばこ)

曲
굽을 **곡**

음 きょく
훈 ま(がる), ま(げる)

0365

曲曲

曲曲曲曲曲曲

___ 線 곡선　___ 目 곡목, 곡명　作 ___ 작곡　名 ___ 명곡
(きょく せん)　(きょく もく)　(さっ きょく)　(めい きょく)

___ がる 구부러지다, (방향을) 바꾸다, 돌다　___ げる 구부리다, 굽히다, (뜻·신념 등) 굽히다
(ま)　(ま)

次
버금 **차**

음 じ, し
훈 つぎ, つ(ぐ)

0366

次次

次次次次次次

___ 回 다음번　___ 男 차남　目 ___ 목차　___ 第 순서, ~(하는)대로, ~나름
(じ かい)　(じ なん)　(もく じ)　(し だい)

___ 다음　___ ぐ 잇따르다, 버금가다
(つぎ)　(つ)

運
옮길 **운**

음 うん
훈 はこ(ぶ)

0367

運運

運運運運運運運運運運運

___ 営 운영　___ 転 운전　___ 動 운동　___ 命 운명　幸 ___ 행운
(うん えい)　(うん てん)　(うん どう)　(うん めい)　(こう うん)

___ ぶ 나르다, 옮기다
(はこ)

役
부릴 **역**

음 やく, えき

0368

役役

役役役役役役役

___ 員 임원　___ 者 배우　___ に立つ・___ 立つ 도움이 되다, 유용하다
(やく いん)　(やく しゃ)　(やく た)　(やく だ)

___ 割 역할　市 ___ 所 시청　主 ___ 주역　兵 ___ 병역
(やく わり)　(し やく しょ)　(しゅ やく)　(へい えき)

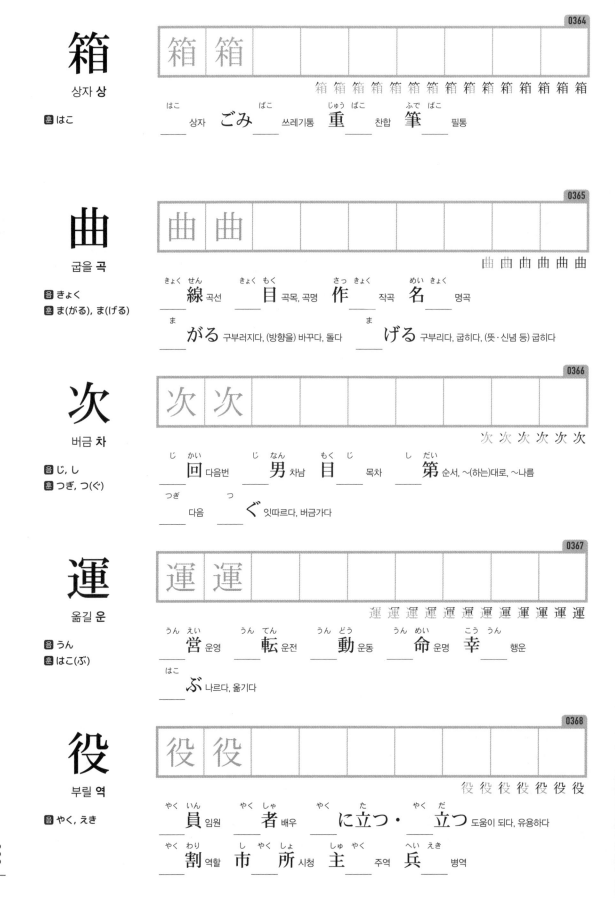

苦

쓸 고

苦 苦

苦 苦 苦 苦 苦 苦 苦 苦

음 く
훈 くる(しい), くる(しむ),
くる(しめる), にが(い),
にが(る)

<u>　</u>戦 고전　　<u>　</u>情 불평, 불만　　<u>　</u>痛 고통　　<u>　</u>悩 고뇌　　<u>　</u>労 고생, 수고

<u>　</u>しい 괴롭다, 고통스럽다, 난처하다　　<u>　</u>しむ 괴로워하다, 고민하다

<u>　</u>しめる 괴롭히다, 걱정시키다　　<u>　</u>い (맛이) 쓰다

<u>　</u>手 서투름, 골칫거리

苦しむ

美

아름다울 **미**

美 美

美 美 美 美 美 美 美 美

음 び
훈 うつく(しい)

<u>　</u>術 미술　　<u>　</u>女 미녀　　<u>　</u>人 미인　　<u>　</u>容 미용

<u>　</u>しい 아름답다

想

생각 **상**

想 想

想 想 想 想 想 想 想 想 想 想 想

음 そ, そう

愛<u>　</u> 상냥함, 붙임성

<u>　</u>像 상상　<u>　</u>空<u>　</u> 공상　思<u>　</u> 사상　予<u>　</u> 예상

炭

숯 **탄**

炭 炭

炭 炭 炭 炭 炭 炭 炭 炭 炭

음 たん
훈 すみ

<u>　</u>鉱 탄광　　<u>　</u>素 탄소　　石<u>　</u> 석탄　　練<u>　</u> 연탄

<u>　</u>炭 숯　　<u>　</u>火 숯불

畑

화전 **전**

훈 はたけ, はた

畑 畑

畑 畑 畑 畑 畑 畑 畑 畑 畑

はたけ	はたけ しごと	むぎ ばたけ
___ 밭	___ 仕事 밭일	麦 ___ 보리밭

はた さく	た はた	でん ばた
___ 作 밭농사	___ 田 ・ 田 ___ 논밭	

根

뿌리 **근**

음 こん
훈 ね

根 根

根 根 根 根 根 根 根 根 根

こん かん	こん きょ	こん じょう	こん ぽん	だい こん
___ 幹 근간	___ 拠 근거	___ 性 근성	___ 本 근본	大 ___ 무

ね	ね もと	や ね
___ 뿌리	___ 元 근원, 근본	___ 屋 지붕

深

깊을 **심**

음 しん
훈 ふか(い), ふか(まる), ふか(める)

深 深

深 深 深 深 深 深 深 深 深 深

しん かい	しん こく	しん や	すい しん
___ 海 심해	___ 刻 심각함	___ 夜 심야	水 ___ 수심

ふか	ふか	ふか
___ い 깊다	___ まる 깊어지다	___ める 깊게 하다

植

심을 **식**

음 しょく
훈 う(える), う(わる)

植 植

植 植 植 植 植 植 植 植 植 植 植

しょく じゅ	しょく ぶつ	しょく みん ち	い しょく
___ 樹 식수, 나무 심기	___ 物 식물	___ 民地 식민지	移 ___ 이식

う	うえ き	た う	う
___ える 심다	___ 木 정원수	___ 田 ___ え 모내기	___ わる 심어지다

陽

볕 **양**

음 よう

陽 陽

陽 陽 陽 陽 陽 陽 陽 陽 陽 陽 陽

よう き	よう せい	いん よう	たい よう
___ 気 명랑함	___ 性 양성	陰 ___ 음양	太 ___ 태양

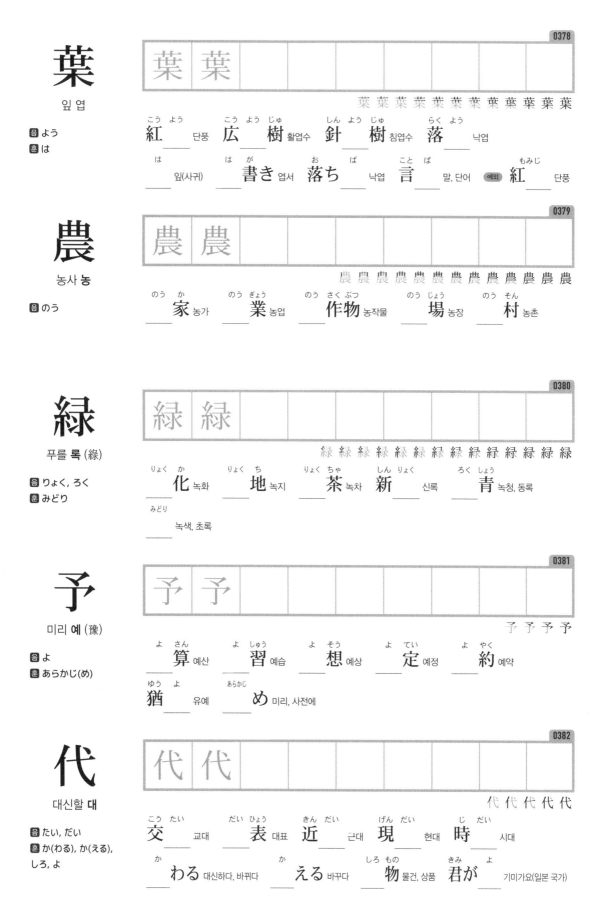

葉
잎 엽

음 よう
훈 は

0378

紅___ 단풍　広___樹 활엽수　針___樹 침엽수　落___ 낙엽

___ 잎(사귀)　___書き 엽서　___落ち 낙엽　___言 말, 단어　예외 ___紅 단풍

農
농사 농

음 のう

0379

___家 농가　___業 농업　___作物 농작물　___場 농장　___村 농촌

緑
푸를 록 (綠)

음 りょく, ろく
훈 みどり

0380

___化 녹화　___地 녹지　___茶 녹차　新___ 신록　___青 녹청, 동록

___ 녹색, 초록

予
미리 예 (豫)

음 よ
훈 あらかじ(め)

0381

___算 예산　___習 예습　___想 예상　___定 예정　___約 예약

猶___ 유예　___め 미리, 사전에

代
대신할 대

음 たい, だい
훈 か(わる), か(える),
しろ, よ

0382

交___ 교대　___表 대표　近___ 근대　現___ 현대　___時 시대

___わる 대신하다, 바뀌다　___える 바꾸다　___物 물건, 상품　___君が___ 기미가요(일본 국가)

申

거듭 신

음 しん
훈 もう(す)

0383

| 申 | 申 | | | | | |

申申申申申

<ruby>申<rt>しん</rt></ruby><ruby>告<rt>こく</rt></ruby> 신고　<ruby>申<rt>しん</rt></ruby><ruby>請<rt>せい</rt></ruby> 신청　<ruby>答<rt>とう</rt></ruby><ruby>申<rt>しん</rt></ruby> 답신　<ruby>内<rt>ない</rt></ruby><ruby>申<rt>しん</rt></ruby> 내신

<ruby>申<rt>もう</rt></ruby>す・<ruby>申<rt>もう</rt></ruby>し<ruby>上<rt>あ</rt></ruby>げる 말씀드리다, 여쭙다(겸사말)　<ruby>申<rt>もう</rt></ruby>し<ruby>込<rt>こ</rt></ruby>む 신청하다

央

가운데 앙

음 おう

0384

| 央 | 央 | | | | | |

央央央央央

<ruby>中<rt>ちゅう</rt></ruby><ruby>央<rt>おう</rt></ruby> 중앙　<ruby>中<rt>ちゅう</rt></ruby><ruby>央<rt>おう</rt></ruby><ruby>区<rt>く</rt></ruby> 주오구(도쿄)

注

부을 주

음 ちゅう
훈 そそ(ぐ)

0385

| 注 | 注 | | | | | |

注注注注注注注注

<ruby>注<rt>ちゅう</rt></ruby><ruby>意<rt>い</rt></ruby> 주의　<ruby>注<rt>ちゅう</rt></ruby><ruby>入<rt>にゅう</rt></ruby> 주입　<ruby>注<rt>ちゅう</rt></ruby><ruby>目<rt>もく</rt></ruby> 주목　<ruby>注<rt>ちゅう</rt></ruby><ruby>文<rt>もん</rt></ruby> 주문　<ruby>発<rt>はっ</rt></ruby><ruby>注<rt>ちゅう</rt></ruby> 발주

<ruby>注<rt>そそ</rt></ruby>ぐ 붓다, 따르다, 정신을 쏟다

柱

기둥 주

음 ちゅう
훈 はしら

0386

| 柱 | 柱 | | | | | |

柱柱柱柱柱柱柱柱柱

<ruby>円<rt>えん</rt></ruby><ruby>柱<rt>ちゅう</rt></ruby> 원기둥　<ruby>支<rt>し</rt></ruby><ruby>柱<rt>ちゅう</rt></ruby> 지주　<ruby>鉄<rt>てっ</rt></ruby><ruby>柱<rt>ちゅう</rt></ruby> 쇠기둥　<ruby>電<rt>でん</rt></ruby><ruby>柱<rt>ちゅう</rt></ruby> 전봇대

<ruby>柱<rt>はしら</rt></ruby> 기둥, 일의 중요한 부분　<ruby>霜<rt>しも</rt></ruby><ruby>柱<rt>ばしら</rt></ruby> 서릿발　<ruby>電<rt>でん</rt></ruby><ruby>信<rt>しん</rt></ruby><ruby>柱<rt>ばしら</rt></ruby> 전신주

決

결정할 결

음 けつ
훈 き(める), き(まる)

0387

| 決 | 決 | | | | | |

決決決決決決決

<ruby>決<rt>けつ</rt></ruby><ruby>意<rt>い</rt></ruby> 결의　<ruby>決<rt>けっ</rt></ruby><ruby>定<rt>てい</rt></ruby> 결정　<ruby>解<rt>かい</rt></ruby><ruby>決<rt>けつ</rt></ruby> 해결　<ruby>対<rt>たい</rt></ruby><ruby>決<rt>けつ</rt></ruby> 대결　<ruby>決<rt>けっ</rt></ruby>して 결코, 절대로

<ruby>決<rt>き</rt></ruby>める 결정하다　<ruby>決<rt>き</rt></ruby>まる 결정되다　<ruby>決<rt>き</rt></ruby>まり 결정, 규정

坂 언덕 판

음 はん
훈 さか

0388

坂 坂

坂 坂 坂 坂 坂 坂 坂

- 急坂 (きゅうはん) 가파른 비탈
- 登坂 (とうはん) 비탈길을 오름
- 坂 (さか) 비탈길, 고개
- 坂道 (さかみち) 언덕길
- 下り坂 (くだりざか) 내리막길, 쇠퇴기
- 上り坂 (のぼりざか) 오르막길, 상승세

皿 그릇 명

훈 さら

0389

皿 皿

皿 皿 皿 皿 皿

- 皿 (さら) 접시
- 皿洗い (さらあらい) 설거지
- 小皿 (こざら) 작은 접시
- 灰皿 (はいざら) 재떨이

豆 콩 두

음 ず, とう
훈 まめ

0390

豆 豆

豆 豆 豆 豆 豆 豆 豆

- 大豆 (だいず) 대두, 콩
- 豆乳 (とうにゅう) 두유
- 豆腐 (とうふ) 두부
- 納豆 (なっとう) 낫토
- 豆 (まめ) 콩
- 豆電球 (まめでんきゅう) 꼬마 전구
- 枝豆 (えだまめ) 가지째 꺾은 풋콩을 삶은 것
- 예외 小豆 (あずき) 팥

具 갖출 구 (具)

음 ぐ

0391

具 具

具 具 具 具 具 具 具 具

- 具合 (ぐあい) 상태, 형편
- 具体的 (ぐたいてき) 구체적
- 雨具 (あまぐ) 우비(우산·비옷 등)
- 家具 (かぐ) 가구
- 道具 (どうぐ) 도구

第 차례 제

음 だい

0392

第 第

第 第 第 第 第 第 第 第 第 第

- 第一印象 (だいいちいんしょう) 첫인상
- 及第 (きゅうだい) 급제, 합격
- 次第 (しだい) 순서, ~(하는)대로, ~나름
- 落第 (らくだい) 낙제

洋
큰 바다 **양**

음 よう

洋	洋						

洋洋洋洋洋洋洋洋洋

___ 式 양식, 서양식　　___ 食 양식　　___ 風 서양식　　海___ 해양

太平___ 태평양

服
옷 **복**

음 ふく

服	服						

服服服服服服服服

___ 装 복장　　___ 用 복용　　衣___ 의복　　制___ 제복, 교복　　和___ 일본옷, 기모노

階
섬돌 **계**

음 かい

階	階						

階階階階階階階階階階階階

___ 級 계급　　___ 段 계단　　一___ 1층　　段___ 단계

童
아이 **동**

음 どう
훈 わらべ

童	童						

童童童童童童童童童童童童

___ 顔 동안　　___ 話 동화　　___ 児 아동　　神___ 신동

___ 아이, 아동　　___ 歌 전래 동요

湯
끓일 **탕**

음 とう
훈 ゆ

湯	湯						

湯湯湯湯湯湯湯湯湯湯湯湯

___ 治 온천 요양　　___ 銭 대중 목욕탕　　熱___ 열탕　　薬___ 약탕

お___ 뜨거운 물, 목욕물, 목욕탕　　___ 気 김, 수증기　　___ 飲み 찻잔　　___ 船 욕조, 목욕통

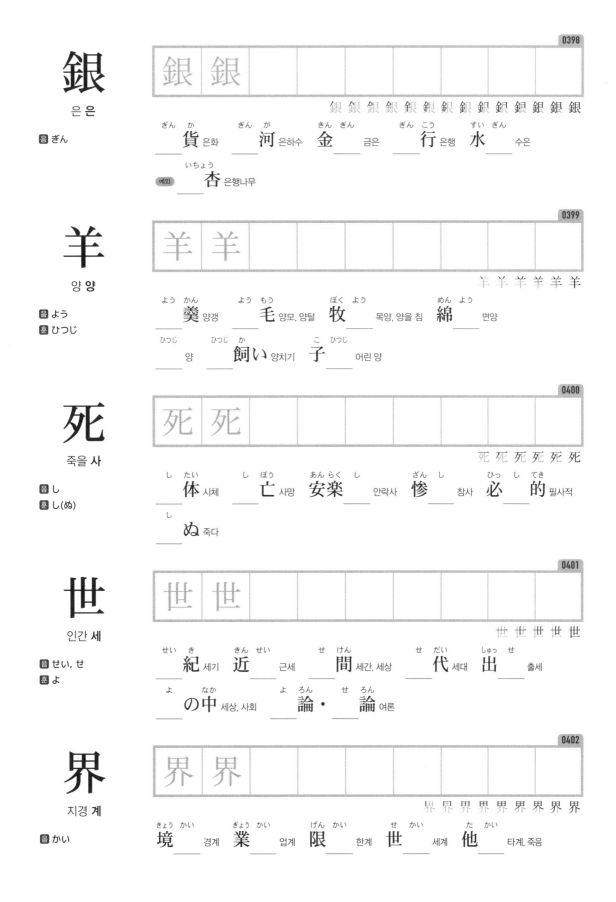

銀
은 은

음 ぎん

0398		

銀 銀 銀 銀 銀 銀 銀 銀 銀 銀 銀 銀 銀 銀

___ 貨 _{ぎん か} 은화　___ 河 _{ぎん が} 은하수　金 ___ _{きん ぎん} 금은　___ 行 _{ぎん こう} 은행　水 ___ _{すい ぎん} 수은

예외 ___ 杏 _{いちょう} 은행나무

羊
양 **양**

음 よう
훈 ひつじ

0399		

羊 羊 羊 羊 羊 羊

___ 羹 _{よう かん} 양갱　___ 毛 _{よう もう} 양모, 양털　牧 ___ _{ぼく よう} 목양, 양을 침　___ 綿 _{めん よう} 면양

___ _{ひつじ} 양　___ 飼い _{ひつじ か} 양치기　子 ___ _{こ ひつじ} 어린 양

死
죽을 사

음 し
훈 し(ぬ)

0400		

死 死 死 死 死 死

___ 体 _{し たい} 시체　___ 亡 _{し ぼう} 사망　安楽 ___ _{あん らく し} 안락사　惨 ___ _{ざん し} 참사　必 ___ 的 _{ひっ し てき} 필사적

___ ぬ _し 죽다

世
인간 세

음 せい, せ
훈 よ

0401		

世 世 世 世 世

___ 紀 _{せい き} 세기　近 ___ _{きん せい} 근세　___ 間 _{せ けん} 세간, 세상　___ 代 _{せ だい} 세대　出 ___ _{しゅっ せ} 출세

___ の中 _{よ の なか} 세상, 사회　___ 論・___ 論 _{よ ろん せ ろん} 여론

界
지경 **계**

음 かい

0402		

界 界 界 界 界 界 界 界 界 界

境 ___ _{きょう かい} 경계　業 ___ _{ぎょう かい} 업계　限 ___ _{げん かい} 한계　世 ___ _{せ かい} 세계　他 ___ _{た かい} 타계, 죽음

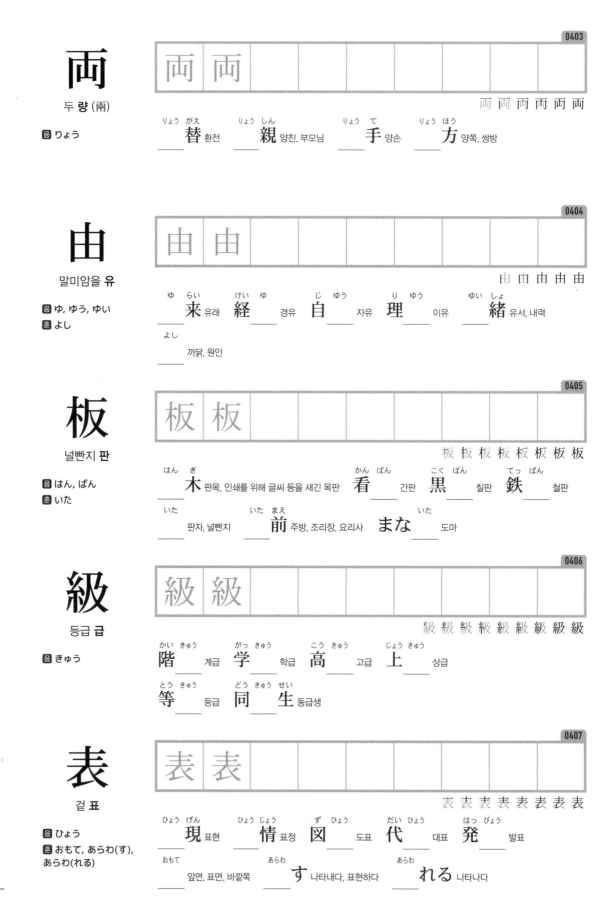

両
두 량(兩)
음 りょう

0403

両 両

両 両 両 両 両 両

りょう がえ
替 환전

りょう しん
親 양친, 부모님

りょう て
手 양손

りょう ほう
方 양쪽, 쌍방

由
말미암을 유
음 ゆ, ゆう, ゆい
훈 よし

0404

由 由

由 由 由 由 由

ゆ らい
来 유래

けい ゆ
経 경유

じ ゆう
自 자유

り ゆう
理 이유

ゆい しょ
緒 유서, 내력

よし
까닭, 원인

板
널빤지 판
음 はん, ばん
훈 いた

0405

板 板

板 板 板 板 板 板 板 板

はん ぎ
木 판목, 인쇄를 위해 글씨 등을 새긴 목판

かん ばん
看 간판

こく ばん
黒 칠판

てっ ばん
鉄 철판

いた
판자, 널빤지

いた まえ
前 주방, 조리장, 요리사

まな いた
도마

級
등급 급
음 きゅう

0406

級 級

級 級 級 級 級 級 級 級

かい きゅう
階 계급

がっ きゅう
学 학급

こう きゅう
高 고급

じょう きゅう
上 상급

とう きゅう
等 등급

どう きゅう せい
同 生 동급생

表
겉 표
음 ひょう
훈 おもて, あらわ(す), あらわ(れる)

0407

表 表

表 表 表 表 表 表 表

ひょう げん
現 표현

ひょう じょう
情 표정

ず ひょう
図 도표

だい ひょう
代 대표

はっ ぴょう
発 발표

おもて
앞면, 표면, 바깥쪽

あらわ
す 나타내다, 표현하다

あらわ
れる 나타나다

面
낯 면

음 めん
훈 おも, おもて, つら

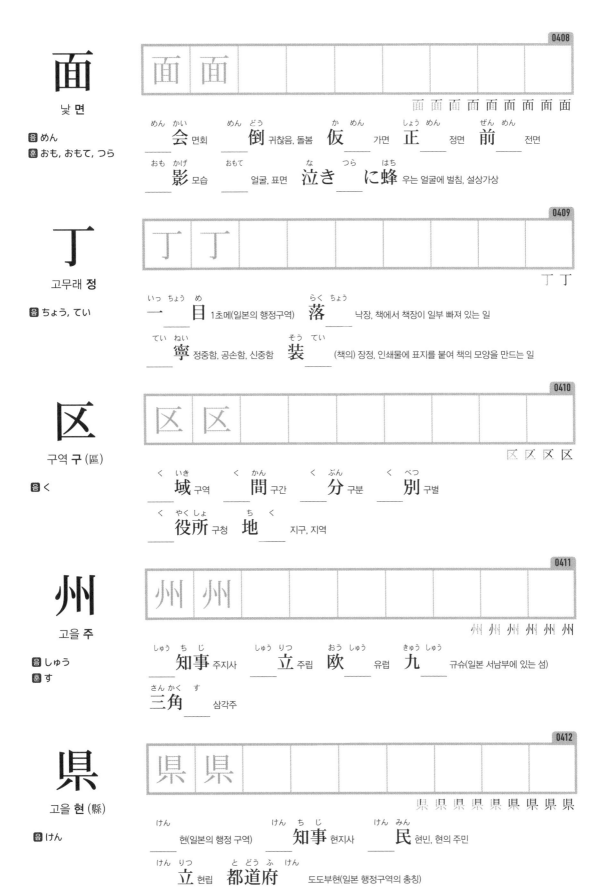

めん かい
会 면회

めん どう
倒 귀찮음, 돌봄

か めん
仮 가면

しょう めん
正 정면

ぜん めん
前 전면

おも かげ
影 모습

おもて
얼굴, 표면

な つら はち
泣き に蜂 우는 얼굴에 벌침, 설상가상

丁
고무래 정

음 ちょう, てい

いっ ちょう め
一 目 1초메(일본의 행정구역)

らく ちょう
落 낙장, 책에서 책장이 일부 빠져 있는 일

てい ねい
寧 정중함, 공손함, 신중함

そう てい
装 (책의) 장정, 인쇄물에 표지를 붙여 책의 모양을 만드는 일

区
구역 구 (區)

음 く

く いき
域 구역

く かん
間 구간

く ぶん
分 구분

く べつ
別 구별

く やくしょ
役所 구청

ち く
地 지구, 지역

州
고을 주

음 しゅう
훈 す

しゅう ち じ
知事 주지사

しゅう りつ
立 주립

おう しゅう
欧 유럽

きゅう しゅう
九 규슈(일본 서남부에 있는 섬)

さん かく す
三角 삼각주

県
고을 현 (縣)

음 けん

けん
현(일본의 행정 구역)

けん ち じ
知事 현지사

けん みん
民 현민, 현의 주민

けん りつ
立 현립

と どう ふ けん
都道府 도도부현(일본 행정구역의 총칭)

3학년 한자 ❷

>> 107

都

도읍 도 (都)

음 と, つ
훈 みやこ

都 都 都 都 都 都 都 都 都 都 都

___市 도시 と し
___民 도의 주민 と みん
首___ 수도 しゅ と
東京___ 도쿄도 とうきょう と
___合 형편, 사정 つ ごう

___ 수도, 도시 みやこ

庭

뜰 정

음 てい
훈 にわ

庭 庭 庭 庭 庭 庭 庭 庭 庭

___園 정원 てい えん
___球 테니스 てい きゅう
家___ 가정 か てい
校___ 교정, 학교 마당 こう てい

___ 마당 にわ
___師 정원사 にわ し
___裏 뒷마당, 뒤뜰 うら にわ

他

다를 타

음 た
훈 ほか

他 他 他 他 他

___界 타계, 죽음 た かい
___国 타국, 타향 た こく
___殺 타살 た さつ
___人 타인, 남 た にん

自___ 자타, 자신과 타인 じ た
その___ 그밖에, 기타 た
___に 달리, 그 밖에 ほか

悲

슬플 비

음 ひ
훈 かな(しい), かな(しむ)

悲 悲 悲 悲 悲 悲 悲 悲 悲 悲 悲

___運 비운 ひ うん
___劇 비극 ひ げき
___鳴 비명 ひ めい
慈___ 자비 じ ひ

___しい 슬프다 かな
___しむ 슬퍼하다 かな

勉

힘쓸 면

음 べん

勉 勉 勉 勉 勉 勉 勉 勉 勉

___学 면학 べん がく
___強 공부 べん きょう
___励 면려, 열심히 노력함 べん れい
勤___ 근면 きん べん

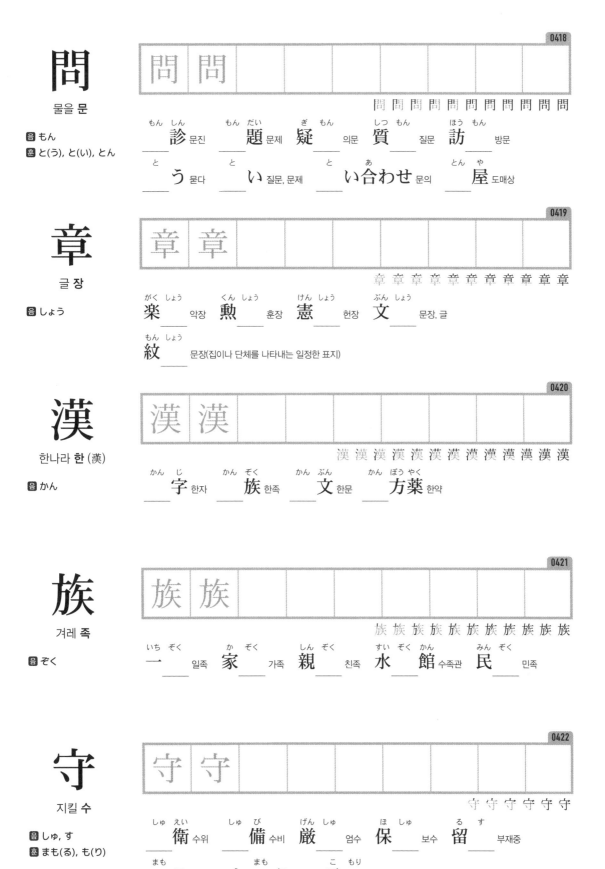

問
물을 문

0418

問 問

問問問問問問問問問問

- 음 もん
- 훈 と(う), と(い), とん

診 문진　題 문제　疑 의문　質 질문　訪 방문
もん しん　もん だい　ぎ もん　しつ もん　ほう もん

う 묻다　い 질문, 문제　い合わせ 문의　屋 도매상
と　　と　　と あ　　とん や

章
글 장

0419

章 章

章章章章章章章章章章章

- 음 しょう

楽 악장　勲 훈장　憲 헌장　文 문장, 글
がく しょう　くん しょう　けん しょう　ぶん しょう

紋 문장(집이나 단체를 나타내는 일정한 표지)
もん しょう

漢
한나라 한 (漢)

0420

漢 漢

漢漢漢漢漢漢漢漢漢漢漢漢

- 음 かん

字 한자　族 한족　文 한문　方薬 한약
かん じ　かん ぞく　かん ぶん　かん ぽう やく

族
겨레 족

0421

族 族

族族族族族族族族族族族

- 음 ぞく

一 일족　家 가족　親 친족　水 館 수족관　民 민족
いち ぞく　か ぞく　しん ぞく　すい ぞく かん　みん ぞく

守
지킬 수

0422

守 守

守守守守守守

- 음 しゅ, す
- 훈 まも(る), も(り)

衛 수위　備 수비　厳 엄수　保 보수　留 부재중
しゅ えい　しゅ び　げん しゅ　ほ しゅ　る す

る 지키다　おり 부적　子 아이를 봄
まも　　まも　　こ もり

昔
옛 석

- 음 せき, しゃく
- 훈 むかし

昔 昔

昔 昔 昔 昔 昔 昔 昔 昔

せき じつ
__日 옛날

おう せき
往__ 옛날

こん じゃく
今__ 옛날과 지금(＝こんせき)

むかし
__ 옛날

むかし ばなし
__話 옛날이야기

祭
제사 제

- 음 さい
- 훈 まつ(る), まつ(り)

祭 祭

祭 祭 祭 祭 祭 祭 祭 祭 祭 祭 祭

さい し
__祀 제사

さい じつ
__日 신사나 궁중의 제사가 있는 날

しゅく さい
祝__ 축제

ぜん や さい
前夜__ 전야제

まつ
__る 제사지내다

まつ
__り 제사, 축제

なつ まつ
夏__り 여름 축제

和
화할 화

- 음 わ, お
- 훈 なご(む), なご(やか),
  やわ(らぐ), やわ(らげる)

和 和

和 和 和 和 和 和 和 和

わ かい
__解 화해

おん わ
穏__ 온화함

にゅう わ
柔__ 유화, 온화함

へい わ
平__ 평화

お しょう
__尚 스님, 주지

なご
__む 누그러지다, 온화해지다

なご
__やか (기색·공기가) 부드러움, 온화함, 화기애애함

やわ
__らぐ 누그러지다, 온화해지다

やわ
__らげる 누그러뜨리다, 완화하다

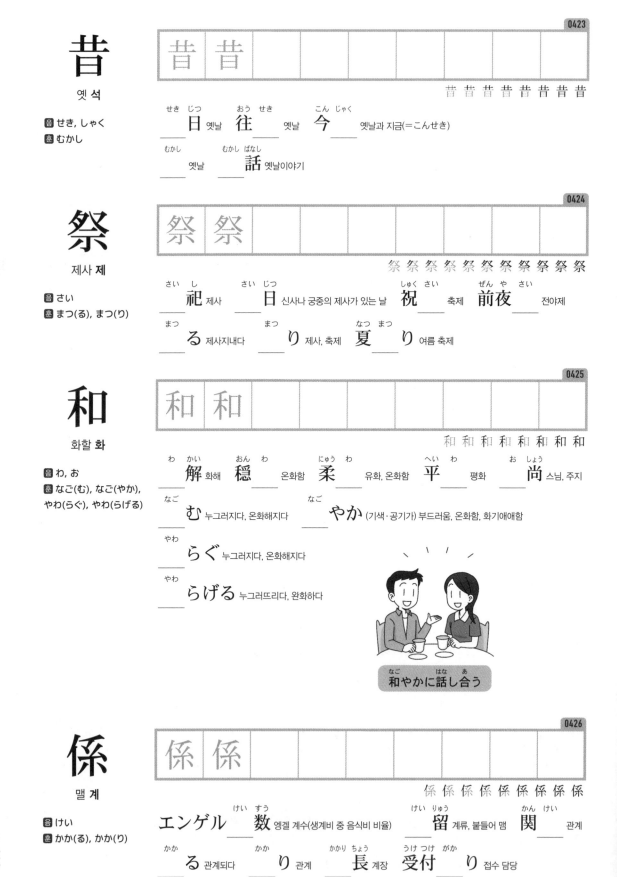

なご   はな あ
和やかに話し合う

係
맬 계

- 음 けい
- 훈 かか(る), かか(り)

係 係

係 係 係 係 係 係 係 係 係

けい すう
エンゲル__数 엥겔 계수(생계비 중 음식비 비율)

けい りゅう
__留 계류, 붙들어 맴

かん けい
関__ 관계

かか
__る 관계되다

かか
__り 관계

かかり ちょう
__長 계장

うけ つけ がか
受付__り 접수 담당

育
기를 **육**

- 음 いく
- 훈 そだ(つ), そだ(てる), はぐく(む)

育育 | | | | | |
育育育育育育

| 児 육아 | 成 육성 | 教 교육 | 体 체육 | 発 발육 |

いく じ / いく せい / きょう いく / たい いく / はつ いく

つ 자라다, 성장하다 （そだ） てる 기르다, 키우다 （そだ） む 기르다, 키우다 （はぐく）

定
정할 **정**

- 음 てい, じょう
- 훈 さだ(める), さだ(まる), さだ(か)

定定 | | | | | |
定定定定定定定

| 員 정원 | 期 정기 | 決 결정 | 規 정규, 자 | 案の 예상했던 대로 |

てい いん / てい き / けっ てい / じょう ぎ / あん じょう

める 정하다, 결정하다 （さだ） まる 정해지다, 결정되다 （さだ） か 확실함, 분명함 （さだ）

昭
밝을 **소**

- 음 しょう

昭昭 | | | | | |
昭昭昭昭昭昭昭昭昭

和 쇼와 천황 때의 연호(1926~1989) （しょう わ）

秒
분초 **초**

- 음 びょう

秒秒 | | | | | |
秒秒秒秒秒秒秒秒秒

| 針 초침 | 速 초속 | 一 1초 | 毎 매초 |

びょう しん / びょう そく / いち びょう / まい びょう

調
고를 **조**

- 음 ちょう
- 훈 しら(べる), ととの(う), ととの(える)

調調 | | | | | |
調調調調調調調調調調調調調調

| 査 조사 | 子 상태 | 節 조절 | 快 쾌조, 호조 | 順 순조로움 |

ちょう さ / ちょう し / ちょう せつ / かい ちょう / じゅん ちょう

べる 조사하다 （しら） う 정돈되다, 구비되다 （ととの） える 정돈하다, 갖추다 （ととの）

整

가지런할 **정**

음 せい
훈 ととの(う), ととの(える)

整整整整整整整整整整整整整整整

| 備 정비 | 理 정리 | 調 조정 |

ととの
う 정돈되다, 구비되다, 성립되다 　 ととの
える 정돈하다, 조정하다

様

모양 **양** (樣)

음 よう
훈 さま

様様様様様様様様様様様様

せい び　　　　　せい り　　　　　ちょう せい

よう しき
式 양식 　 よう す
子 모습, 상황 　 どう よう
同 같음, 마찬가지임 　 も よう
模 무늬, 상황, 형편

さま
상태, 모습, 방법, ~님 　 さま ざま
々 여러 가지 　 おう さま
王 임금님 　 おく さま
奥 (남의) 부인

度

법도 **도**

음 ど, と, たく
훈 たび

度度度度度度度度

ど きょう
胸 담력, 배짱 　 おん ど
温 온도 　 こん ど
今 이번 　 はっ と
法 법도, 법령 　 し たく
支 채비, 준비

たび
~할 때마다 　 たび たび
々 번번이, 여러 번, 자주 　 たび
この 이번, 금번

実

열매 **실** (實)

음 じつ
훈 み, みの(る)

実実実実実実実実

じっ けん
験 실험 　 じつ げん
現 실현 　 じつ りょく
力 실력 　 げん じつ
現 현실 　 せい じつ
誠 성실함

み
열매, 씨앗 　 みの
る 열매를 맺다, 결실하다

笛

피리 **적**

음 てき
훈 ふえ

笛笛笛笛笛笛笛笛笛笛笛

き てき
汽 기적, 고동 　 けい てき
警 경적 　 こ てき たい
鼓 隊 고적대(주로 행진에서 북과 피리로만 이루어진 음악대)

ふえ
피리, 호각 　 くち ぶえ
口 휘파람

港

항구 **항** (港)

음 こう
훈 みなと

港 港

港 港 港 港 港 港 港 港 港 港 港

こう わん
＿ 湾 항만

くう こう
空 ＿ 공항

しゅっ こう
出 ＿ 출항

にゅう こう
入 ＿ 입항

みなと
＿ 항구, 포구

みなと まち
＿ 町 항구 도시

横

가로 **횡** (横)

음 おう
훈 よこ

横 横

横 横 横 横 横 横 横 横 横 横 横 横 横 横

おう だん
＿ 断 횡단

おう りょう
＿ 領 횡령

じゅう おう
縦 ＿ 종횡, 가로세로

せん おう
専 ＿ 전횡, 제멋대로 휘두름

よこ
＿ 가로, 옆

よこ がお
＿ 顔 옆 얼굴

よこ みち
＿ 道 옆길, 샛길, 본 줄거리에서 벗어난 이야기

倍

곱 **배**

음 ばい

倍 倍

倍 倍 倍 倍 倍 倍 倍 倍 倍 倍

ばい か
＿ 加 배가

ばい すう
＿ 数 배수

ばい ぞう
＿ 増 배증, 배가

ばい りつ
＿ 率 배율

に ばい
二 ＿ 두 배

帳

휘장 **장**

음 ちょう

帳 帳

帳 帳 帳 帳 帳 帳 帳 帳 帳 帳

ちょう ぼ
＿ 簿 장부

つう ちょう
通 ＿ 통장

て ちょう
手 ＿ 수첩

にっ き ちょう
日記 ＿ 일기장

초등학교 4학년
한자쓰기

초등학교 4학년 한자 ❶

加 더할 가	街 거리 가	各 각각 각	覚 깨달을 각	岡 언덕 강	康 편안할 강	改 고칠 개	挙 들 거	建 세울 건	健 굳셀 건
欠 이지러질 결	結 맺을 결	径 지름길 경	景 볕 경	鏡 거울 경	競 다툴 경	季 계절 계	械 기계 계	固 굳을 고	功 공 공
共 한가지 공	果 실과 과	課 공부할 과	官 벼슬 관	管 대롱 관	関 관계할 관	観 볼 관	求 구할 구	軍 군사 군	郡 고을 군
群 무리 군	極 극진할 극	給 줄 급	岐 갈림길 기	埼 갑 기	崎 험할 기	旗 기 기	器 그릇 기	機 베틀 기	奈 어찌 나
念 생각 념	努 힘쓸 노	単 홑 단	達 통달할 달	帯 띠 대	隊 무리 대	徳 큰 덕	徒 무리 도	働 일할 동	灯 등불 등
冷 찰 랭	良 어질 량	量 헤아릴 량	連 잇닿을 련	令 하여금 령	例 법식 례	老 늙을 로	労 일할 로	鹿 사슴 록	録 기록할 록
料 헤아릴 료	類 무리 류	陸 뭍 륙	輪 바퀴 륜	利 이로울 리	梨 배나무 리	満 찰 만	末 끝 말	望 바랄 망	梅 매화 매
牧 칠 목	無 없을 무	未 아닐 미	民 백성 민	博 넓을 박	飯 밥 반	法 법 법	辺 가 변	変 변할 변	別 나눌 별
兵 군사 병	夫 지아비 부	付 줄 부	府 마을 부	阜 언덕 부	副 버금 부	富 부유할 부	不 아닐 불(부)	飛 날 비	司 맡을 사
辞 말씀 사	産 낳을 산	散 흩을 산	席 자리 석	潟 개펄 석	選 가릴 선	説 말씀 설/ 달랠 세	成 이룰 성	省 살필 성/덜 생	城 성 성

加
더할 **가**

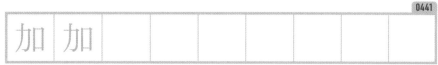

加 加 加 加 加

- **음** か
- **훈** くわ(わる), くわ(える)

___工 가공　　___入 가입　　___参 참가　　___増 증가　　___追 추가

___わる 늘다, 추가되다, 참여하다　　___える 보태다, 더하다, 넣다, 첨가하다

街
거리 **가**

街 街 街 街 街 街 街 街 街 街 街

- **음** がい, かい
- **훈** まち

___頭 가두, 길거리　　___路樹 가로수　　商店___ 상점가　　繁華___ 번화가

___ 거리　　___角 길모퉁이

各
각각 **각**

各 各 各 各 各 各

- **음** かく
- **훈** おのおの

___自 각자　　___種 각종　　___地 각지　　___国 각국

___々 각자, 각각

覚
깨달을 **각** (覺)

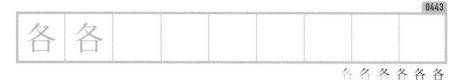

覚 覚 覚 覚 覚 覚 覚 覚 覚 覚 覚 覚

- **음** かく
- **훈** おぼ(える), さ(ます), さ(める)

___悟 각오　　___醒 각성　　感___ 감각　　視___ 시각　　聴___ 청각

___える 기억하다　　___ます 깨우다, 깨다　　___める 잠이 깨다, 눈이 뜨이다

岡
언덕 **강**

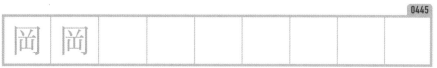

岡 岡 岡 岡 岡 岡 岡 岡

- **훈** おか

___持ち 요리 배달용 통　　___山県 오카야마현(지명)

康

편안할 **강**

康 康

康 康 康 康 康 康 康 康 康 康

- **훈** こう

健 ___ 건강   小 ___ 소강, 병세가 조금 좋아짐, 상태가 가라앉음
けん こう   しょう こう

改

고칠 **개**

改 改

改 改 改 改 改 改 改

- **음** かい
- **훈** あらた(める), あらた(まる)

___ 革 개혁   ___ 札口 개찰구   ___ 正 개정   ___ 造 개조   ___ 良 개량
かい かく   かい さつ ぐち   かい せい   かい ぞう   かい りょう

___ める 고치다, 바꾸다   ___ まる 새로워지다, 고쳐지다, 달라지다
あらた   あらた

挙

들 **거 (擧)**

挙 挙

挙 挙 挙 挙 挙 挙 挙 挙 挙 挙

- **음** きょ
- **훈** あ(げる), あ(がる)

___ 手 거수   ___ 動 거동   快 ___ 쾌거   選 ___ 선거
きょ しゅ   きょ どう   かい きょ   せん きょ

___ げる (손을) 들다, (식을) 올리다   ___ がる (범인이) 잡히다, 검거되다, (증거가) 드러나다
あ   あ

建

세울 **건**

建 建

建 建 建 建 建 建 建 建 建

- **음** けん, こん
- **훈** た(てる), た(つ)

___ 設 건설   ___ 築 건축   再 ___ 재건   ___ 立 (절, 당탑 등) 건립(＝けんりつ)
けん せつ   けん ちく   さい けん   こん りゅう

___ てる 짓다, 세우다   ___ 物 건물   ___ つ 서다, 세워지다
た   たて もの   た

健

굳셀 **건**

健 健

健 健 健 健 健 健 健 健 健

- **음** けん
- **훈** すこ(やか)

___ 康 건강   ___ 全 건전함   ___ 闘 건투   保 ___ 보건
けん こう   けん ぜん   けん とう   ほ けん

___ やか 몸이 튼튼함, 건강함
すこ

欠

이지러질 **결** (缺)

- 음 けつ
- 훈 か(ける), か(く)

欠 欠

欠欠欠欠

___場 けつ じょう 결장　　___席 けっ せき 결석　　___点 けつ てん 결점　　___乏 けつ ぼう 결핍　　不可___ ふ か けつ 불가결

___ける か 깨져 떨어지다, 부족하다, 빠지다　　___く か 깨다, 빠지다

結

맺을 **결**

- 음 けつ
- 훈 むす(ぶ), ゆ(う), ゆ(わえる)

結 結

結結結結結結結結結結

___果 けっ か 결과　　___局 けっ きょく 결국　　___婚 けっ こん 결혼　　団___ だん けつ 단결　　連___ れん けつ 연결

___ぶ むす 매다, 잇다, 맺다　　___う ゆ 매다, 묶다, 엮다　　___わえる ゆ 매다, 묶다

径

지름길 **경** (徑)

- 음 けい

径 径

径径径径径径径

___路 けい ろ 경로　　口___ こう けい 구경(둥근 구멍의 직경)　　直___ ちょっ けい 직경, 지름　　半___ はん けい 반경, 반지름

景

볕 **경**

- 음 けい

景 景

景景景景景景景景景景景

___気 けい き (경제의) 경기　　___品 けい ひん 경품　　背___ はい けい 배경　　風___ ふう けい 풍경　　夜___ や けい 야경

예외 ___色 け しき 경치

鏡

거울 **경**

- 음 きょう
- 훈 かがみ

鏡 鏡

鏡鏡鏡鏡鏡鏡鏡鏡鏡鏡鏡鏡鏡鏡鏡鏡鏡

___台 きょう だい 경대　　___顕微 けん び きょう 현미경　　___望遠 ぼう えん きょう 망원경

___ かがみ 거울　　___餅 かがみ もち 새해에 신에게 올리는 떡　　手___ て かがみ 손거울　　예외 眼___ めがね 안경

競

다툴 **경**

- 음 きょう, けい
- 훈 きそ(う), せ(る)

___技 (스포츠) 경기　___争 경쟁　___売 경매　___馬 경마　___輪 경륜

___う 다투다, 겨루다, 경쟁하다　　___る 다투다, 겨루다, 경매하다

季

계절 **계**

- 음 き

___節 계절　雨___ 우계, 우기　四___ 사계, 사계절　夏___ 하계　冬___ 동계

械

기계 **계**

- 음 かい

機___ 기계 (동력으로 움직이는 복잡하고 큰 규모인 것)

器___ 기계 (사람의 힘으로 움직이는 단순하고 소규모인 것)

固

굳을 **고**

- 음 こ
- 훈 かた(める), かた(まる), かた(い)

___体 고체　___有 고유　頑___ 완고함　___強 강고함, 견고함　___堅 견고함

___める 다지다, 굳히다　　___まる 굳(어지)다, 확고해지다　　___い 견고하다, 단단하다

功

공 **공**

- 음 こう, く

___績 공적　___労 공로　成___ 성공

___徳 공덕

共
한가지 **공**

음 きょう
훈 とも

共共 ‖ ‖ ‖ ‖ ‖

共 共 共 共 共 共

きょう そん ___存 공존　きょう つう ___通 공통　きょう どう ___同 공동　こう きょう 公___ 공공

とも ___に 함께, 같이　とも ばたら ___働き 맞벌이

果
실과 **과**

음 か
훈 は(たす), は(てる), は(て)

果果 ‖ ‖ ‖ ‖ ‖

果 果 果 果 果 果 果 果

か じつ ___実 과실　か じゅ えん ___樹園 과수원　こう か 効___ 효과　せい か 成___ 성과

は ___たす 달성하다　は ___てる 끝나다　は ___て 끝, 말로　예외　くだ もの ___物 과일

課
공부할 **과**

음 か

課課 ‖ ‖ ‖ ‖ ‖

課 課 課 課 課 課 課 課 課 課 課 課 課 課

か ぜい ___税 과세　か だい ___題 과제　か ちょう ___長 과장　にっ か 日___ 일과　ほう か ご 放___後 방과 후

官
벼슬 **관**

음 かん

官官 ‖ ‖ ‖ ‖ ‖

官 官 官 官 官 官 官 官

かん ちょう ___庁 관청　かん りょう ___僚 관료　がい こう かん 外交___ 외교관　きょう かん 教___ 교관　けい さつ かん 警察___ 경찰관

管
대롱 **관**

음 かん
훈 くだ

管管 ‖ ‖ ‖ ‖ ‖

管 管 管 管 管 管 管 管 管 管 管 管 管 管

かん がっ き ___楽器 관악기　かん り ___理 관리　けっ かん 血___ 혈관　すい どう かん 水道___ 수도관

くだ ___관, 대롱

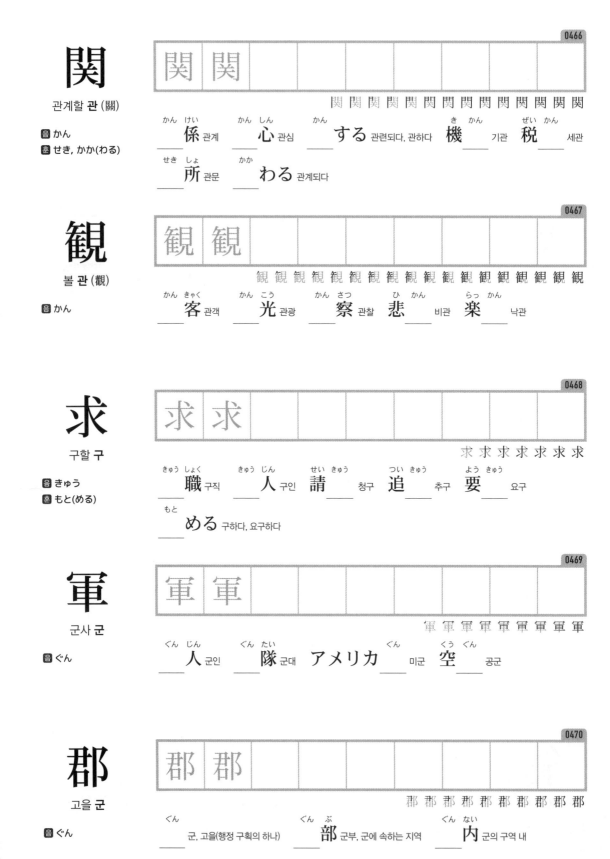

関

관계할 관 (關)

음 かん
훈 せき, かか(わる)

0466

関 関

関関関関関関関関関関関関関

___係 관계　___心 관심　___する 관련되다, 관하다　機___ 기관　___税 세관

___所 관문　___わる 관계되다

観

볼 관 (觀)

음 かん

0467

観 観

観観観観観観観観観観観観観観観観

___客 관객　___光 관광　___察 관찰　悲___ 비관　楽___ 낙관

求

구할 구

음 きゅう
훈 もと(める)

0468

求 求

求求求求求求

___職 구직　___人 구인　請___ 청구　追___ 추구　要___ 요구

___める 구하다, 요구하다

軍

군사 군

음 ぐん

0469

軍 軍

軍軍軍軍軍軍軍軍軍

___人 군인　___隊 군대　アメリカ___ 미군　空___ 공군

郡

고을 군

음 ぐん

0470

郡 郡

郡郡郡郡郡郡郡郡郡郡

___ 군, 고을(행정 구획의 하나)　___部 군부, 군에 속하는 지역　___内 군의 구역 내

群
무리 군

- 음 ぐん
- 훈 む(れる), む(れ), むら

きょ ぐん しゅう	ぐん しゅう	たい ぐん	ばつ ぐん
___ 衆 군중	___ 集 군집	大 ___ 대군, 큰 무리	___ 抜 발군, 뛰어남, 출중

む	む	むら
___ れる 떼를 짓다, 군집하다	___ れ 떼, 무리	___ がる 떼 지어 모이다, 군집하다

極
극진할 극

- 음 きょく, ごく
- 훈 きわ(める), きわ(まる), きわ(み)

きょく げん	きょく とう	ほっ きょく	ごく ひ	し ごく
___ 限 극한, 한계점	___ 東 극동	北 ___ 북극	___ 秘 극비	至 ___ 지극히, 아주

きわ	きわ	きわ	きわ
___ める 극하다, 더없이 ~하다	___ めて 극히	___ まる ~하기 짝이 없다	___ み 극한, 끝

給
줄 급

- 음 きゅう

きゅう しょく	きゅう りょう	きょう きゅう	し きゅう	じ きゅう
___ 食 급식	___ 料 급료, 급여	供 ___ 공급	支 ___ 지급	時 ___ 시급

岐
갈림길 기

- 음 き

き ろ	た き	ぶん き	ぶん き てん
___ 路 기로, 갈림길	多 ___ 복잡 다단함	分 ___ 분기, 갈림	分 ___ 点 분기점

埼
갑 기

- 훈 さい

さい たま	さい たま けん
___ 玉 사이타마(지명)	___ 玉県 사이타마현(지명)

4학년 한자 ❶

崎

험할 **기**

훈 さき

崎 崎 崎 崎 崎 崎 崎 崎 崎 崎

かわ さき し
川＿＿市 가와사키시(지명)

みや ざき けん
宮＿＿県 미야자키현(지명)

みや ざき し
宮＿＿市 미야자키시(지명)

旗

기 **기**

음 き
훈 はた

旗 旗 旗 旗 旗 旗 旗 旗 旗 旗 旗 旗 旗 旗

き しゅ
＿＿手 기수

こう き
校＿＿ 교기

こっ き
国＿＿ 국기

せいじょう き
星条＿＿ 성조기

はた
＿＿ 기, 깃발

て ばた しん ごう
手＿＿信号 수기 신호

器

그릇 **기** (器)

음 き
훈 うつわ

器 器 器 器 器 器 器 器 器 器 器 器 器 器

き ぐ
＿＿具 기구

き よう
＿＿用 솜씨가 좋음, 손재주가 있음

がっ き
楽＿＿ 악기

しょっ き
食＿＿ 식기

うつわ
＿＿ 그릇, 용기, 도구

機

베틀 **기**

음 き
훈 はた

機 機 機 機 機 機 機 機 機 機 機 機 機 機

き かい
＿＿会 기회

き かん
＿＿関 기관

き き
危＿＿ 위기

どう き
動＿＿ 동기

ひ こう き
飛行＿＿ 비행기

はた
＿＿ 베틀

はた お
＿＿織り 길쌈, 베짜기

奈

어찌 **나**

음 な

奈 奈 奈 奈 奈 奈 奈 奈

な らく
＿＿落 나락, 밑바닥

な ら けん
＿＿良県 나라현(지명)

念
생각 념

믐 ねん

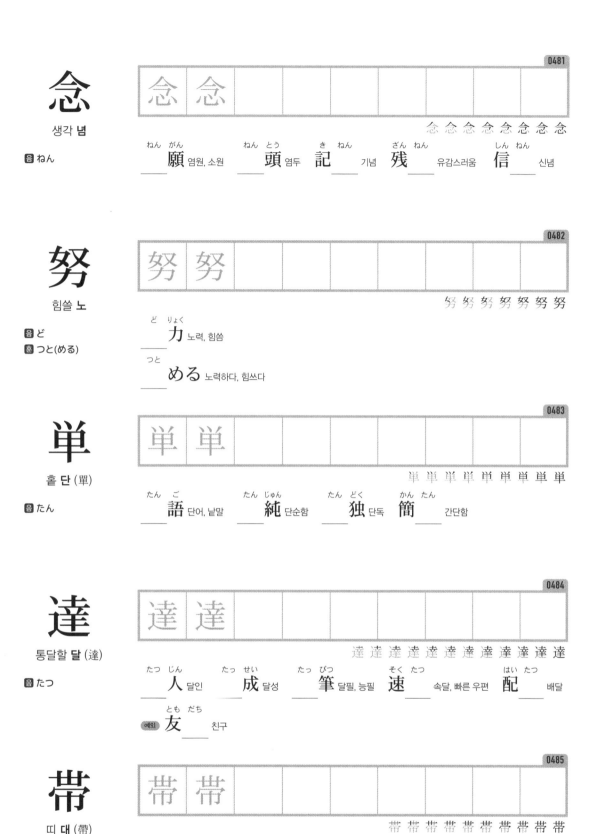

0481

念念

念念念念念念念念

ねん がん
願 염원, 소원

ねん とう
頭 염두

き ねん
記　 기념

ざん ねん
残　 유감스러움

しん ねん
信　 신념

努
힘쓸 노

믐 ど
훈 つと(める)

0482

努努

努努努努努努努

ど りょく
力 노력, 힘씀

つと
　める 노력하다, 힘쓰다

単
홀 단 (單)

믐 たん

0483

単単

単単単単単単単単

たん ご
語 단어, 낱말

たん じゅん
純 단순함

たん どく
独 단독

かん たん
簡　 간단함

達
통달할 달 (達)

믐 たつ

0484

達達

達達達達達達達達達達達

たつ じん
人 달인

たっ せい
成 달성

たっ ぴつ
筆 달필, 능필

そく たつ
速　 속달, 빠른 우편

はい たつ
配　 배달

예외 とも だち
友　 친구

帯
띠 대 (帶)

믐 たい
훈 お(びる), おび

0485

帯帯

帯帯帯帯帯帯帯帯帯

たい でん
電 대전, 전기를 띰

いっ たい
一　 일대, 일원

けい たい
携 휴대

ち たい
地　 지대

ほう たい
包　 붕대

お
　びる (～기미를) 띠다, (칼·훈장 등을) 차다

おび
　 띠, 허리띠

隊

무리 대 (隊)

음 たい

隊 隊

隊 隊 隊 隊 隊 隊 隊 隊 隊 隊 隊

員 대원 　 列 대열 　 音楽 음악대 　 軍 군대

除 제대 　 部 부대

徳

큰 덕 (德)

음 とく

0487

徳 徳

徳 徳 徳 徳 徳 徳 徳 徳 徳 徳 徳 徳

悪 악덕 　 人 인덕 　 道 도덕

徒

무리 도

음 と

0488

徒 徒

徒 徒 徒 徒 徒 徒 徒 徒 徒

歩 도보 　 労 도로, 헛수고 　 信 신도, 신자 　 生 중·고등학생

働

일할 동

음 どう
훈 はたら(く)

0489

働 働

働 働 働 働 働 働 働 働 働 働 働 働

稼 가동, 기계를 움직임 　 実 실제로 노동함 　 労 노동

く 일하다 　 共 き 맞벌이

灯

등불 등 (燈)

음 とう
훈 ひ

0490

灯 灯

灯 灯 灯 灯 灯 灯

台 등대 　 油 등유 　 街 가로등 　 電 전등

ひ 불빛, 등불

冷
찰 **랭**

음 れい
훈 つめ(たい), ひ(える),
ひ(や), ひ(やす), ひ(やか
す), さ(める), さ(ます)

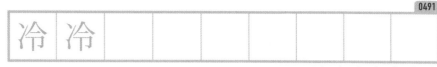

0491

れい き
___気 냉기

れい せい
___静 냉정

れい ぞう こ
___蔵庫 냉장고

れい とう
___凍 냉동

れい ぼう
___房 냉방

かん れい
寒___ 한랭

つめ
___たい 차갑다

ひ
___える 식다, 차가워지다

ひ
お___や 냉수, 찬물

ひ
___やす 식히다, 차게 하다

ひ
___やかす 놀리다, 희롱하다

さ
___める 식다

さ
___ます 식히다

れいぞう こ
冷蔵庫

良
어질 **량**

음 りょう
훈 よ(い)

0492

りょう こう
___好 양호

りょう しん
___心 양심

かい りょう
改___ 개량

ふ りょう
不___ 불량

ゆう りょう
優___ 우량

よ
___い 좋다

量
헤아릴 **량**

음 りょう
훈 はか(る)

0493

りょう さん
___産 양산, 대량 생산

き りょう
器___ 기량

そく りょう
測___ 측량

よう りょう
用___ 용량, 복용량

はか
___る (무게・길이・깊이・넓이 등) 재다, 달다

連
잇닿을 **련** (連)

음 れん
훈 つ(れる), つら(なる),
つら(ねる)

0494

れん きゅう
___休 연휴

れん ぞく
___続 연속

れん らく
___絡 연락

かん れん
関___ 관련

こく れん
国___ 국제 연합(UN)

つ
___れる 데리고 가다

つら
___なる 나란히 늘어서 있다

つら
___ねる 늘어놓다

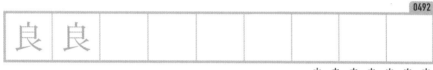

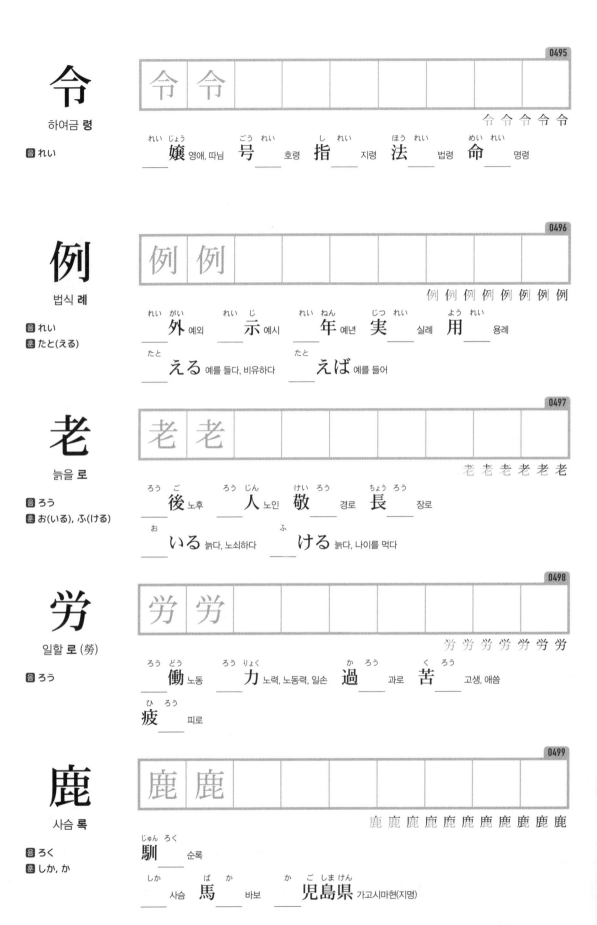

令 하여금 **령**

음 れい

| 令 | 令 | | | | | | |

令令令令令

嬢 영애, 따님   号 호령   指 지령   法 법령   命 명령

例 법식 **례**

음 れい
훈 たと(える)

| 例 | 例 | | | | | | |

例例例例例例例例

外 예외   示 예시   年 예년   実 실례   用 용례

たと
える 예를 들다, 비유하다   えば 예를 들어

老 늙을 **로**

음 ろう
훈 お(いる), ふ(ける)

| 老 | 老 | | | | | | |

老老老老老老

後 노후   人 노인   敬 경로   長 장로

いる 늙다, 노쇠하다   ける 늙다, 나이를 먹다

労 일할 **로** (勞)

음 ろう

| 労 | 労 | | | | | | |

労労労労労労労

働 노동   力 노력, 노동력, 일손   過 과로   苦 고생, 애씀

疲 피로

鹿 사슴 **록**

음 ろく
훈 しか, か

| 鹿 | 鹿 | | | | | | |

鹿鹿鹿鹿鹿鹿鹿鹿鹿鹿

馴 순록

사슴   馬 바보   児島県 가고시마현(지명)

録

기록할 **록** (録)

음 ろく

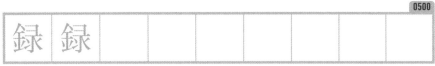

録音 녹음 　録画 녹화 　記録 기록 　付録 부록 　目録 목록

ろく おん 　ろく が 　き ろく 　ふ ろく 　もく ろく

料

헤아릴 **료**

음 りょう

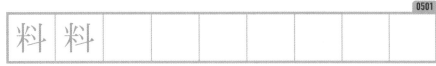

料金 요금 　料理 요리 　飲料 음료 　材料 재료

りょう きん 　りょう り 　いん りょう 　ざい りょう

食料 식료, 식량 　無料 무료

しょく りょう 　む りょう

類

무리 **류** (類)

음 るい
훈 たぐい

類型 유형 　種類 종류 　書類 서류 　人類 인류 　分類 분류

るい けい 　しゅ るい 　しょ るい 　じん るい 　ぶん るい

類 같은 부류, 유례

たぐい

陸

뭍 **륙**

음 りく

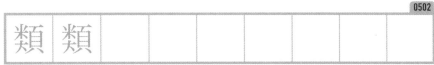

陸上 육상 　陸地 육지 　大陸 대륙 　着陸 착륙

りく じょう 　りく ち 　たい りく 　ちゃく りく

輪

바퀴 **륜**

음 りん
훈 わ

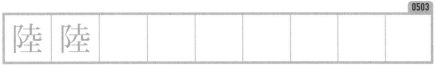

輪郭 윤곽 　輪唱 돌림노래 　競輪 경륜 　車輪 차바퀴, 수레바퀴

りん かく 　りん しょう 　けい りん 　しゃ りん

輪 원형, 고리, 차바퀴 　首輪 목걸이 　指輪 반지

わ 　くび わ 　ゆび わ

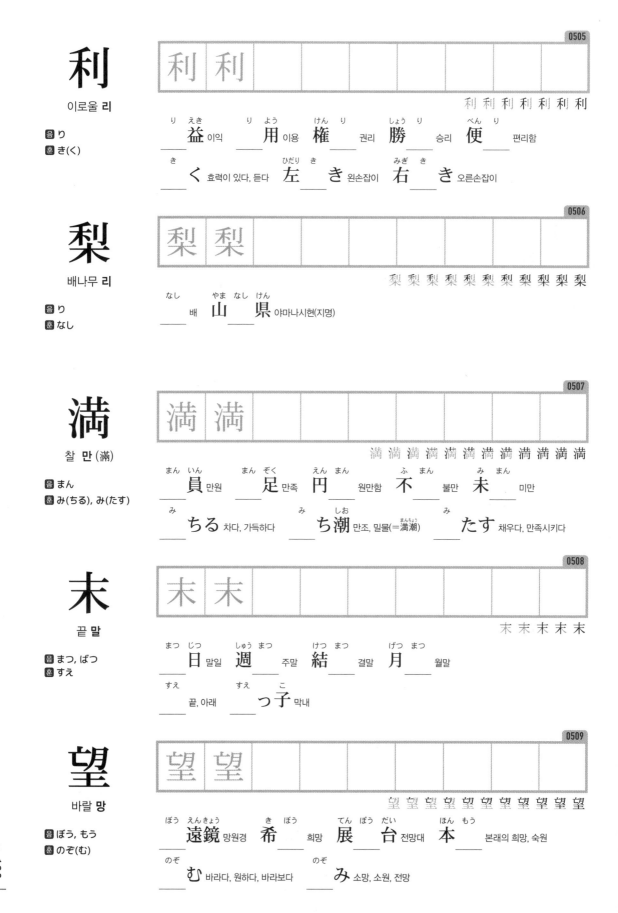

利
이로울 **리**

- 음 り
- 훈 き(く)

| 0505 |
| 利 | 利 | | | | | | | |

利利利利利利利

| り えき | 益 이익 | り よう | 用 이용 | けん り | 権 권리 | しょう り | 勝 승리 | べん り | 便 편리함 |

| き | く 효력이 있다, 듣다 | ひだり き | 左 き 왼손잡이 | みぎ き | 右 き 오른손잡이 |

梨
배나무 **리**

- 음 り
- 훈 なし

| 0506 |
| 梨 | 梨 | | | | | | | |

梨梨梨梨梨梨梨梨梨梨梨

| なし | 배 | やま なし けん | 山 県 야마나시현(지명) |

満
찰 **만**(滿)

- 음 まん
- 훈 み(ちる), み(たす)

| 0507 |
| 満 | 満 | | | | | | | |

満満満満満満満満満満満満

| まん いん | 員 만원 | まん ぞく | 足 만족 | えん まん | 円 원만함 | ふ まん | 不 불만 | み まん | 未 미만 |

| み | ちる 차다, 가득하다 | み しお | ち潮 만조, 밀물(=満潮) | み | たす 채우다, 만족시키다 |

末
끝 **말**

- 음 まつ, ばつ
- 훈 すえ

| 0508 |
| 末 | 末 | | | | | | | |

末末末末末

| まつ じつ | 日 말일 | しゅう まつ | 週 주말 | けつ まつ | 結 결말 | げつ まつ | 月 월말 |

| すえ | 끝, 아래 | すえ こ | っ子 막내 |

望
바랄 **망**

- 음 ぼう, もう
- 훈 のぞ(む)

| 0509 |
| 望 | 望 | | | | | | | |

望望望望望望望望望望望

| ぼう えんきょう | 遠鏡 망원경 | き ぼう | 希 희망 | てん ぼう だい | 展 台 전망대 | ほん もう | 本 본래의 희망, 숙원 |

| のぞ | む 바라다, 원하다, 바라보다 | のぞ | み 소망, 소원, 전망 |

梅

매화 매 (梅)

음 ばい
훈 うめ

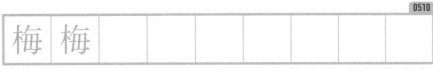

梅 梅 梅 梅 梅 梅 梅 梅 梅 梅

___雨・___雨 장마 (ばい う / つ ゆ)　___林 매림, 매화나무 숲 (ばい りん)

___ 매실 (うめ)　___酒 매실주 (うめ しゅ)　___干 매실 장아찌 (うめ ぼし)

牧

칠 목

음 ぼく
훈 まき

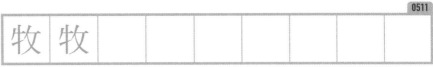

牧 牧 牧 牧 牧 牧 牧 牧

___師 목사 (ぼく し)　___場・___場 목장 (ぼく じょう / まき ば)　放___ 방목 (ほう ぼく)　遊___の民 유목민 (ゆう ぼく の たみ)

無

없을 무

음 む, ぶ
훈 な(い)

無 無 無 無 無 無 無 無 無 無 無 無

___理 무리 (む り)　___料 무료 (む りょう)　有___ 유무 (う む)　___皆 전무, 전혀 없음 (かい む)　___事 무사함 (ぶ じ)

___い 없다 (な)

未

아닐 미

음 み

未 未 未 未 未

___熟 미숙함 (み じゅく)　___定 미정 (み てい)　___満 미만 (み まん)　___来 미래 (み らい)

民

백성 민

음 みん
훈 たみ

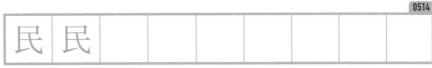

民 民 民 民 民

___族 민족 (みん ぞく)　国___ 국민 (こく みん)　市___ 시민 (し みん)　住___ 주민 (じゅう みん)　農___ 농민 (のう みん)

___ 국민, 백성 (たみ)

博

넓을 **박** (博)

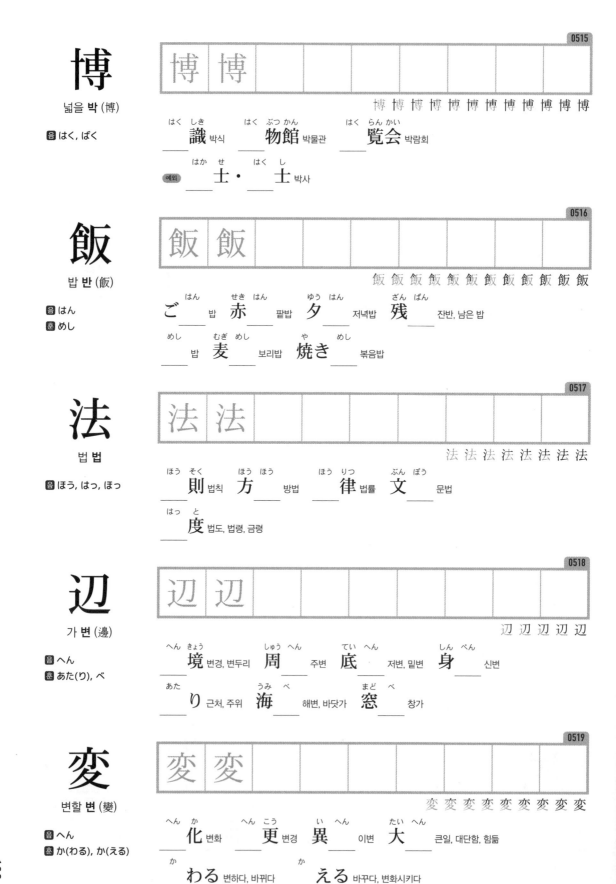

0515

博 博

博 博 博 博 博 博 博 博 博 博 博

음 はく, ばく

___ 識 박식　　___ 物館 박물관　　___ 覧会 박람회
はく しき　　はく ぶつ かん　　はく らん かい

예외 ___ 士・___ 士 박사
はか せ　　はく し

飯

밥 **반** (飯)

0516

飯 飯

飯 飯 飯 飯 飯 飯 飯 飯 飯 飯 飯 飯

음 はん

훈 めし

ご___ 밥　　赤___ 팥밥　　夕___ 저녁밥　　残___ 잔반, 남은 밥
はん　　せき はん　　ゆう はん　　ざん ばん

___ 밥　　麦___ 보리밥　　___ 焼き 볶음밥
めし　　むぎ めし　　や めし

法

법 **법**

0517

法 法

法 法 法 法 法 法 法 法

음 ほう, はっ, ほっ

___ 則 법칙　　方___ 방법　　___ 律 법률　　文___ 문법
ほう そく　　ほう ほう　　ほう りつ　　ぶん ぽう

___ 度 법도, 법령, 금령
はっ と

辺

가 **변** (邊)

0518

辺 辺

辺 辺 辺 辺 辺

음 へん

훈 あた(り), べ

___ 境 변경, 변두리　　周___ 주변　　底___ 저변, 밑변　　身___ 신변
へん きょう　　しゅう へん　　てい へん　　しん べん

___ り 근처, 주위　　海___ 해변, 바닷가　　窓___ 창가
あた　　うみ べ　　まど べ

変

변할 **변** (變)

0519

変 変

変 変 変 変 変 変 変 変

음 へん

훈 か(わる), か(える)

___ 化 변화　　___ 更 변경　　異___ 이변　　大___ 큰일, 대단함, 힘듦
へん か　　へん こう　　い へん　　たい へん

___ わる 변하다, 바뀌다　　___ える 바꾸다, 변화시키다
か　　か

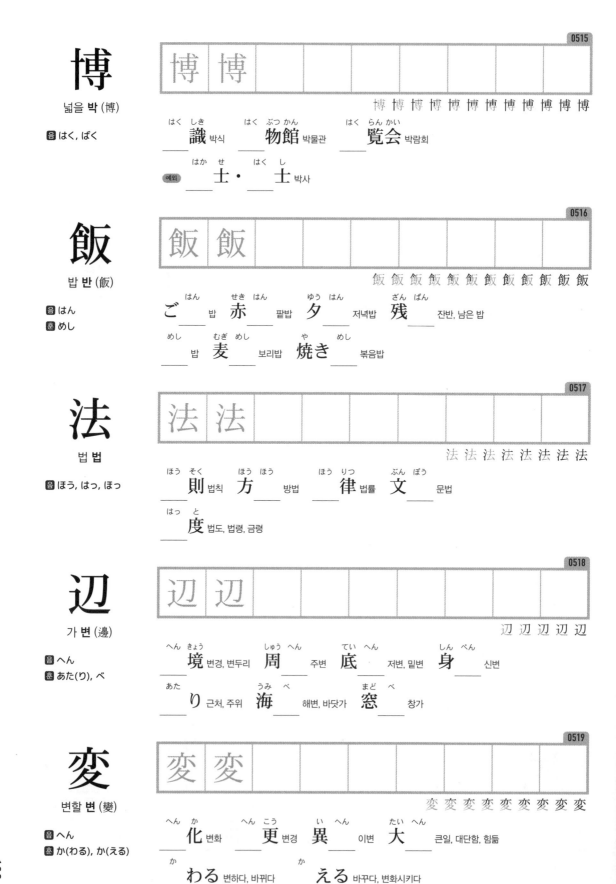

別

나눌 **별**

음 べつ
훈 わか(れる)

別<u> </u>名 별명　区<u> </u> 구별　差<u> </u> 차별　送<u> </u>会 송별회　特<u> </u> 특별

<u> </u>わかれる 헤어지다, 이별하다

兵

군사 **병**

음 へい, ひょう

<u> </u>役 병역　<u> </u>士 병사　核<u> </u>器 핵무기　歩<u> </u> 보병, 졸병

<u> </u>糧米 군량미

夫

지아비 **부**

음 ふ, ふう
훈 おっと

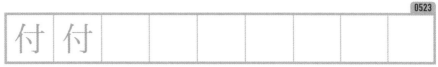

<u> </u>妻 부부　<u> </u>人 부인　農<u> </u> 농부　<u> </u>婦 부부　工<u> </u> 궁리, 고안

<u> </u>おっと 남편

付

줄 **부**

음 ふ
훈 つ(く), つ(ける)

<u> </u>近 부근, 근처　<u> </u>与 부여　寄<u> </u> 기부　交<u> </u> 교부　添<u> </u> 첨부

<u> </u>く 붙다, 묻다　<u> </u>ける 붙이다, 대다　受<u> </u> 접수

府

마을 **부**

음 ふ

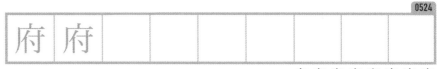

<u> </u>庁 부청　京都<u> </u> 교토 부　政<u> </u> 정부　内閣<u> </u> 내각부　幕<u> </u> 막부

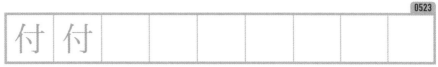

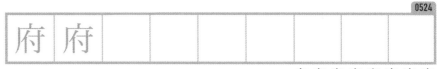

阜
언덕 부

음 ふ

阜 阜

阜 阜 阜 阜 阜 阜 阜 阜

ぎ ふ けん
岐＿＿県 기후현(지명)　ぎ ふ し
岐＿＿市 기후시(지명)

副
버금 부

음 ふく

副 副

副 副 副 副 副 副 副 副 副 副 副

ふく かいちょう
＿＿会長 부회장　ふく ぎょう
＿＿業 부업　ふく さ よう
＿＿作用 부작용　ふく し
＿＿詞 부사

富
부유할 부

음 ふ, ふう
훈 と(む), とみ

富 富

富 富 富 富 富 富 富 富 富 富 富

ふ ごう
＿＿豪 부호　ふ ゆう
＿＿裕 부유　ひん ぷ
貧＿＿ 빈부　ほう ふ
豊＿＿ 풍부　ふう き
＿＿貴 부귀

と
＿＿む 넉넉해지다, 부자가 되다, 풍부하다　とみ
＿＿ 부, 재산, 자원

不
아닐 불(부)

음 ふ, ぶ

不 不

不 不 不 不

ふ あん
＿＿安 불안　ふ こう
＿＿幸 불행　ふ し ぎ
＿＿思議 불가사의함　ふ しょう じ
＿＿祥事 불상사　ふ せい
＿＿正 부정

ふ そく
＿＿足 부족　ふ とう
＿＿当 부당　ふ どう さん
＿＿動産 부동산　ぶ ようじん
＿＿用心 주의가 부족함

飛
날 비

음 ひ
훈 と(ぶ), と(ばす)

飛 飛

飛 飛 飛 飛 飛 飛 飛 飛

ひ こう き
＿＿行機 비행기　ひ しゃ
＿＿車 차(일본 장기)　ひ やく
＿＿躍 비약　とっ び
突＿＿ 엉뚱함, 별남

と
＿＿ぶ 날다　と
＿＿び魚 날치 うお　と
＿＿ばす 날리다

司
맡을 사

음 し

司会 사회　司法 사법　上司 상사

司司司司司

辞
말씀 사 (辭)

음 じ
훈 や(める)

辞書 사전　辞職 사직　辞典 사전　辞令 사령　祝辞 축사

辞める 사직하다, 그만두다

辞辞辞辞辞辞辞辞辞辞辞辞辞

産
낳을 산

음 さん
훈 う(む), う(まれる),
うぶ

産業 산업　産地 산지　出産 출산　生産 생산　倒産 도산

産む 낳다　産まれる 태어나다　産声 갓난아기의 첫 울음소리

예외 お土産 주로 여행지에서 사온 기념 선물, 토산품

産産産産産産産産産産産

うぶごえ
産声

散
흩을 산

음 さん
훈 ち(る), ち(らす),
ち(らかす), ち(らかる)

散文 산문　散歩 산책　解散 해산　発散 발산

散る 흩어지다　散らす 흩뜨리다　散らかす 어지르다　散らかる 어지러지다

散散散散散散散散散散散散

席
자리 석

음 せき

席 席

席席席席席席席席席席

____次 석차　座____ 좌석　主____ 주석　出____ 출석　____着 착석
<small>せき じ　ざ せき　しゅ せき　しゅっ せき　ちゃく せき</small>

潟
개펄 석

훈 かた

潟 潟

潟潟潟潟潟潟潟潟潟潟潟潟潟潟潟

干____ 갯벌　新____県 니가타현(지명)　新____市 니가타시(지명)
<small>ひ がた　にい がた けん　にい がた し</small>

選
가릴 선 (選)

음 せん
훈 えら(ぶ)

選 選

選選選選選選選選選選選選選

____挙 선거　____手 선수　____択 선택　当____ 당선　予____ 예선
<small>せん きょ　せん しゅ　せん たく　とう せん　よ せん</small>

____ぶ 선택하다
<small>えら</small>

説
말씀 설/달랠 세 (說)

음 せつ, ぜい
훈 と(く)

説 説

説説説説説説説説説説説説説

____得 설득　____明 설명　解____ 해설　演____ 연설　遊____ 유세
<small>せっ とく　せつ めい　かい せつ　えん ぜつ　ゆう ぜい</small>

____く 설명하다, 설득하다　口____く 설득하다, 호소하다, 부탁하다
<small>と　く ど</small>

成
이룰 성

음 せい, じょう
훈 な(る), な(す)

成 成

成成成成成成

____功 성공　____績 성적　作____ 작성　賛____ 찬성　____就 성취
<small>せい こう　せい せき　さく せい　さん せい　じょう じゅ</small>

____る 이루어지다, 되다　____り行き 되어가는 과정, 경과, 추세　____す 이루다, 달성하다
<small>な　な ゆ　な</small>

省

살필 **성**/덜 생

음 せい, しょう
훈 はぶ(く), かえり(みる)

省省

省省省省省省省省

帰〔き せい〕 귀성, 귀향　反〔はん せい〕 반성　略〔しょう りゃく〕 생략　法務〔ほう む しょう〕 법무성

〔はぶ〕く 생략하다, 간단히 하다　〔かえり〕みる 돌이켜보다, 반성하다

城

성 성

음 じょう
훈 しろ

城城

城 城 城 城 城 城 城 城 城

郭〔じょう かく〕 성곽　壁〔じょう へき〕 성벽　門〔じょう もん〕 성문　大阪〔おお さか じょう〕 오사카성　築〔ちく じょう〕 축성

〔しろ〕성　〔しろ あと〕跡 성지, 성터

笑	巢	焼	束	続	孫	松	刷	順	縄
웃을 소	새집 소	사를 소	묶을 속	이을 속	손자 손	소나무 송	인쇄할 쇄	순할 순	노끈 승
試	臣	信	失	氏	児	芽	案	愛	約
시험할 시	신하 신	믿을 신	잃을 실	성씨 씨	아이 아	싹 아	책상 안	사랑 애	맺을 약
養	漁	億	然	熱	塩	英	栄	芸	完
기를 양	고기잡을 어	억 억	그럴 연	더울 열	소금 염	꽃부리 영	영화 영	재주 예	완전할 완
要	浴	勇	熊	媛	願	位	泣	衣	議
요긴할 요	목욕할 욕	날랠 용	곰 웅	미인 원	원할 원	자리 위	울 읍	옷 의	의논할 의
以	印	茨	滋	昨	残	材	争	低	底
써 이	도장 인	가시나무 자	불을 자	어제 작	남을 잔	재목 재	다툴 쟁	낮을 저	밑 저
的	積	伝	典	戦	折	節	井	静	兆
과녁 적	쌓을 적	전할 전	법 전	싸움 전	꺾을 절	마디 절	우물 정	고요할 정	조 조
照	卒	種	佐	周	仲	差	借	札	察
비칠 조	마칠 졸	씨 종	도울 좌	두루 주	버금 중	다를 차	빌릴 차	편지 찰	살필 찰
参	倉	唱	菜	浅	清	初	最	祝	沖
참여할 참	곳집 창	부를 창	나물 채	얕을 천	맑을 청	처음 초	가장 최	빌 축	화할 충
側	治	置	特	阪	敗	便	包	票	標
곁 측	다스릴 치	둘 치	특별할 특	언덕 판	패할 패	편할 편	쌀 포	표 표	표할 표
必	賀	害	香	験	協	好	貨	栃	候
반드시 필	하례할 하	해할 해	향기 향	시험 험	화합할 협	좋을 호	재물 화	상수리나무 회	기후 후
訓	希								
가르칠 훈	바랄 희								

笑

웃을 소

음 しょう
훈 わら(う), え(む)

笑笑

笑笑笑笑笑笑笑笑笑笑

苦 ___ _{く しょう} 고소, 쓴웃음　談 ___ _{だん しょう} 담소　微 ___ _{び しょう} 미소　冷 ___ _{れい しょう} 냉소

___ う _{わら} 웃다　___ む _え 미소짓다, 생긋이 웃다　___ 顔 _{え がお} 웃는 얼굴　微 ___ み _{ほほ え} 미소

巣

새집 소 (巢)

음 そう
훈 す

巣巣

巣巣巣巣巣巣巣巣巣巣巣

___ 窟 _{そう くつ} 소굴　病 ___ _{びょう そう} 병소, 병원균이 있는 곳　卵 ___ _{らん そう} 난소

___ _す 집, 둥지, 소굴　___ 立つ _{す だ} 보금자리를 떠나다, 자립하다　空き ___ _{あ す} 빈 둥지, 빈집

焼

사를 소 (燒)

음 しょう
훈 や(く), や(ける)

焼焼

焼焼焼焼焼焼焼焼焼焼焼

___ 却 _{しょう きゃく} 소각　___ 酎 _{しょう ちゅう} 소주　全 ___ _{ぜん しょう} 전소　燃 ___ _{ねん しょう} 연소

___ く _や 태우다, 굽다　___ ける _や 타다, 구워지다　日 ___ け _{ひ や} 햇볕에 그을림

束

묶을 속

음 そく
훈 たば

束束

束束束束束束束

___ 縛 _{そく ばく} 속박　結 ___ _{けっ そく} 결속　拘 ___ _{こう そく} 구속, 얽맴　約 ___ _{やく そく} 약속

___ _{たば} 다발, 묶음　札 ___ _{さつ たば} 지폐 다발, 돈뭉치　花 ___ _{はな たば} 꽃다발

続

이을 속 (續)

음 ぞく
훈 つづ(く), つづ(ける)

続続

続続続続続続続続続続続

___ 出 _{ぞく しゅつ} 속출　___ 行 _{ぞく こう} 속행　持 ___ _{じ ぞく} 지속　接 ___ _{せつ ぞく} 접속　連 ___ _{れん ぞく} 연속

___ く _{つづ} 계속되다, 잇따르다　手 ___ き _{て つづ} 절차, 수속　___ ける _{つづ} 계속하다, 잇다

孫
손자 **손**

음 そん
훈 まご

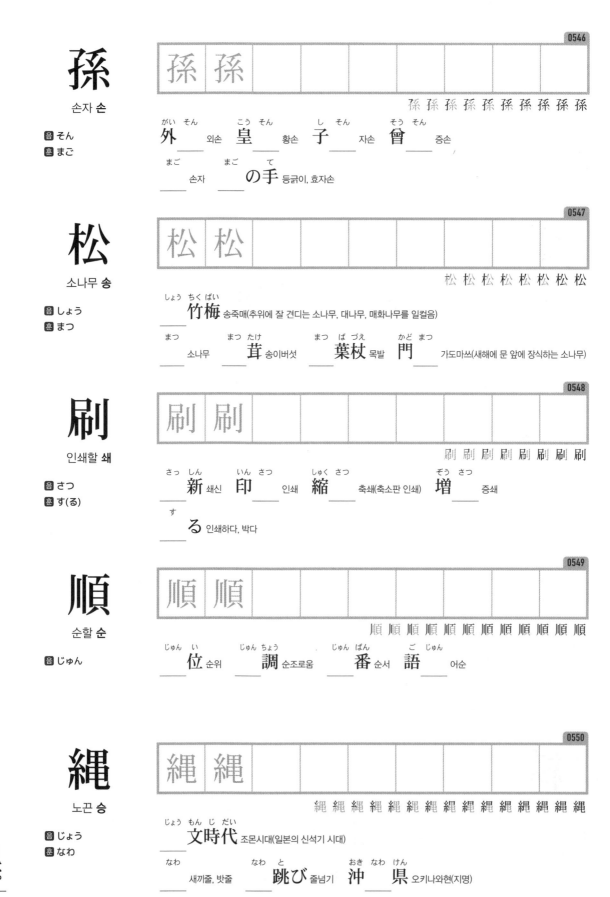

0546

外___ 외손 　皇___ 황손 　子___ 자손 　曾___ 증손

___ 손자 　___の手 등긁이, 효자손

松
소나무 **송**

음 しょう
훈 まつ

0547

___竹梅 송죽매(추위에 잘 견디는 소나무, 대나무, 매화나무를 일컬음)

___ 소나무 　___茸 송이버섯 　___葉杖 목발 　___門 가도마쓰(새해에 문 앞에 장식하는 소나무)

刷
인쇄할 **쇄**

음 さつ
훈 す(る)

0548

___新 쇄신 　印___ 인쇄 　縮___ 축쇄(축소판 인쇄) 　増___ 증쇄

___る 인쇄하다, 박다

順
순할 **순**

음 じゅん

0549

___位 순위 　___調 순조로움 　___番 순서 　語___ 어순

繩
노끈 **승**

음 じょう
훈 なわ

0550

___文時代 조몬시대(일본의 신석기 시대)

___ 새끼줄, 밧줄 　___跳び 줄넘기 　沖___県 오키나와현(지명)

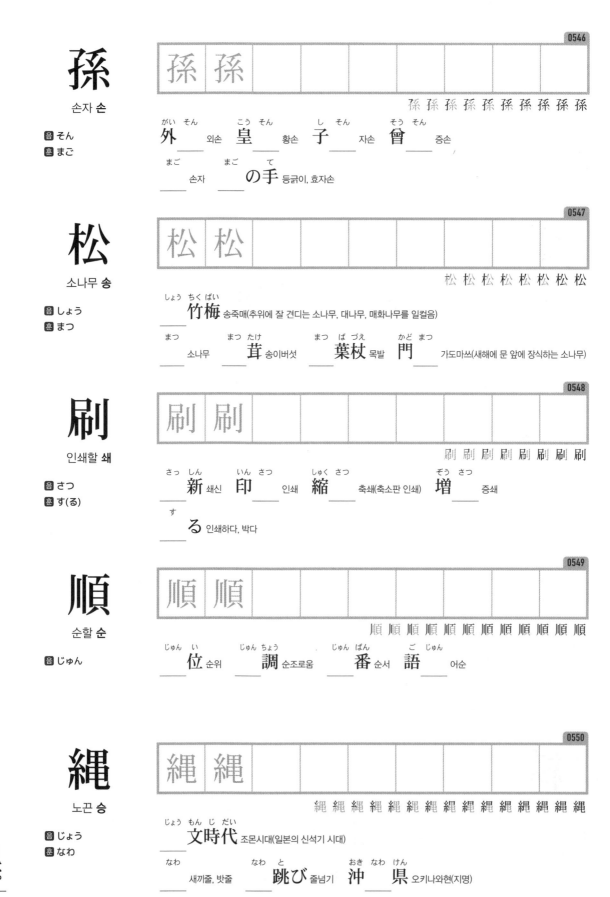

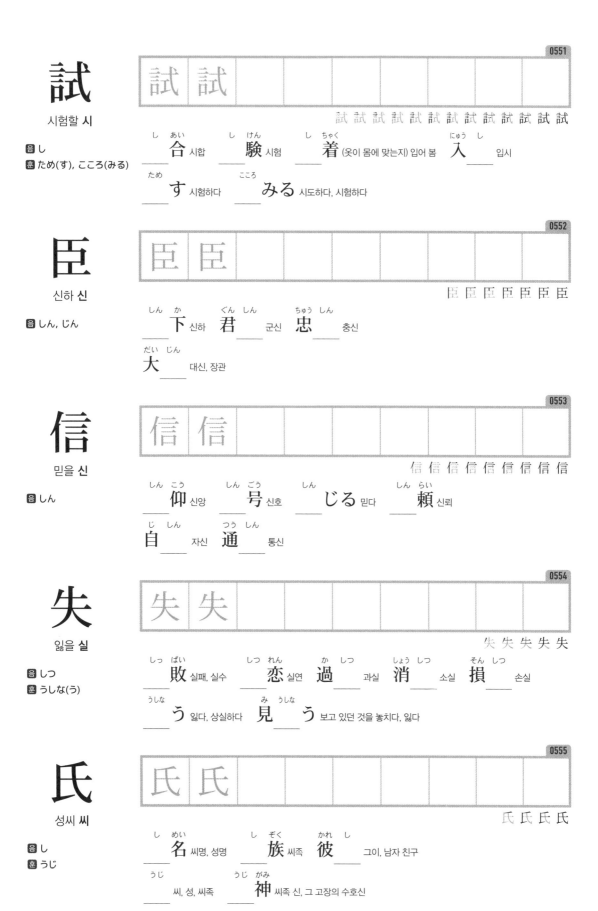

試
시험할 **시**

음 し
훈 ため(す), こころ(みる)

試試試試試試試試試試試試試

し あい	し けん	し ちゃく	にゅう し
合 시합	験 시험	着 (옷이 몸에 맞는지) 입어 봄	入 입시

ため	こころ
す 시험하다	みる 시도하다, 시험하다

臣
신하 **신**

음 しん, じん

臣臣臣臣臣臣臣

しん か	ぐん しん	ちゅう しん
下 신하	君 군신	忠 충신

だい じん
大 대신, 장관

信
믿을 **신**

음 しん

信信信信信信信信信

しん こう	しん ごう	しん	しん らい
仰 신앙	号 신호	じる 믿다	頼 신뢰

じ しん	つう しん
自 자신	通 통신

失
잃을 **실**

음 しつ
훈 うしな(う)

失失失失失

しっ ぱい	しつ れん	か しつ	しょう しつ	そん しつ
敗 실패, 실수	恋 실연	過 과실	消 소실	損 손실

うしな	み うしな
う 잃다, 상실하다	見 う 보고 있던 것을 놓치다, 잃다

氏
성씨 **씨**

음 し
훈 うじ

氏氏氏氏

し めい	し ぞく	かれ し
名 씨명, 성명	族 씨족	彼 그이, 남자 친구

うじ	うじ がみ
씨, 성, 씨족	神 씨족 신, 그 고장의 수호신

児
아이 **아** (兒)

음 じ, に

0556

児児

児児児児児児児

__童 아동　育__ 육아　幼__ 유아, 어린이

小__科 소아과

芽
싹 **아**

음 が
훈 め

0557

芽芽

芽芽芽芽芽芽芽芽

麦__ 맥아, 엿기름　発__ 발아　萌__ 싹, 싹이 틈, 사물의 시작

__싹　__生える 싹트다, 움트다　新__ 새싹, 새순

案
책상 **안**

음 あん

0558

案案

案案案案案案案案案

__外 예상 외, 의외　__じる 염려하다　__内 안내　提__ 제안　答__ 답안

愛
사랑 **애**

음 あい

0559

愛愛

愛愛愛愛愛愛愛愛愛愛愛愛愛

__する 사랑하다　__情 애정　__想 붙임성　__着 애착　恋__ 연애

約
맺을 **약**

음 やく

0560

約約

約約約約約約約約

__束 약속　契__ 계약　公__ 공약　節__ 절약　予__ 예약

養
기를 양

음 よう
훈 やしな(う)

養 | 養

養養養養養養養養養養養養養

よう いく
＿育 양육

よう しょく
＿殖 양식

よう せい
＿成 양성

えい よう
栄＿ 영양

きょう よう
教＿ 교양

やしな
＿う 양육하다, 기르다

漁
고기 잡을 어

음 ぎょ, りょう

漁 | 漁

漁漁漁漁漁漁漁漁漁漁漁漁漁漁

ぎょ ぎょう
＿業 어업

ぎょ じょう
＿場 어장

ぎょ せん
＿船 어선

りょう し
＿師 어부

億
억 억

음 おく

億 | 億

億億億億億億億億億億億億億

おく まんちょうじゃ
＿万長者 억만장자

いち おく
一＿ 1억

すう おく
数＿ 수억

然
그럴 연

음 ぜん, ねん

然 | 然

然然然然然然然然然然然然

し ぜん
自＿ 자연

ぜん ぜん
全＿ 전혀, 조금도

とう ぜん
当＿ 당연함

とつ ぜん
突＿ 돌연, 갑자기

てん ねん
天＿ 천연

熱
더울 열

음 ねつ
훈 あつ(い)

熱 | 熱

熱熱熱熱熱熱熱熱熱熱熱熱熱熱

ねっ しん
＿心 열심

ねっ とう
＿湯 열탕

か ねつ
加＿ 가열

げ ねつ ざい
＿解＿剤 해열제

じょう ねつ
情＿ 정열

あつ
＿い 뜨겁다

塩

소금 염

0566

| 塩 | 塩 | | | | | | | |

塩 塩 塩 塩 塩 塩 塩 塩 塩 塩 塩 塩

음 えん
훈 しお

___田 _{えん でん} 염전　　___分 _{えん ぶん} 염분　　___食 _{しょく えん} ___水 _{すい} 식염수

___ _{しお} 소금　　___辛 _{しお から} 젓갈　　___辛い _{しお から} 짜다

英

꽃부리 영

0567

| 英 | 英 | | | | | | | |

英 英 英 英 英 英 英 英

음 えい

___会話 _{えい かい わ} 영어 회화　　___語 _{えい ご} 영어　　___才 _{えい さい} 영재　　___雄 _{えい ゆう} 영웅

栄

영화 영 (榮)

0568

| 栄 | 栄 | | | | | | | |

栄 栄 栄 栄 栄 栄 栄 栄 栄

음 えい
훈 さか(える), は(える), は(え)

___誉 _{えい よ} 영예, 명예　　___養 _{えい よう} 영양　　光___ _{こう えい} 영광　　繁___ _{はん えい} 번영

___える _{さか} 번영하다, 번창하다　　___える _は 두드러지다　　見___え _{み ば} 볼품이 좋음, 돈보임

芸

재주 예 (藝)

0569

| 芸 | 芸 | | | | | | | |

芸 芸 芸 芸 芸 芸 芸

음 げい

___術 _{げい じゅつ} 예술　　___能 _{げい のう} 예능　　演___ _{えん げい} 연예　　園___ _{えん げい} 원예　　工___ _{こう げい} 공예

完

완전할 완

0570

| 完 | 完 | | | | | | | |

完 完 完 完 完 完 完

음 かん

___成 _{かん せい} 완성　　___全 _{かん ぜん} 완전　　___璧 _{かん ぺき} 완벽　　補___ _{ほ かん} 보완　　未___ _{み かん} 미완

要

요긴할 **요**

音 よう
訓 かなめ, い(る)

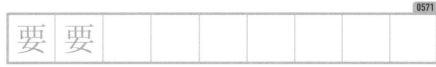

よう	いん	よう	きゅう	よう	てん	じゅう	よう	ひつ	よう
__ 因 요인		__ 求 요구		__ 点 요점		重 __ 중요함		必 __ 필요함	

かなめ
__ 가장 중요한 점이나 부분

い
__ る 필요하다

浴

목욕할 **욕**

音 よく
訓 あ(びる), あ(びせる)

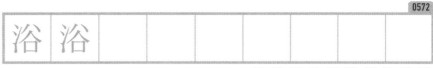

よく	しつ	よく	そう	かい	すい	よく	にゅう	よく
__ 室 욕실		__ 槽 욕조, 목욕통		海水 __ 해수욕			入 __ 입욕	

あ
__ びる 뒤집어쓰다, 끼얹다

みず あ
水 __ び 물을 끼얹음, 수영

あ
__ びせる 끼얹다

勇

날랠 **용**

音 ゆう
訓 いさ(む)

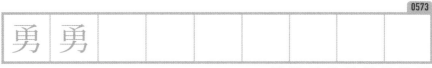

ゆう	かん	ゆう	き	ゆう	し	ゆう	しゃ
__ 敢 용감함		__ 気 용기		__ 姿 씩씩한 모습		__ 者 용사	

いさ
__ む 용기가 솟아나다

いさ
__ ましい 용감하다, 씩씩하다

熊

곰 **웅**

訓 くま

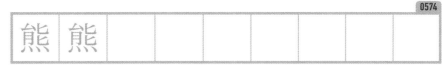

くま	くま	で	くま	もと	けん
__ 곰	__ 手 갈퀴		__ 本県 구마모토현(지명)		

媛

미인 **원**

音 えん
訓 ひめ

さい えん
才 __ 재원

え ひめ けん
愛 __ 県 에히메현(지명)

願

원할 **원**

음 がん
훈 ねが(う)

願願

願願願願願願願願願願願願願願願願願

__書 원서　__望 원하고 바람, 소원　__祈 기원　__請 청원

__う 바라다, 기원하다　お__い 바람, 부탁

位

자리 **위**

음 い
훈 くらい

位位

位位位位位位位

__置 위치　学__ 학위　順__ 순위　単__ 단위

__ 지위, 계급, 품격, 자릿수

泣

울 **읍**

음 きゅう
훈 な(く)

泣泣

泣泣泣泣泣泣泣泣

感__ 감읍, 감격하여 욺

__く 울다　__き声 우는 소리　__き虫 울보

衣

옷 **의**

음 い
훈 ころも

衣衣

衣衣衣衣衣衣

__装 의상　__服 의복　__類 의류　更__ 옷을 갈아입음, 탈의　白__ 백의

__ 옷　__替え 옷을 갈아입음, 새단장　예외 浴__ 유카타(두루마기 모양의 긴 무명 홑옷)

議

의논할 **의**

음 ぎ

議議

議議議議議議議議議議議議議議議議議議

__員 의원　__論 의논, 논의　__会 회의　協__ 협의　抗__ 항의

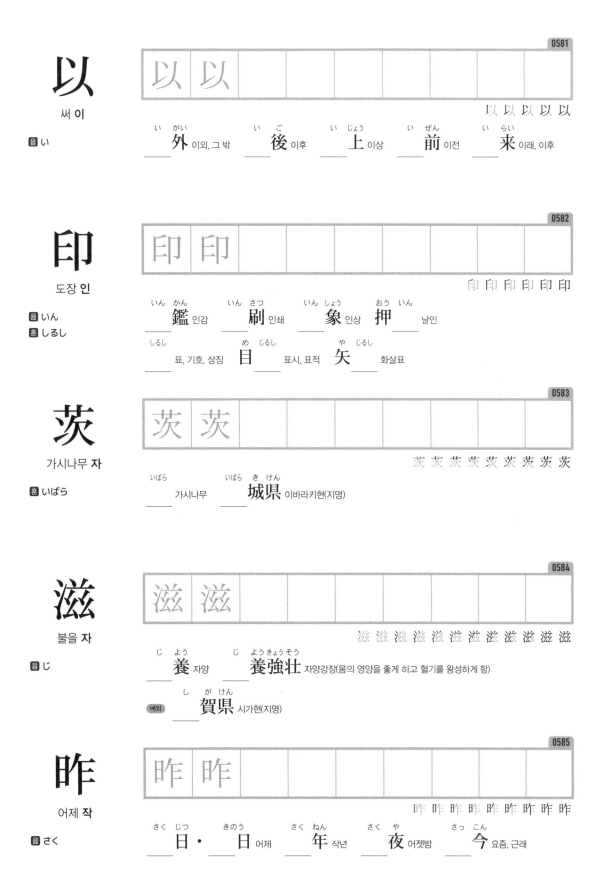

以 써 이

음 い

以 以

以 以 以 以

い がい	い ご	い じょう	い ぜん	い らい
外 이외, 그 밖	後 이후	上 이상	前 이전	来 이래, 이후

印 도장 인

음 いん
훈 しるし

印 印

印 印 印 印 印 印

いん かん	いん さつ	いん しょう	おう いん
鑑 인감	刷 인쇄	象 인상	押 날인

しるし	め じるし	や じるし
표, 기호, 상징	目 표시, 표적	矢 화살표

茨 가시나무 자

훈 いばら

茨 茨

茨 茨 茨 茨 茨 茨 茨 茨 茨

いばら	いばら き けん
가시나무	城県 이바라키현(지명)

滋 불을 자

음 じ

滋 滋

滋 滋 滋 滋 滋 滋 滋 滋 滋 滋 滋 滋

じ よう	じ ようきょうそう
養 자양	養強壮 자양강장(몸의 영양을 좋게 하고 혈기를 왕성하게 함)

예외 し が けん
賀県 시가현(지명)

昨 어제 작

음 さく

昨 昨

昨 昨 昨 昨 昨 昨 昨 昨 昨

さく じつ	きのう	さく ねん	さく や	さっ こん
日 · 日 어제		年 작년	夜 어젯밤	今 요즘, 근래

殘

남을 잔 (殘)

음 ざん
훈 のこ(る), のこ(す)

残 残

残残残残残残残残残残

| ざん ぎょう
___業 잔업, 야근 | ざん こく
___酷 잔혹 | ざん だか
___高 잔고, 잔액 | ざん ねん
___念 유감스러움, 아쉬움 |

| のこ
___る 남다 | こころ のこ
___心___り 미련, 유감 | のこ
___す 남기다 | 예외 な ごり
___名___ 여운, 흔적, 추억 |

材

재목 재

음 ざい

材 材

材材材材材材材

| ざい りょう
___料 재료 | しゅ ざい
取___ 취재 | じん ざい
___人 인재 | そ ざい
素___ 소재 | もく ざい
___木 목재 |

争

다툴 쟁 (爭)

음 そう
훈 あらそ(う)

争 争

争争争争争争

| そう てん
___点 쟁점 | きょう そう
競___ 경쟁 | せん そう
___戦 전쟁 | ふん そう
紛___ 분쟁 |

| あらそ
___う 다투다, 경쟁하다 | あらそ
___い 다툼, 싸움, 분쟁 |

低

낮을 저

음 てい
훈 ひく(い), ひく(める),
ひく(まる)

低 低

低低低低低低低

| てい おん
___音 저음 | てい か
___下 저하 | こう てい
高___ 고저 | さい てい
最___ 최저, 최하, (인품·성질 등) 형편없음 |

| ひく
___い 낮다 | ひく
___める 낮추다, 낮게 하다 | ひく
___まる 낮아지다 |

底

밑 저

음 てい
훈 そこ

底 底

底底底底底底底底

| てい へん
___辺 저변, 밑변 | かい てい
海___ 해저 | こん てい
根___ 근저, 근본 | てっ てい
徹___ 철저 |

| そこ
___ 바닥, 끝 | かわ ぞこ
川___ 강바닥, 냇바닥 |

的

과녁 **적**

음 てき
훈 まと

的 的

的 的 的 的 的 的 的 的

てき かく	てき ちゅう	ぐ たい てき	もく てき
確 적확, 정확함	中 적중	具体 구체적	目 목적

まと
과녁, 표적

積

쌓을 **적**

음 せき
훈 つ(む), つ(もる)

積 積

積 積 積 積 積 積 積 積 積 積 積 積 積 積 積

せき せつりょう	せっ きょくてき	たい せき	めん せき
雪量 적설량	極的 적극적	体 체적, 부피	面 면적

つ	つ	み つもり しょ
む 쌓다, 거듭하다	もる 쌓이다	見 書 견적서

伝

전할 **전** (傳)

음 でん
훈 つた(わる), つた(える),
つた(う)

伝 伝

伝 伝 伝 伝 伝 伝

でん ごん	でん せつ	でん とう	い でん	せん でん
言 전언, 전갈	説 전설	統 전통	遺 유전	宣 선전

つた	つた	つた
わる 전해지다	える 전하다, 알리다	う 어떤 것을 따라서 가다, 타고 가다

典

법 **전**

음 てん

典 典

典 典 典 典 典 典 典 典

てん けい	こ てん	じ てん	とく てん
型 전형	古 고전	辞 사전	特 특전

戦

싸움 **전** (戰)

음 せん
훈 いくさ, たたか(う)

戦 戦

戦 戦 戦 戦 戦 戦 戦 戦 戦 戦 戦 戦

せん そう	せん とう	く せん	さく せん	ちょう せん
争 전쟁	闘 전투	苦 고전	作 작전	挑 도전

いくさ	たたか
전쟁, 싸움, 전투	う 싸우다, 전쟁하다

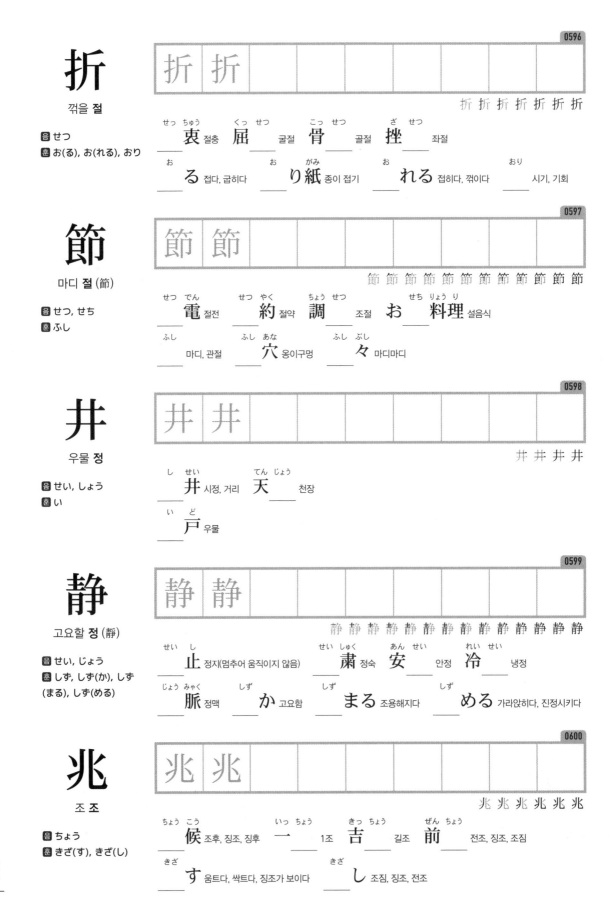

折
꺾을 **절**

음 せつ
훈 お(る), お(れる), おり

折折

折 折 折 折 折 折 折

せっ ちゅう
衷 절충

くっ せつ
屈 굴절

こっ せつ
骨 골절

ざ せつ
挫 좌절

お
る 접다, 굽히다

お がみ
り紙 종이 접기

お
れる 접히다, 꺾이다

おり
시기, 기회

節
마디 **절** (節)

음 せつ, せち
훈 ふし

0597

節節

節 節 節 節 節 節 節 節 節 節 節 節

せつ でん
電 절전

せつ やく
約 절약

ちょう せつ
調 조절

せち りょう り
お 料理 설음식

ふし
마디, 관절

ふし あな
穴 옹이구멍

ふし ぶし
々 마디마디

井
우물 **정**

음 せい, しょう
훈 い

0598

井井

井 井 井 井

し せい
井 시정, 거리

てん じょう
天 천장

い ど
戸 우물

静
고요할 **정** (静)

음 せい, じょう
훈 しず, しず(か), しず(まる), しず(める)

0599

静静

静 静 静 静 静 静 静 静 静 静 静 静 静 静

せい し
止 정지(멈추어 움직이지 않음)

せい しゅく
粛 정숙

あん せい
安 안정

れい せい
冷 냉정

じょう みゃく
脈 정맥

しず
か 고요함

しず
まる 조용해지다

しず
める 가라앉히다, 진정시키다

兆
조 **조**

음 ちょう
훈 きざ(す), きざ(し)

0600

兆兆

兆 兆 兆 兆 兆 兆

ちょう こう
候 조후, 징조, 징후

いっ ちょう
一 1조

きっ ちょう
吉 길조

ぜん ちょう
前 전조, 징조, 조짐

きざ
す 움트다, 싹트다, 징조가 보이다

きざ
し 조짐, 징조, 전조

照
비칠 **조**

음 しょう
훈 て(る), て(らす), て(れる)

照 照 照 照 照 照 照 照 照 照 照 照 照

しょう かい	しょう めい	さん しょう	たい しょう
___会 조회	___明 조명	参___ 참조	対___ 대조

て
___る 밝게 빛나다, 비치다　日___り 가뭄　___らす 비추다　___れる 수줍어하다

卒
마칠 **졸**

음 そつ

卒 卒 卒 卒 卒 卒 卒 卒

そつ ぎょう	しん そつ	だい そつ	のう そつ ちゅう
___業 졸업	新___ 그 해에 학교를 졸업함, 그 졸업자	大___ 대졸	脳___中 뇌졸중

種
씨 **종**

음 しゅ
훈 たね

種 種 種 種 種 種 種 種 種 種 種 種 種

しゅ し	しゅ もく	しゅ るい	じん しゅ	ひん しゅ
___子 종자	___目 종목	___類 종류	人___ 인종	品___ 품종

たね
___ 종자, 씨　___まき 파종, 씨뿌리기

佐
도울 **좌**

음 さ

佐 佐 佐 佐 佐 佐 佐

さ が けん	しょう さ	たい さ	ちゅう さ
___賀県 사가현(지명)	少___ 소좌, 소령	大___ 대좌, 대령	中___ 중좌, 중령

周
두루 **주**

음 しゅう
훈 まわ(り)

周 周 周 周 周 周 周 周

しゅう い	しゅう き	しゅう へん	いっ しゅう
___囲 주위	___期 주기	___辺 주변	一___ 일주

まわ
___り 주위, 주변

仲
버금 **중**

음 ちゅう
훈 なか

仲仲

仲 仲 仲 仲 仲 仲

ちゅう かい
____介 중개

ちゅう さい
____裁 중재

ちゅう しゅう
____秋 중추, 추석

なか
____ 사이, 관계

なか ま
____間 동료, 한패

なか よ
____良し 사이가 좋음, 단짝 [예외]

なこうど
____人 중매인

差
다를 **차**

음 さ
훈 さ(す)

差差

差 差 差 差 差 差 差 差

さ がく
____額 차액

さ べつ
____別 차별

かく さ
格____ 격차

ご さ
誤____ 오차

じ さ
時____ 시차

さ
____す 비치다, 나타내다, 꽂다, 쓰다

借
빌릴 **차**

음 しゃく
훈 か(りる)

借借

借 借 借 借 借 借 借 借 借

しゃく よう
____用 차용

しゃっ きん
____金 빚

たい しゃく
貸____ 대차

ちん しゃく
賃____ 임차

はい しゃく
拝____ 빌려 씀(겸사말)

か
____りる 빌리다

札
편지 **찰**

음 さつ
훈 ふだ

札札

札 札 札 札 札

さつ たば
____束 지폐 다발, 돈뭉치

かい さつ ぐち
改____口 개찰구

にゅう さつ
入____ 입찰

らく さつ
落____ 낙찰

ふだ
____ 표, 팻말

な ふだ
名____ 명찰, 명패

はな ふだ
花____ 화투

察
살필 **찰**

음 さつ

察察

察 察 察 察 察 察 察 察 察 察 察 察 察

さっ ち
____知 살펴서 앎, 헤아려 앎

かん さつ
観____ 관찰

けい さつ
警____ 경찰

しん さつ
診____ 진찰

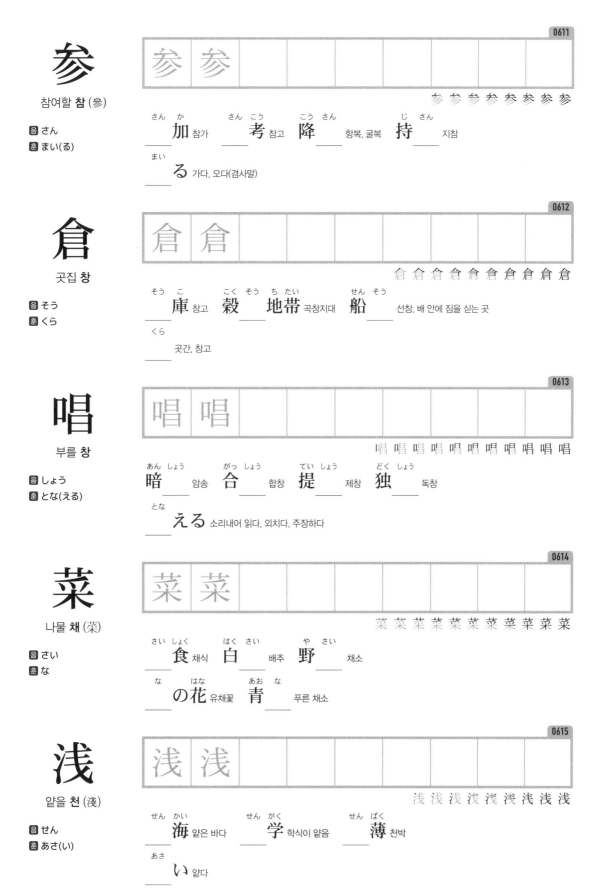

参
참여할 참 (參)

음 さん
훈 まい(る)

参 参

参 参 参 参 参 参 参 参

さん か
＿加 참가

さん こう
＿考 참고

こう さん
降＿ 항복, 굴복

じ さん
持＿ 지참

まい
＿る 가다, 오다(겸사말)

倉
곳집 창

음 そう
훈 くら

倉 倉

倉 倉 倉 倉 倉 倉 倉 倉 倉 倉

そう こ
＿庫 창고

こく そう ち たい
穀＿地帯 곡창지대

せん そう
船＿ 선창, 배 안에 짐을 싣는 곳

くら
＿ 곳간, 창고

唱
부를 창

음 しょう
훈 とな(える)

唱 唱

唱 唱 唱 唱 唱 唱 唱 唱 唱 唱

あん しょう
暗＿ 암송

がっ しょう
合＿ 합창

てい しょう
提＿ 제창

どく しょう
独＿ 독창

とな
＿える 소리내어 읽다, 외치다, 주장하다

菜
나물 채 (菜)

음 さい
훈 な

菜 菜

菜 菜 菜 菜 菜 菜 菜 菜 菜 菜

さい しょく
＿食 채식

はく さい
白＿ 배추

や さい
野＿ 채소

な はな
＿の花 유채꽃

あお な
青＿ 푸른 채소

浅
얕을 천 (淺)

음 せん
훈 あさ(い)

浅 浅

浅 浅 浅 浅 浅 浅 浅 浅 浅

せん かい
＿海 얕은 바다

せん がく
＿学 학식이 얕음

せん ぱく
＿薄 천박

あさ
＿い 얕다

清

맑을 청(清)

- 음 せい, しょう
- 훈 きよ(い), きよ(まる), きよ(める)

清 清

清 清 清 清 汁 清 清 清 清 清

せい けつ 潔 청결	せい しゅ 酒 청주	せい そう 掃 청소	せい りゅう 流 청류, 맑게 흐르는 물

きよ い 깨끗하다, 맑다	きよ らか 맑음, 깨끗함	きよ まる 맑아지다	きよ める 맑게 하다

初

처음 초

- 음 しょ
- 훈 はじ(め), はじ(めて), はつ, そ(める)

初 初

初 初 初 初 初 初 初

しょ きゅう 級 초급	しょ にち 日 첫날	さい しょ 最 최초, 맨 처음	とう しょ 当 당초, 최초

はじ め 처음, 시초	はじ めて 최초로, 처음으로	はつ こい 恋 첫사랑	はつ ゆき 雪 첫눈

最

가장 최

- 음 さい
- 훈 もっと(も)

最 最

最 最 最 最 最 最 最 最 最 最 最

さい きん 近 최근	さい こう 高 최고	さい ご 後 마지막, 최후	さい しん 新 최신	さい だい 大 최대

もっと も 가장, 제일	예외 も より 寄 가장 가까움, 근처	

祝

빌 축(祝)

- 음 しゅく, しゅう
- 훈 いわ(う)

祝 祝

祝 祝 祝 祝 祝 祝 祝 祝 祝

しゅく じ 辞 축사	しゅく じつ 日 축일, 국경일	しゅく ふく 福 축복	しゅう げん 言 축사, 혼례

いわ う 축하하다	いわ お い 축하, 축하선물

沖

화할 충

- 음 ちゅう
- 훈 おき

沖 沖

沖 沖 沖 沖 沖 沖 沖

ちゅう せき へい や 積平野 충적평야(하천 주변에 모래·자갈 따위가 쌓여 생긴 평야)

おき 앞바다	おき あ 合い 앞바다 부근	おき なわ けん 縄県 오키나와현(지명)

側

겉 측

음 そく
훈 がわ

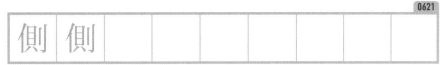

そく めん	そっ きん
面 측면	近 측근

かた がわ	ひだり がわ	みぎ がわ	りょう がわ
片 한쪽	左 왼쪽	右 오른쪽	両 양측, 양쪽

治

다스릴 치

음 じ, ち
훈 おさ(める), おさ(まる), なお(る), なお(す)

せい じ	ち あん	ち りょう	じ ち	とう ち
政 정치	安 치안	療 치료	自 자치	統 통치

おさ	おさ	なお	なお
める 진정시키다	まる 진정되다	る 낫다, 치료되다	す 고치다, 치료하다

置

둘 치

음 ち
훈 お(く)

い ち	しょ ち	せっ ち	はい ち	ほう ち
位 위치	処 처치	設 설치	配 배치	放 방치

お	もの おき
く 두다, 놓다	物 광, 곳간

特

특별할 특

음 とく

とく しょく	とく ちょう	とく べつ	とっ きゅう	どく とく
色 특색	徴 특징	別 특별	急 특급	独 독특

阪

언덕 판

음 はん
훈 さか

はん しん	けい はん しん
神 오사카와 고베(지명)	京 神 교토, 오사카, 고베(지명)

おお さか
大 오사카(지명)

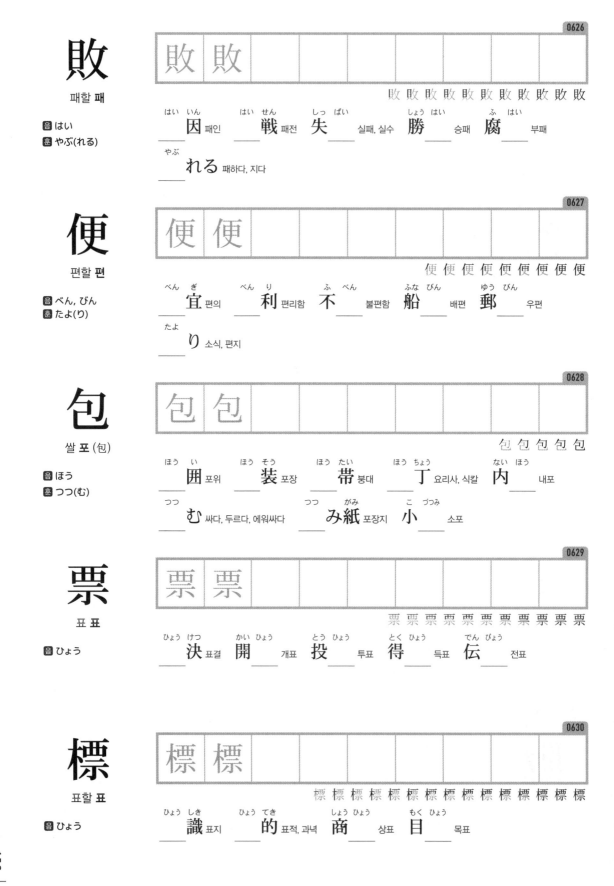

敗
패할 **패**

음 はい
훈 やぶ(れる)

敗	敗	

敗敗敗敗敗敗敗敗敗敗

___因 はい いん 패인　___戦 はい せん 패전　___失 しっ ぱい 실패, 실수　勝___ しょう はい 승패　腐___ ふ はい 부패

___れ やぶ る 패하다, 지다

便
편할 **편**

음 べん, びん
훈 たよ(り)

便	便	

便便便便便便便便便

___宜 べん ぎ 편의　___利 べん り 편리함　不___ ふ べん 불편함　船___ ふな びん 배편　郵___ ゆう びん 우편

___り たよ 소식, 편지

包
쌀 **포** (包)

음 ほう
훈 つつ(む)

包	包	

包包包包包

___囲 ほう い 포위　___装 ほう そう 포장　___帯 ほう たい 붕대　___丁 ほう ちょう 요리사, 식칼　内___ ない ほう 내포

___む つつ 싸다, 두르다, 에워싸다　___み紙 つつ がみ 포장지　小___ こ づつみ 소포

票
표 **표**

음 ひょう

票	票	

票票票票票票票票票票票

___決 ひょう けつ 표결　開___ かい ひょう 개표　投___ とう ひょう 투표　得___ とく ひょう 득표　伝___ でん びょう 전표

標
표할 **표**

음 ひょう

標	標	

標標標標標標標標標標標標標標

___識 ひょう しき 표지　___的 ひょう てき 표적, 과녁　商___ しょう ひょう 상표　目___ もく ひょう 목표

必
반드시 필

음 ひつ
훈 かなら(ず)

必 必

必 必 必 必

___死的 필사적　___修 필수　___需品 필수품　___読 필독　___要 필요함
ひっ し てき　　　　ひっ しゅう　　　ひつ じゅ ひん　　　ひつ どく　　　　ひつ よう

___ず 반드시, 꼭
かなら

賀
하례할 하

음 が

賀 賀

賀 賀 賀 賀 賀 賀 賀 賀 賀 賀 賀

謹___新年 근하신년　祝___ 축하　年___状 연하장
きん が しん ねん　　　しゅく が　　　ねん が じょう

害
해할 해

음 がい

害 害

害 害 害 害 害 害 害 害 害 害

___虫 해충　災___ 재해　障___ 장애　被___ 피해　妨___ 방해
がい ちゅう　　さい がい　　しょう がい　　　ひ がい　　　ぼう がい

香
향기 향

음 こう
훈 か, かお(り), かお(る)

香 香

香 香 香 香 香 香 香 香 香

___辛料 향신료　___水 향수　芳___剤 방향제　蚊取り___線 모기향
こう しん りょう　　　こう すい　　ほう こう ざい　　　か と せん こう

移り___ 어떤 물건에 옮아서 남아 있는 향기　___り 향기　___る 향기나다
うつ が　　　　　　　　　　　　　　　　　　かお　　　　　かお

験
시험 험 (験)

음 けん, げん

験 験

験 験 験 験 験 験 験 験 験 験 験 験 験 験 験 験 験

経___ 경험　試___ 시험　実___ 실험　受___ 수험
けい けん　　　し けん　　　じっ けん　　　じゅ けん

霊___ 영험, 영검
れい げん

4학년 한자 ②

>> 157

協
화합할 **협**

음 きょう

協 協

協協協協協協協協

きょう ぎ
＿＿議 협의

きょう てい
＿＿定 협정

きょう りょく
＿＿力 협력

だ きょう
妥＿＿ 타협

好
좋을 **호**

음 こう
훈 この(む), す(く)

好 好

好好好好好好

こう い
＿＿意 호의

こう かん
＿＿感 호감

こう ちょう
＿＿調 호조

あい こう
愛＿＿ 애호, 좋아함

ゆう こう
友＿＿ 우호

この
＿＿む 좋아하다, 즐기다

この
＿＿み 좋아함, 기호

す
＿＿かれる 사랑받다, 호감을 받다

貨
재물 **화**

음 か

貨 貨

貨貨貨貨貨貨貨貨貨貨貨

か へい
＿＿幣 화폐, 돈

か もつ
＿＿物 화물

きん か
金＿＿ 금화

ひゃっ か てん
百＿＿店 백화점

栃
상수리나무 **회**

음 とち

栃 栃

栃栃栃栃栃栃栃栃栃

とち ぎ けん
＿＿木県 도치기현(지명)

とち き
＿＿の木 상수리나무

候
기후 **후**

음 こう
훈 そうろう

候 候

候候候候候候候候候候

き こう
気＿＿ 기후

ちょう こう
兆＿＿ 징후, 징조

てん こう
天＿＿ 기후, 날씨

りっ こう ほ
立＿＿補 입후보

い そうろう
居＿＿ 식객, 더부살이

訓

가르칠 **훈**

음 くん

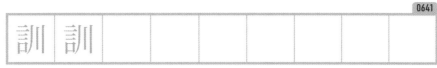

₀₆₄₁

訓 訓 訓 訓 訓 訓 訓 訓 訓 訓

<ruby>訓<rt>くん</rt></ruby><ruby>読<rt>どく</rt></ruby> · <ruby>訓<rt>くん</rt></ruby><ruby>読み<rt>よ</rt></ruby> 훈독　<ruby>訓<rt>くん</rt></ruby><ruby>練<rt>れん</rt></ruby> 훈련　<ruby>家<rt>か</rt></ruby><ruby>訓<rt>くん</rt></ruby> 가훈　<ruby>教<rt>きょう</rt></ruby><ruby>訓<rt>くん</rt></ruby> 교훈

希

바랄 **희**

음 き

₀₆₄₂

希 希 希 希 希 希 希

<ruby>希<rt>き</rt></ruby><ruby>求<rt>きゅう</rt></ruby> 희구, 강하게 바라고 구함　<ruby>希<rt>き</rt></ruby><ruby>少<rt>しょう</rt></ruby> 희소, 드묾　<ruby>希<rt>き</rt></ruby><ruby>薄<rt>はく</rt></ruby> 희박　<ruby>希<rt>き</rt></ruby><ruby>望<rt>ぼう</rt></ruby> 희망

4학년 한자 ❷

日本語漢字

초등학교 5학년
한자쓰기

可 옳을 가	仮 거짓 가	価 값 가	刊 새길 간	幹 줄기 간	減 덜 감	講 외울 강	個 낱 개	居 살 거	件 물건 건
検 검사할 검	格 격식 격	潔 깨끗할 결	耕 밭 갈 경	経 지날 경	境 지경 경	告 고할 고	故 연고 고	過 지날 과	慣 익숙할 관
鉱 쇳돌 광	久 오랠 구	句 글귀 구	旧 옛 구	救 구원할 구	構 얽을 구	規 법 규	均 고를 균	禁 금할 금	技 재주 기
紀 벼리 기	寄 부칠 기	基 터 기	能 능할 능	団 둥글 단	断 끊을 단	堂 집 당	貸 빌릴 대	導 인도할 도	毒 독 독
独 홀로 독	銅 구리 동	得 얻을 득	略 간략할 략	歴 지낼 력	領 거느릴 령	留 머무를 류	脈 줄기 맥	綿 솜 면	夢 꿈 몽
墓 무덤 묘	武 호반 무	務 힘쓸 무	貿 무역할 무	迷 미혹할 미	防 막을 방	犯 범할 범	弁 고깔 변/ 말씀 변	保 지킬 보	報 갚을 보
復 회복할 복	複 겹칠 복	婦 며느리 부	粉 가루 분	仏 부처 불	比 견줄 비	非 아닐 비	肥 살찔 비	備 갖출 비	費 쓸 비
貧 가난할 빈	士 선비 사	史 사기 사	似 닮을 사	舎 집 사	査 조사할 사	師 스승 사	飼 기를 사	謝 사례할 사	酸 실 산
殺 죽일 살/ 빠를 쇄	状 형상 상	常 항상 상	象 코끼리 상	像 모양 상	賞 상줄 상	序 차례 서	設 베풀 설	性 성품 성	税 세금 세
勢 형세 세	素 본디 소	属 무리 속	損 덜 손	率 거느릴 솔/ 비율 률	修 닦을 수	授 줄 수	輸 보낼 수	述 펼 술	術 재주 술

可
옳을 가

음 か

| 可 | 可 | | | | | | |

可 可 可 可 可

___ 決 가결　___ 能 가능　許 ___ 허가　不 ___ 불가
_{か けつ}　_{か のう}　_{きょ か}　_{ふ か}

仮
거짓 가(假)

음 か, け
훈 かり

| 仮 | 仮 | | | | | | |

仮 仮 仮 仮 仮 仮

___ 説 가설　___ 想 가상　___ 定 가정　___ 面 가면　___ 病 꾀병
_{か せつ}　_{か そう}　_{か てい}　_{か めん}　_{け びょう}

___ 契約 가계약　___ 払い 가불
_{かり けい やく}　_{かり ばら}

価
값 가(價)

음 か
훈 あたい

| 価 | 価 | | | | | | |

価 価 価 価 価 価 価

___ 格 가격　___ 値 가치　株 ___ 주가　評 ___ 평가　物 ___ 물가
_{か かく}　_{か ち}　_{かぶ か}　_{ひょう か}　_{ぶっ か}

___ 값, 가격, 가치
_{あたい}

刊
새길 간

음 かん

| 刊 | 刊 | | | | | | |

刊 刊 刊 刊 刊

___ 行 간행　週 ___ 誌 주간지　新 ___ 신간　朝 ___ 조간　発 ___ 발간
_{かん こう}　_{しゅう かん し}　_{しん かん}　_{ちょう かん}　_{はっ かん}

幹
줄기 간

음 かん
훈 みき

| 幹 | 幹 | | | | | | |

幹 幹 幹 幹 幹 幹 幹 幹 幹 幹 幹 幹

___ 事 간사　___ 部 간부　根 ___ 근간, 근본　新 ___ 線 신칸센(일본의 고속철도)
_{かん じ}　_{かん ぶ}　_{こん かん}　_{しん かん せん}

___ 나무 줄기, 사물의 주요 부분
_{みき}

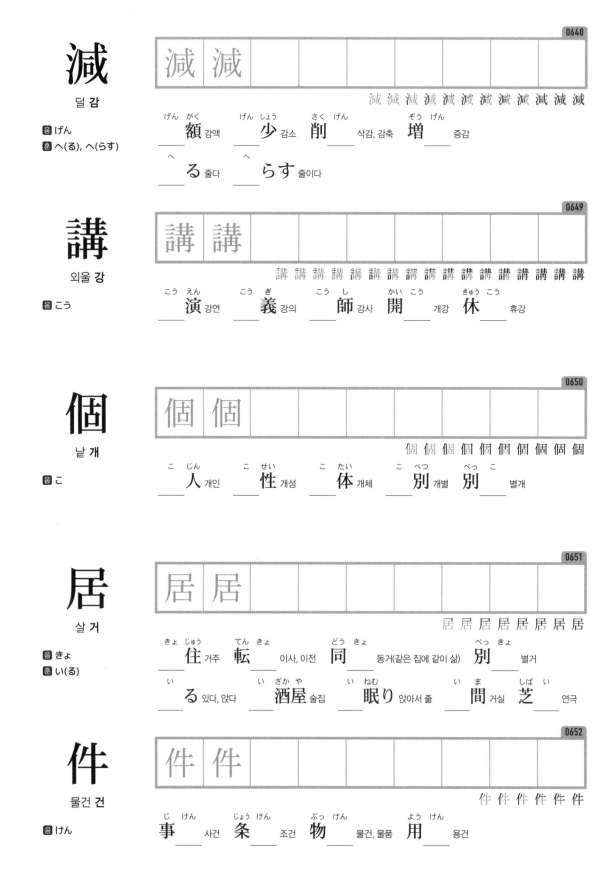

減 덜 감

0648

減 減

減減減減減減減減減減減減

음 げん
훈 へ(る), へ(らす)

げん がく
___額 감액

げん しょう
___少 감소

さく げん
削___ 삭감, 감축

ぞう げん
増___ 증감

へ
___る 줄다

へ
___らす 줄이다

講 외울 강

0649

講 講

講講講講講講講講講講講講講講

음 こう

こう えん
___演 강연

こう ぎ
___義 강의

こう し
___師 강사

かい こう
開___ 개강

きゅう こう
休___ 휴강

個 낱 개

0650

個 個

個個個個個個個個個

음 こ

こ じん
___人 개인

こ せい
___性 개성

こ たい
___体 개체

こ べつ
___別 개별

べっ こ
別___ 별개

居 살 거

0651

居 居

居居居居居居居居

음 きょ
훈 い(る)

きょ じゅう
___住 거주

てん きょ
転___ 이사, 이전

どう きょ
同___ 동거(같은 집에 같이 삶)

べっ きょ
別___ 별거

い
___る 있다, 앉다

い ざかや
___酒屋 술집

い ねむ
___眠り 앉아서 졺

い ま
___間 거실

しば い
芝___ 연극

件 물건 건

0652

件 件

件件件件件件

음 けん

じ けん
事___ 사건

じょう けん
条___ 조건

ぶっ けん
物___ 물건, 물품

よう けん
用___ 용건

検
검사할 **검**

음 けん

検 検 検 検 検 検 検 検 検 検 検

けん さ	けん さつ	けん とう	けん もん	てん けん
査 검사	察 검찰	討 검토	問 검문	点 점검

格
격식 **격**

0654

格 格

格 格 格 格 格 格 格 格 格

음 かく, こう

かく さ	かっ こう	ごう かく	せい かく
差 격차	好 모양, 모습	合 합격	性 성격

こう し
子 격자, 체크(무늬)

潔
깨끗할 **결**

0655

潔 潔

潔 潔 潔 潔 潔 潔 潔 潔 潔 潔 潔 潔 潔 潔

음 けつ
훈 いさぎよ(い)

けっ ぱく	けっ ぺき	かん けつ	せい けつ
白 결백	癖 결벽	簡 간결	清 청결

いさぎよ
い 맑고 깨끗하다, 결백하다

耕
밭 갈 **경**

0656

耕 耕

耕 耕 耕 耕 耕 耕 耕 耕 耕

음 こう
훈 たがや(す)

こう うん き	こう さく	こう ち	のう こう
運機 경운기	作 경작	地 경작지	農 농경

たがや
す 갈다, 일구다, 경작하다

経
지날 **경** (經)

0657

経 経

経 経 経 経 経 経 経 経 経

음 けい, きょう
훈 へ(る)

けい えい	けい ざい	けい れき	しん けい	きょう てん
営 경영	済 경제	歴 경력	神 신경	典 경전(＝けいてん)

へ
る 흐르다, 경과하다, 지나다, 거치다

境

지경 **경**

- 음 きょう, けい
- 훈 さかい

境 境

境 境 境 境 境 境 境 境 境 境 境 境 境

きょう かい __界 경계　かん きょう __環 환경　こっ きょう 国__ 국경　けい だい __内 경내(신사·사찰의 구내)

さかい __ 경계, 갈림길, 기로　けん ざかい 県__ 현과 현의 경계

告

고할 **고**

- 음 こく
- 훈 つ(げる)

告 告

告 告 告 告 告 告

こく ち __知 고지, 통지　こく はく __白 고백　かん こく 勧__ 권고　こう こく 広__ 광고　ほう こく 報__ 보고

つ __げる 고하다, 알리다

故

연고 **고**

- 음 こ
- 훈 ゆえ

故 故

故 故 故 故 故 故 故 故 故

こ きょう __郷 고향　こ しょう __障 고장　こ じん __人 고인　じ こ 事__ 사고

ゆえ __ 까닭, 이유　ゆえ __に 고로, 그러므로, 따라서

過

지날 **과** (過)

- 음 か
- 훈 す(ぎる), す(ごす), あやま(つ), あやま(ち)

過 過

過 過 過 過 過 過 過 過 過 過 過

か こ __去 과거　か てい __程 과정　か ろう __労 과로　けい か 経__ 경과

す __ぎる 지나가다　す __ごす 지내다　あやま __つ 잘못하다, 실수하다　あやま __ち 잘못, 실수

慣

익숙할 **관**

- 음 かん
- 훈 な(れる), な(らす)

慣 慣

慣 慣 慣 慣 慣 慣 慣 慣 慣 慣 慣 慣 慣

かん こう __行 관행　かん しゅう __習 관습　かん よう く __用句 관용구　かん れい __例 관례　しゅう かん 習__ 습관

な __れる 습관이 되다, 숙달되다　な __らす 길들이다, 익숙하도록 하다

鉱

쇳돌 **광** (鑛)

음 こう

0663

鉱 鉱 鉱 鉱 鉱 鉱 鉱 鉱 鉱 鉱 鉱 鉱 鉱

こう ざん	こう みゃく	たん こう	てっ こう
___山 광산	___脈 광맥	炭___ 탄광	鉄___ 철광

久

오랠 **구**

음 きゅう, く
훈 ひさ(しい)

0664

久 久 久

えい きゅう	じ きゅう	たい きゅう	く おん
永___ 영구, 영원	持___ 지구, 오래 견딤	耐___ 내구, 오래 버팀	___遠 구원, 영원

ひさ	ひさ	ひさ ひさ
___しい 오래되다, 오랜만이다	___しぶり 오래간만	___々 오래간만, 모처럼

句

글귀 **구**

음 く

0665

句 句 句 句 句

く てん	く とうてん	ご く	もん く
___点 마침표, 종지부	___読点 구두점(마침표와 쉼표)	語___ 어구	文___ 문구, 불평

はい く
俳___ 하이쿠(5·7·5의 3구 17자로 이루어진 일본 고유의 단시)

旧

옛 **구** (舊)

음 きゅう

0666

旧 旧 旧 旧 旧

きゅう しき	きゅう れき	しん きゅう	ふっ きゅう
___式 구식	___暦 음력	新___ 신구, 새 것과 낡은 것	復___ 복구

救

구원할 **구**

음 きゅう
훈 すく(う)

0667

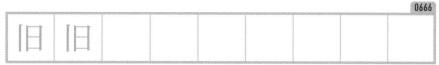

救 救 救 救 救 救 救 救 救 救 救

きゅう えん	きゅう きゅうしゃ	きゅう しゅつ	きゅう じょ
___援 구원	___急車 구급차	___出 구출	___助 구조

すく
___う 구하다, 구제하다, 살리다

5학년 한자 ❶

構

얽을 **구**

음 こう
훈 かま(える), かま(う)

構 構

構 構 構 構 構 構 構 構 構 構 構

___成 こう せい 구성 　___造 こう ぞう 구조 　機___ き こう 기구 　___結 けっ こう 짜임새, 훌륭함, 좋음

___える かま 차리다, 꾸미다, 자세를 취하다 　心___え こころ がま 마음의 준비, 각오 　___う かま 상관하다, 마음 쓰다

規

법 **규**

음 き

規 規

規 規 規 規 規 規 規 規 規 規 規

___格 き かく 규격 　___則 き そく 규칙 　___定 き てい 규정 　正___ せい き 정규(정식 규정)

예외 定___ じょう ぎ 정규(일정한 규약), 자

均

고를 **균**

음 きん

均 均

均 均 均 均 均 均 均

___一 きん いつ 균일 　___衡 きん こう 균형 　___等 きん とう 균등 　平___ へい きん 평균

禁

금할 **금**

음 きん

禁 禁

禁 禁 禁 禁 禁 禁 禁 禁 禁 禁 禁 禁

___煙 きん えん 금연 　___止 きん し 금지 　___じる きん 금하다 　厳___ げん きん 엄금

技

재주 **기**

음 ぎ
훈 わざ

技 技

技 技 技 技 技 技 技

___術 ぎ じゅつ 기술 　___能 ぎ のう 기능 　演___ えん ぎ 연기 　競___ きょう ぎ 경기

___ わざ 기술

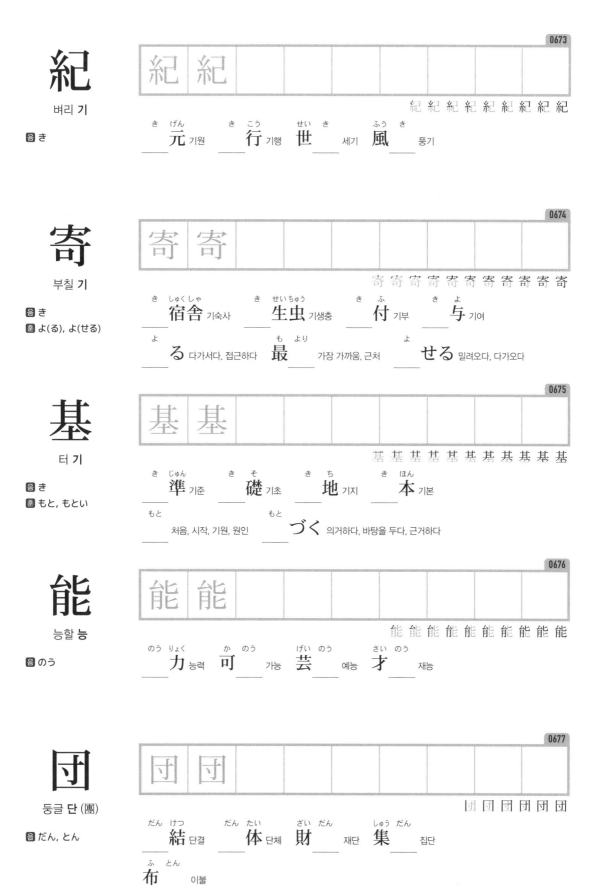

紀
벼리 기

음 き

紀 紀 紀 紀 紀 紀 紀 紀 紀

き げん
___元 기원

き こう
___行 기행

せい き
世___ 세기

ふう き
風___ 풍기

寄
부칠 기

음 き
훈 よ(る), よ(せる)

寄 寄 寄 寄 寄 寄 寄 寄 寄 寄

き しゅくしゃ
___宿舎 기숙사

き せいちゅう
___生虫 기생충

き ふ
___付 기부

き よ
___与 기여

よ
___る 다가서다, 접근하다

も より
最___ 가장 가까움, 근처

よ
___せる 밀려오다, 다가오다

基
터 기

음 き
훈 もと, もとい

基 基 基 基 基 基 基 基 基 基

き じゅん
___準 기준

き そ
___礎 기초

き ち
___地 기지

き ほん
___本 기본

もと
___ 처음, 시작, 기원, 원인

もと
___づく 의거하다, 바탕을 두다, 근거하다

能
능할 능

음 のう

能 能 能 能 能 能 能 能 能 能

のう りょく
___力 능력

か のう
可___ 가능

げい のう
芸___ 예능

さい のう
才___ 재능

団
둥글 단 (團)

음 だん, とん

団 団 団 団 団 団

だん けつ
___結 단결

だん たい
___体 단체

ざい だん
財___ 재단

しゅう だん
集___ 집단

ふ とん
布___ 이불

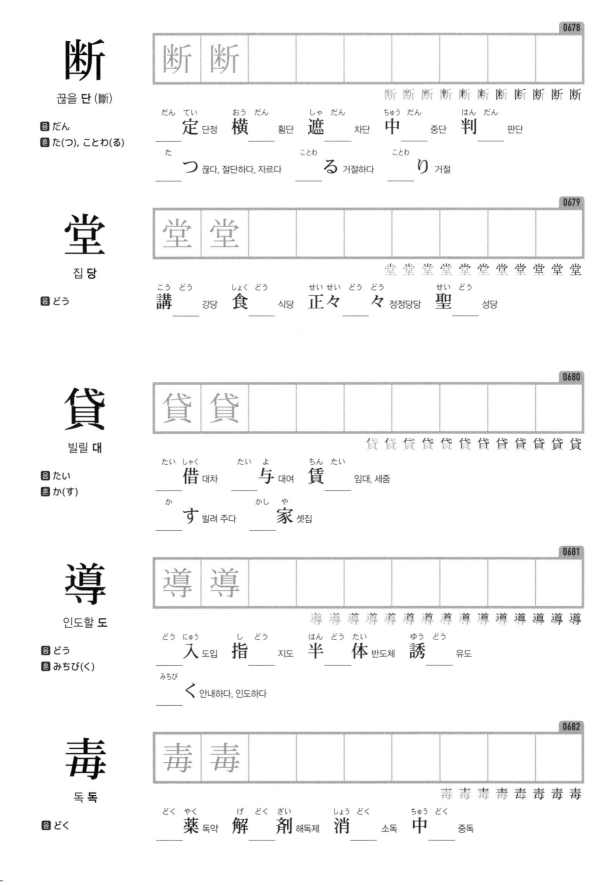

断 끊을 단(斷)

음 だん
훈 た(つ), ことわ(る)

0678

__定 단정　__横 횡단　遮__ 차단　中__ 중단　__判 판단

__つ 끊다, 절단하다, 자르다　__る 거절하다　__り 거절

堂 집 당

음 どう

0679

講__ 강당　食__ 식당　正々__々 정정당당　聖__ 성당

貸 빌릴 대

음 たい
훈 か(す)

0680

__借 대차　__与 대여　__賃 임대, 세줌

__す 빌려 주다　__家 셋집

導 인도할 도

음 どう
훈 みちび(く)

0681

__入 도입　指__ 지도　半__体 반도체　誘__ 유도

__く 안내하다, 인도하다

毒 독 독

음 どく

0682

__薬 독약　解__剤 해독제　消__ 소독　中__ 중독

独

홀로 독 (獨)

음 どく
훈 ひと(り)

독독독독독독독독

___身 독신   ___特 독특   ___立 독립   孤___ 고독   単___ 단독

___り 혼자, 독신   ___り言 혼잣말, 독백

銅

구리 동

음 どう

銅銅銅銅銅銅銅銅銅銅銅銅銅銅

___貨 동전   ___像 동상   ___メダル 동메달

得

얻을 득

음 とく
훈 え(る), う(る)

得得得得得得得得得得

___意 잘함, 자신 있음   ___点 득점   ___取 취득   所___ 소득   説___ 설득

納___ 납득   ___る 얻다, 획득하다   ___る 얻다

略

간략할 략

음 りゃく

略略略略略略略略略略

___図 약도   ___歴 약력   ___計 계략   ___省 생략

侵___ 침략   戦___ 전략

歴

지낼 력 (歷)

음 れき

歴歴歴歴歴歴歴歴歴歴歴歴歴

___史 역사   ___代 역대   ___学 학력   経___ 경력   履___書 이력서

領
거느릴 **령**

음 りょう

領 領

領領領領領領領領領領領領領領

りょう しゅうしょ
___ 収書 영수증

せん りょう
占 ___ 점령

だい とう りょう
大統 ___ 대통령

よう りょう
要 ___ 요령

留
머무를 **류**

음 りゅう, る
훈 と(める), と(まる)

留 留

留留留留留留留留留留

りゅう い
___ 意 유의

りゅう がく
___ 学 유학

ざん りゅう
残 ___ 잔류

ほ りゅう
保 ___ 보류

る す
___ 守 부재중

と
___ める 만류하다, (마음에) 두다, 새기다

かき とめ
書 ___ 등기

と
___ まる 머물다, 고정되다

脈
줄기 **맥** (脉)

음 みゃく

脈 脈

脈脈脈脈脈脈脈脈脈脈

みゃく はく
___ 拍 맥박

みゃく らく
___ 絡 맥락

さん みゃく
山 ___ 산맥

どう みゃく
動 ___ 동맥

ぶん みゃく
文 ___ 문맥

綿
솜 **면**

음 めん
훈 わた

綿 綿

綿綿綿綿綿綿綿綿綿綿綿綿綿

めん か
___ 花 면화, 목화

めん みつ
___ 密 면밀함

だっ し めん
脱脂 ___ 탈지면, 약솜

わた
___ 목화, 솜

わた が し
___ 菓子 솜사탕

夢
꿈 **몽**

음 む
훈 ゆめ

夢 夢

夢夢夢夢夢夢夢夢夢夢夢夢夢

む そう
___ 想 몽상, 공상

む ちゅう
___ 中 열중함, 몰두함

む ゆうびょう
___ 遊病 몽유병

あく む
悪 ___ 악몽, 흉몽

ゆめ はつ ゆめ
___ 初 첫 꿈, 정월 초하루나 초이틀에 꾸는 꿈

墓

무덤 **묘**

墓 墓

墓墓墓墓墓墓墓墓墓墓墓墓

음 ぼ
훈 はか

___ 地 묘지　___ 碑 묘비　___ 墳 분묘, 무덤
ぼ ち　　　　ぼ ひ　　　　ふん ぼ

___ 묘, 무덤, 묘비　___ 参り 성묘
はか　　　　　　　　はか まい

武

호반 **무**

武 武

武 武 武 武 武 武 武

음 ぶ, む

___ 装 무장　___ 士 무사　___ 力 무력
ぶ そう　　　ぶ し　　　ぶ りょく

___ 者 무사
む しゃ

務

힘쓸 **무**

務 務

務 務 務 務 務 務 務 務 務 務

음 む
훈 つと(める), つと(まる)

___ 義 의무　___ 業 업무　___ 勤 근무　___ 事 사무　___ 職 직무
ぎ む　　　ぎょう む　　　きん む　　　じ む　　　しょく む

___ める 소임을 맡다, 역할을 하다　___ まる 임무를 다하다
つと　　　　　　　　　　　　つと

貿

무역할 **무**

貿 貿

貿貿貿貿貿貿貿貿貿貿貿貿

음 ぼう

___ 易会社 무역회사　___ 易商 무역상　___ 易風 무역풍, 열대 동풍
ぼう えき がい しゃ　　　ぼう えき しょう　　　ぼう えき ふう

迷

미혹할 **미** (迷)

迷 迷

迷 迷 迷 迷 迷 迷 迷 迷 迷

음 めい
훈 まよ(う)

___ 路 미로　___ 惑 폐, 귀찮음, 성가심　___ 低 침체
めい ろ　　　めい わく　　　　　てい めい

___ う 길을 잃다, 헤매다　예외 ___ 子 미아
まよ　　　　　　　　　まい ご

防
막을 **방**

음 ぼう
훈 ふせ(ぐ)

| 0698 |
| 防 | 防 | | | | | | |

防防防防防防防

ぼう さい
災 방재

ぼう し
止 방지

こく ぼう
国 국방

てい ぼう
堤 제방

よ ぼう
予 예방

ふせ
ぐ 막다, 방지하다

犯
범할 **범**

음 はん
훈 おか(す)

| 0699 |
| 犯 | 犯 | | | | | | |

犯犯犯犯犯

はん ざい
罪 범죄

はん にん
人 범인

きょう はん
共 공범

しん ぱん
侵 침범

おか
す 어기다, 범하다

弁
고깔 **변**/말씀 **변** (辯)

음 べん

| 0700 |
| 弁 | 弁 | | | | | | |

弁弁弁弁弁

べん ご
護 변호

べん さい
済 변제

かん さい べん
関西 간사이 사투리

だい べん
代 대변, 대리

保
지킬 **보**

음 ほ
훈 たも(つ)

| 0701 |
| 保 | 保 | | | | | | |

保保保保保保保保

ほ いく
育 보육

ほ けん
険 보험

ほ ぞん
存 보존

かく ほ
確 확보

たん ぼ
担 담보

たも
つ 유지되다, 유지하다

報
갚을 **보**

음 ほう
훈 むく(いる)

| 0702 |
| 報 | 報 | | | | | | |

報報報報報報報報報報報

ほう こく
告 보고

ほう どう
道 보도

じょう ほう
情 정보

よ ほう
予 예보

むく
いる 보답하다, 갚다, 보복하다

復
회복할 **복**
음 ふく

復復

復復復復復復復復復復復

__学 복학　__習 복습　往__ 왕복　回__ 회복　__快 쾌복, 쾌차

複
겹칠 **복**
음 ふく

0704

複複

複複複複複複複複複複複複複

__合 복합　__雑 복잡함　__数 복수　重__ ・重__ 중복

婦
며느리 **부**
음 ふ

0705

婦婦

婦婦婦婦婦婦婦婦婦婦婦

__人 부인　主__ 주부　新__ 신부　夫__ 부부

粉
가루 **분**
음 ふん
훈 こ, こな

0706

粉粉

粉粉粉粉粉粉粉粉粉粉

__砕 분쇄　__末 분말, 가루　花__症 꽃가루 알레르기

小麦__ 밀가루　そば__ 메밀가루　__ 가루, 분말　__雪 가루눈

仏
부처 **불** (佛)
음 ぶつ
훈 ほとけ

0707

仏仏

仏仏仏仏

__像 불상　__教 불교　石__ 석불, 돌부처　大__ 대불, 큰 부처

__ 부처, 석가　__様 부처님

比

견줄 **비**

음 ひ
훈 くら(べる)

0708

比 比

比 比 比 比

ひ かく
___較 비교　ひ りつ
___率 비율　ひ れい
___例 비례　たい ひ
対___ 대비, 대조

くら
___べる 비교하다, 견주다, 겨루다, 경쟁하다

非

아닐 **비**

음 ひ

0709

非 非

非 非 非 非 非 非 非 非

ひ じょう
___常に 매우, 상당히　ひ じょうしき
___常識 비상식, 몰상식　ひ なん　ぜ ひ
___難 비난 是___ 시비, 제발, 꼭

肥

살찔 **비**

음 ひ
훈 こ(える), こえ,
こ(やす), こ(やし)

0710

肥 肥

肥 肥 肥 肥 肥 肥 肥 肥

ひ だい
___大 비대　ひ まん
___満 비만　ひ よく
___沃 비옥　ひ りょう
___料 비료

こ
___える 살찌다, 비옥해지다　こえ
___ 거름, 비료　こ
___やす 살찌우다　こ
___やし 거름, 비료

備

갖출 **비**

음 び
훈 そな(える), そな(わる)

0711

備 備

備 備 備 備 備 備 備 備 備 備

び ひん
___品 비품　ぐん び
軍___ 군비　じゅん び
準___ 준비　せつ び
設___ 설비

そな
___える 갖추다, 구비하다, 대비하다　そな
___わる 갖추어지다, 구비되다

費

쓸 **비**

음 ひ
훈 つい(やす), つい(える)

0712

費 費

費 費 費 費 費 費 費 費 費 費

ひ よう
___用 비용　かい ひ
会___ 회비　けい ひ
経___ 경비　じっ び
実___ 실비　しょう ひ
消___ 소비

つい
___やす 쓰다, 소비하다　つい
___える 줄다, 허비되다

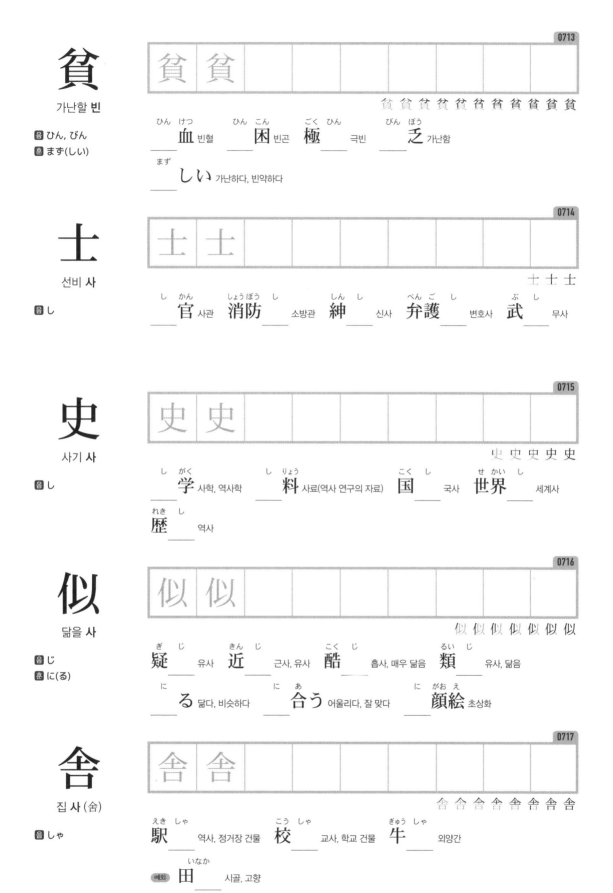

貧
가난할 **빈**

음 ひん, びん
훈 まず(しい)

0713

| 貧 | 貧 | | | | | | |

貧貧貧貧貧貧貧貧貧貧貧

___ひん けつ___ 血 빈혈　___ひん こん___ 困 빈곤　極___ごく ひん___ 극빈　___びん ぼう___ 乏 가난함

___まず___ しい 가난하다, 빈약하다

士
선비 **사**

음 し

0714

| 士 | 士 | | | | | | |

士 士 士

___し かん___ 官 사관　消防___しょう ぼう し___ 소방관　紳___しん し___ 신사　弁護___べん ご し___ 변호사　武___ぶ し___ 무사

史
사기 **사**

음 し

0715

| 史 | 史 | | | | | | |

史 史 史 史 史

___し がく___ 学 사학, 역사학　___し りょう___ 料 사료(역사 연구의 자료)　国___こく し___ 국사　世界___せ かい し___ 세계사

歴___れき し___ 역사

似
닮을 **사**

음 じ
훈 に(る)

0716

| 似 | 似 | | | | | | |

似 似 似 似 似 似 似

疑___ぎ じ___ 유사　近___きん じ___ 근사, 유사　酷___こく じ___ 흡사, 매우 닮음　類___るい じ___ 유사, 닮음

___に___ る 닮다, 비슷하다　___に___ 合う 어울리다, 잘 맞다　___に___ 顔絵___がお え___ 초상화

舍
집 **사**(舍)

음 しゃ

0717

| 舍 | 舍 | | | | | | |

舍 舍 舍 舍 舍 舍 舍 舍

駅___えき しゃ___ 역사, 정거장 건물　校___こう しゃ___ 교사, 학교 건물　牛___ぎゅう しゃ___ 외양간

예외 田___いな か___ 시골, 고향

査
조사할 **사**

음 さ

査 査

査 査 査 査 査 査 査 査 査

核＿＿ 察 핵사찰　＿＿証 사증, 비자　検＿＿ 검사　審＿＿ 심사　調＿＿ 조사

かく さ さつ　　さ しょう　　けん さ　　しん さ　　ちょう さ

師
스승 **사**

음 し

師 師

師 師 師 師 師 師 師 師 師 師

＿＿弟 사제, 스승과 제자　恩＿＿ 은사, 스승　教＿＿ 교사　漁＿＿ 어부

し てい　　おん し　　きょう し　　りょう し

飼
기를 **사** (飼)

음 し
훈 か(う)

飼 飼

飼 飼 飼 飼 飼 飼 飼 飼 飼 飼 飼 飼 飼

＿＿育 사육　＿＿料 사료

し いく　　し りょう

＿＿う 기르다, 사육하다

か

謝
사례할 **사**

음 しゃ
훈 あやま(る)

謝 謝

謝 謝 謝 謝 謝 謝 謝 謝 謝 謝 謝 謝 謝 謝 謝 謝

＿＿罪 사죄　＿＿絶 사절　＿＿礼 사례　感＿＿ 감사

しゃ ざい　　しゃ ぜつ　　しゃ れい　　かん しゃ

＿＿る 용서를 빌다, 사과하다

あやま

酸
실 **산**

음 さん
훈 す(い)

酸 酸

酸 酸 酸 酸 酸 酸 酸 酸 酸 酸 酸 酸

＿＿性 산성　＿＿素 산소　＿＿味 산미, 신맛　塩＿＿ 염산　炭＿＿ 탄산

さん せい　　さん そ　　さん み　　えん さん　　たん さん

＿＿い 시다　＿＿っぱい 시다, 시큼하다

す　　す

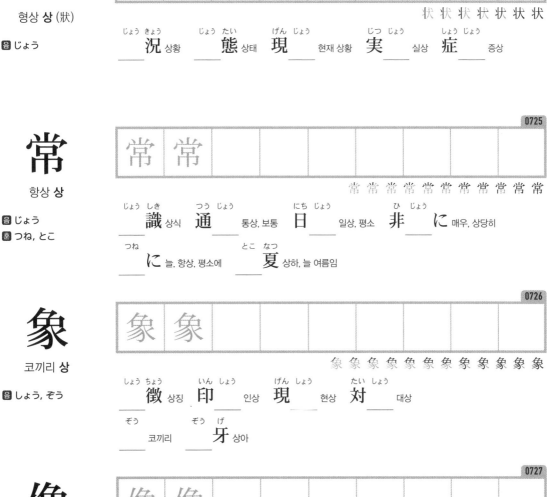

殺
죽일 **살**/빠를 **쇄**

음 さつ, さい, せつ
훈 ころ(す)

殺殺殺殺殺殺殺殺殺殺

さつ がい	さつ じん	じ さつ	そう さい	せっ しょう
___害 살해	___人 살인	自___ 자살	相___ 상쇄	___生 살생

ころ
___す 죽이다

状
형상 **상** (狀)

음 じょう

状状状状状状状

じょう きょう	じょう たい	げん じょう	じつ じょう	しょう じょう
___況 상황	___態 상태	現___ 현재 상황	実___ 실상	症___ 증상

常
항상 **상**

음 じょう
훈 つね, とこ

常常常常常常常常常常常

じょう しき	つう じょう	にち じょう	ひ じょう
___識 상식	通___ 통상, 보통	日___ 일상, 평소	非___に 매우, 상당히

つね	とこ なつ
___に 늘, 항상, 평소에	___夏 상하, 늘 여름임

象
코끼리 **상**

음 しょう, ぞう

象象象象象象象象象象象

しょう ちょう	いん しょう	げん しょう	たい しょう
___徴 상징	印___ 인상	現___ 현상	対___ 대상

ぞう	ぞう げ
___ 코끼리	___牙 상아

像
모양 **상**

음 ぞう

像像像像像像像像像像像

えい ぞう	が ぞう	しょう ぞう	そう ぞう	ぶつ ぞう
映___ 영상	画___ 화상	肖___ 초상	想___ 상상	仏___ 불상

5학년 한자 ①

賞
상줄 상

음 しょう

0728

賞賞

賞賞賞賞賞賞賞賞賞賞賞賞賞賞

___状 상장　___品 상품　皆勤___ 개근상　___鑑 (주로 예술 작품의) 감상

しょう じょう　しょう ひん　かい きん しょう　かん しょう

序
차례 서

음 じょ

0729

序序

序序序序序序序

___文 서문　___論 서론　順___ 순서　秩___ 질서

じょ ぶん　じょ ろん　じゅん じょ　ちつ じょ

設
베풀 설

음 せつ
훈 もう(ける)

0730

設設

設設設設設設設設設設設

___計 설계　___備 설비　___立 설립　建___ 건설　施___ 시설

せっ けい　せつ び　せつ りつ　けん せつ　し せつ

___ける 마련하다, 준비하다, 설치하다

もう

性
성품 성

음 せい, しょう

0731

性性

性性性性性性性

___格 성격　___別 성별　異___ 이성　個___ 개성　女___ 여성

せい かく　せい べつ　い せい　こ せい　じょ せい

___分 성분　相___ 궁합이 맞음, 성격이 서로 맞음

しょう ぶん　あい しょう

税
세금 세 (税)

음 ぜい

0732

税税

税税税税税税税税税税税税

___関 세관　___金 세금　___務 세무　___消費 소비세　___納 납세

ぜい かん　ぜい きん　ぜい む　しょう ひ ぜい　のう ぜい

勢

형세 세

음 せい
훈 いきお(い)

勢 勢

勢 勢 勢 勢 勢 勢 勢 勢 勢 勢 勢 勢

せい りょく
___力 세력

うん せい
運___ 운세

し せい
姿___ 자세

じょう せい
情___ 정세, 형세

いきお
___い 기세, 기운

いきお
___いよく 기세좋게, 세차게

素

본디 소

음 そ, す

素 素

素 素 素 素 素 素 素 素 素

そ ぼく
___朴 소박함

さん そ
酸___ 산소

す あし
___足 맨발

す がお
___顔 민낯

す はだ
___肌 맨살 예외

しろうと
___人 풋내기, 아마추어

属

무리 속 (屬)

음 ぞく

属 属

属 属 属 属 属 属 属 属 属 属 属

ぞく せい
___性 속성, 특성

きん ぞく
金___ 금속

しょ ぞく
所___ 소속

ふ ぞく
附___ 부속

損

덜 손

음 そん
훈 そこ(なう), そこ(ねる)

損 損

損 損 損 損 損 損 損 損 損 損 損

そん
___ 손해, 불리함

そん がい
___害 손해

そん しつ
___失 손실

けっ そん
欠___ 결손

は そん
破___ 파손

そこ
___なう 파손하다, 부수다, 상하게 하다

そこ
___ねる 상하게 하다, 해치다

率

거느릴 솔/비율 률

음 そつ, りつ
훈 ひき(いる)

率 率

率 率 率 率 率 率 率 率 率 率

そっ せん
___先 솔선

そっ ちょく
___直 솔직함

けい そつ
軽___ 경솔함

かく りつ
確___ 확률

ひ りつ
比___ 비율

ひき
___いる 거느리다, 인솔하다, 통솔하다

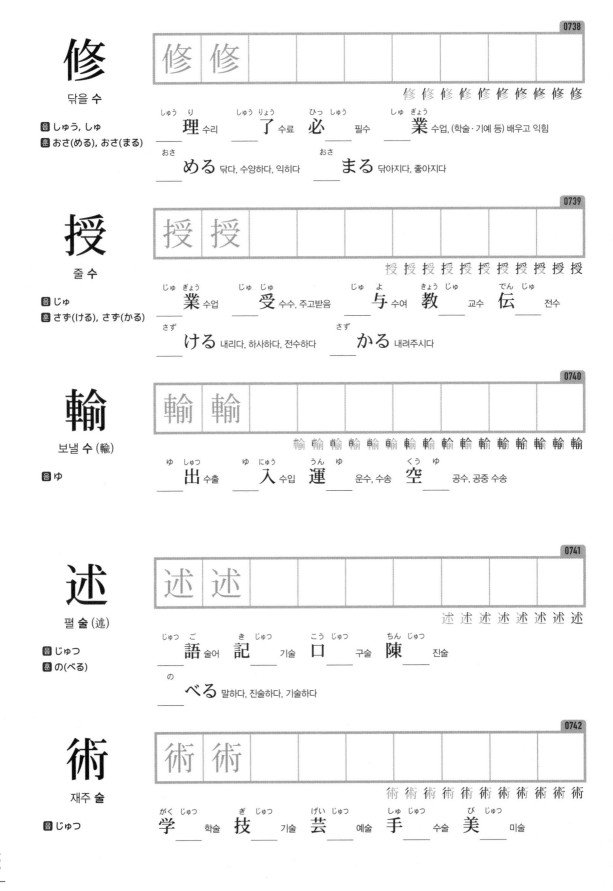

0738

修　닦을 수

음 しゅう, しゅ
훈 おさ(める), おさ(まる)

しゅう り	しゅう りょう	ひっ しゅう
＿理 수리	＿了 수료	必＿ 필수

しゅ ぎょう
＿業 수업, (학술·기예 등) 배우고 익힘

おさ		おさ
＿める 닦다, 수양하다, 익히다		＿まる 닦아지다, 좋아지다

0739

授　줄 수

음 じゅ
훈 さず(ける), さず(かる)

じゅ ぎょう	じゅ じゅ	じゅ よ	きょう じゅ	でん じゅ
＿業 수업	＿受 수수, 주고받음	＿与 수여	教＿ 교수	伝＿ 전수

さず		さず
＿ける 내리다, 하사하다, 전수하다		＿かる 내려주시다

0740

輸　보낼 수 (輸)

음 ゆ

ゆ しゅつ	ゆ にゅう	うん ゆ	くう ゆ
＿出 수출	＿入 수입	運＿ 운수, 수송	空＿ 공수, 공중 수송

0741

述　펼 술 (述)

음 じゅつ
훈 の(べる)

じゅつ ご	き じゅつ	こう じゅつ	ちん じゅつ
＿語 술어	記＿ 기술	口＿ 구술	陳＿ 진술

の
＿べる 말하다, 진술하다, 기술하다

0742

術　재주 술

음 じゅつ

がく じゅつ	ぎ じゅつ	げい じゅつ	しゅ じゅつ	び じゅつ
学＿ 학술	技＿ 기술	芸＿ 예술	手＿ 수술	美＿ 미술

示 보일 시	識 알 식	眼 눈 안	圧 누를 압	液 진 액	額 이마 액	桜 앵두 앵	余 남을 여	易 바꿀 역/쉬울 이	逆 거스릴 역
演 펼 연	燃 탈 연	永 길 영	営 경영할 영	往 갈 왕	容 얼굴 용	囲 에워쌀 위	衛 지킬 위	応 응할 응	義 옳을 의
移 옮길 이	益 더할 익	因 인할 인	任 맡길 임	資 재물 자	雑 섞일 잡	張 베풀 장	再 두 재	在 있을 재	災 재앙 재
財 재물 재	貯 쌓을 저	適 맞을 적	績 길쌈할 적	絶 끊을 절	接 이을 접	政 정사 정	情 뜻 정	停 머무를 정	程 한도 정
精 정할 정	制 절제할 제	提 끌 제	製 지을 제	際 즈음 제	条 가지 조	祖 할아버지 조	造 지을 조	罪 허물 죄	準 준할 준
証 증거 증	増 더할 증	支 지탱할 지	志 뜻 지	枝 가지 지	職 직분 직	織 짤 직	質 바탕 질	賛 도울 찬	採 캘 채
責 꾸짖을 책	妻 아내 처	招 부를 초	総 다 총	築 쌓을 축	測 헤아릴 측	則 법칙 칙	快 쾌할 쾌	態 모습 태	統 거느릴 통
破 깨뜨릴 파	判 판단할 판	版 판목 판	編 엮을 편	評 평할 평	布 베 포/펼 포	暴 사나울 폭	豊 풍년 풍	河 물 하	限 한할 한
航 배 항	解 풀 해	許 허락할 허	険 험할 험	現 나타날 현	型 모형 형	護 도울 호	混 섞을 혼	確 굳을 확	効 본받을 효
厚 두터울 후	興 일 흥	喜 기쁠 희							

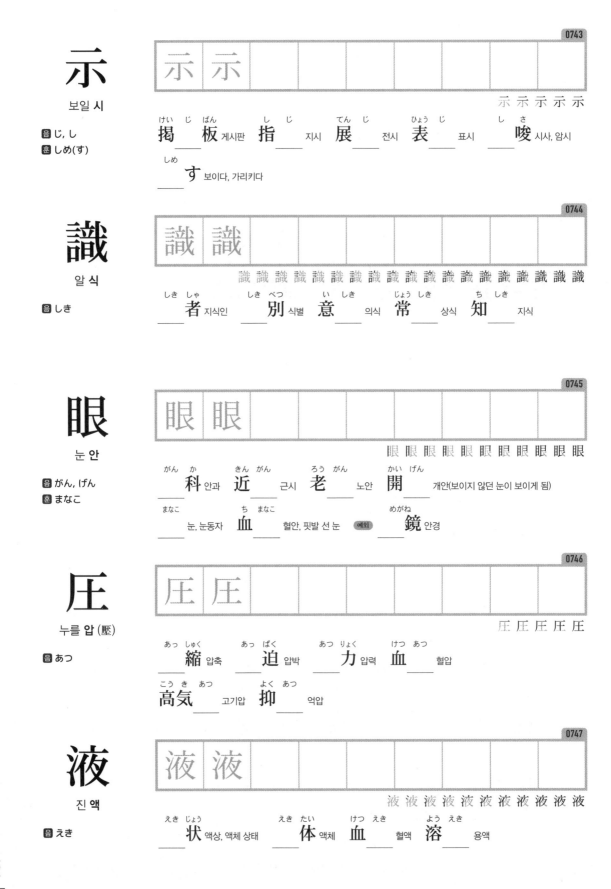

示 보일 시
음 じ, し
훈 しめ(す)

0743

示示 | | | | | | | | 示示示示示

揭__板 게시판　指__ 지시　展__ 전시　表__ 표시　__唆 시사, 암시

__す 보이다, 가리키다

識 알 식
음 しき

0744

識識 | | | | | | | | 識識識識識識識識識識識識識識識識識識

__者 지식인　__別 식별　意__ 의식　常__ 상식　知__ 지식

眼 눈 안
음 がん, げん
훈 まなこ

0745

眼眼 | | | | | | | | 眼眼眼眼眼眼眼眼眼眼眼眼

__科 안과　近__ 근시　老__ 노안　開__ 개안(보이지 않던 눈이 보이게 됨)

__ 눈, 눈동자　__血 혈안, 핏발 선 눈　예외 __鏡 안경

圧 누를 압 (壓)
음 あつ

0746

圧圧 | | | | | | | | 圧圧圧圧圧

__縮 압축　__迫 압박　__力 압력　血__ 혈압

高気__ 고기압　抑__ 억압

液 진 액
음 えき

0747

液液 | | | | | | | | 液液液液液液液液液液液

__状 액상, 액체 상태　__体 액체　血__ 혈액　溶__ 용액

額

이마 액

- 음 がく
- 훈 ひたい

がく めん	きん がく	さ がく	ざん がく
面 액면	金 ___ 금액	差 ___ 차액	残 ___ 잔액

ひたい
___ 이마

桜

앵두 앵 (櫻)

- 음 おう
- 훈 さくら

おう か	おう とう
___ 花 벚꽃	___ 桃 버찌, 앵두

さくら	さくら いろ
___ 벚나무, 벚꽃	___ 色 연분홍색

余

남을 여 (餘)

- 음 よ
- 훈 あま(る), あま(す)

よ か	よ はく	よ ゆう	ざん よ
暇 여가	白 여백	裕 여유	残 ___ 잔여, 나머지

あま	あま
___ る 남다, 넘다, 이상이다	___ す 남기다, 남겨 두다

易

바꿀 역/쉬울 이

- 음 えき, い
- 훈 やさ(しい)

こう えき	ぼう えき	なん い ど	よう い
交 ___ 교역, 무역	貿 ___ 무역	難 ___ 度 난이도	容 ___ 용이, 손쉬움

やさ
___ しい 쉽다, 용이하다

逆

거스릴 역 (逆)

- 음 ぎゃく
- 훈 さか, さか(らう)

ぎゃく こう か	ぎゃく てん が	ぎゃく りゅう	はん ぎゃく
効果 역효과	転勝ち 역전승	流 역류	反 ___ 반역

さか だ	さか
___ 立ち 물구나무서기	___ らう 거역하다, 거스르다, 반항하다

演
펼 **연**

음 えん

えん ぎ	**技** 연기
えん	**じる** 연기하다
えん ぜつ	**説** 연설
えん そう	**奏** 연주
こう えん	**講** 강연
こう えん	**公** 공연

0753

燃
탈 **연**

음 ねん
훈 も(える), も(やす), も(す)

ねん しょう	**焼** 연소
ねん りょう	**料** 연료
か ねん せい	**可 性** 가연성
ふ ねん	**不** 타지 않음
も	**える** 타다, 피어오르다
も	**やす** 불태우다, 연소시키다
も	**す** 태우다, 타게 하다

0754

永
길 **영**

음 えい
훈 なが(い)

えい えん	**遠** 영원
えい きゅう	**久** 영구, 영원
えい じゅうけん	**住権** 영주권
えい みん	**眠** 영면, 죽음
なが	**い** 영원하다

0755

営
경영할 **영** (營)

음 えい
훈 いとな(む)

えい ぎょう	**業** 영업
えい り	**利** 영리
うん えい	**運** 운영
けい えい	**経** 경영
じ えい ぎょう	**自 業** 자영업
いとな	**む** 일하다, 경영하다

0756

往
갈 **왕**

음 おう

おう しん	**診** 왕진
おう ふく	**復** 왕복
う おう さ おう	**右 左** 우왕좌왕

0757

容

얼굴 **용**

음 よう

容 容

容 容 容 容 容 容 容 容 容 容

___器 용기, 그릇 （よう き）
___積 용적, 용량 （よう せき）
___認 용인 （よう にん）
形___ 형용 （けい よう）

内___ 내용 （ない よう）
美___ 미용 （び よう）

囲

에워쌀 **위** (圍)

음 い
훈 かこ(む), かこ(う)

囲 囲

囲 囲 囲 囲 囲 囲 囲

___碁 바둑 （い ご）
周___ 주위 （しゅう い）
範___ 범위 （はん い）
雰___気 분위기 （ふん い き）
包___ 포위 （ほう い）

___む 둘러싸다, 에워싸다 （かこ）
___う 둘러싸다, 에워싸다, 감춰두다 （かこ）

衛

지킬 **위** (衞)

음 えい

衛 衛

衛 衛 衛 衛 衛 衛 衛 衛 衛 衛 衛 衛 衛 衛 衛

___生 위생 （えい せい）
___星 위성 （えい せい）
護___ 호위 （ご えい）
守___ 수위 （しゅ えい）
防___ 방위 （ぼう えい）

応

응할 **응** (應)

음 おう
훈 こた(える)

応 応

応 応 応 応 応 応 応

___援 응원 （おう えん）
___じる 응하다 （おう）
___用 응용 （おう よう）
反___ 반응(=はんのう) （はん おう）

___える 대답하다, 응답하다 （こた）
歯___え 씹었을 때 느끼는 감촉, 씹는 맛 （は ごた）

義

옳을 **의**

음 ぎ

義 義

義 義 義 義 義 義 義 義 義 義

___務 의무 （ぎ む）
___理 의리 （ぎ り）
___意 의의 （い ぎ）
講___ 강의 （こう ぎ）
正___ 정의 （せい ぎ）

移

옮길 이

음 い
훈 うつ(る), うつ(す)

0763

移 移

移移移移移移移移移移

___住 이주   ___転 이전   ___動 이동   推___ 추이   転___ 전이

___る 옮겨지다, 변하다   ___す 옮기다

益

더할 익 (益)

음 えき

0764

益 益

益益益益益益益益益益

収___ 수익   有___ 유익함   利___ 이익

因

인할 인

음 いん
훈 よ(る)

0765

因 因

因因因因因因

___果 인과, 원인과 결과   起___ 기인   原___ 원인   要___ 요인

___る 의거하다, 준하다, 따르다

任

맡길 임

음 にん
훈 まか(せる), まか(す)

0766

任 任

任任任任任任

___務 임무   ___命 임명   委___ 위임   責___ 책임   赴___ 부임

___せる・___す 맡기다

資

재물 자

음 し

0767

資 資

資資資資資資資資資資資資

___格 자격   ___金 자금   ___源 자원   ___料 자료

投___ 투자   融___ 융자

雑
섞일 **잡** (雜)

음 ざつ, ぞう

ざっ し
＿誌 잡지　ざっ そう ＿草 잡초　こん ざつ ＿混 혼잡함　ふく ざつ ＿複 복잡함

ぞう きん ＿巾 걸레　お ＿煮 오조니(정월에 먹는 일본식 떡국)

張
베풀 **장**

음 ちょう
훈 は(る)

かく ちょう ＿拡 확장　きん ちょう ＿緊 긴장　こ ちょう ＿誇 과장　しゅ ちょう ＿主 주장　ぼう ちょう ＿膨 팽창

は ＿る 뻗다, 붙이다, 펼치다　は がみ ＿り紙 종이를 바름, 벽보　よく ば 欲＿り 욕심쟁이

再
두 **재**

음 さい, さ
훈 ふたた(び)

さい かい ＿会 재회　さい げん ＿現 재현　さい こん ＿婚 재혼　さい せい ＿生 재생　さ らい ねん ＿来年 내후년

ふたた ＿び 두 번, 다시, 재차

5학년 한자 ❷

在
있을 **재**

음 ざい
훈 あ(る)

ざい がく ＿学 재학　ざい しょく ＿職 재직　げん ざい 現＿ 현재　しょ ざい 所＿ 소재　そん ざい 存＿ 존재

あ ＿る 있다, 사물이 존재하다

災
재앙 **재**

음 さい
훈 わざわ(い)

さい がい ＿害 재해　さい なん ＿難 재난　か さい 火＿ 화재　しん さい 震＿ 지진에 인한 재해　ぼう さい 防＿ 방재

わざわ ＿い 화, 불행, 재난

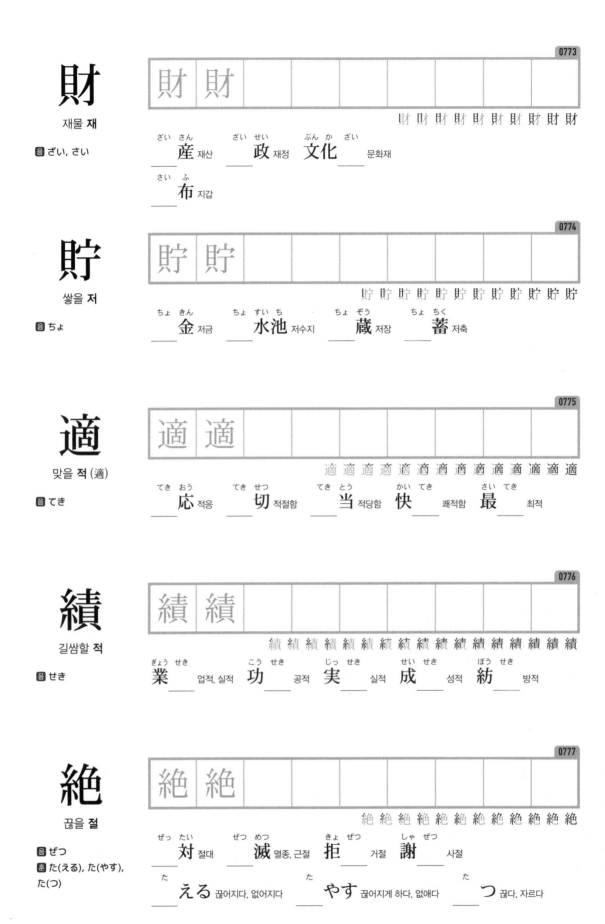

財
재물 **재**

음 ざい, さい

ざい さん
___産 재산

ざい せい
___政 재정

ぶん か ざい
文化___ 문화재

さい ふ
___布 지갑

貯
쌓을 **저**

음 ちょ

ちょ きん
___金 저금

ちょ すい ち
___水池 저수지

ちょ ぞう
___蔵 저장

ちょ ちく
___蓄 저축

適
맞을 **적**(適)

음 てき

てき おう
___応 적응

てき せつ
___切 적절함

てき とう
___当 적당함

かい てき
快___ 쾌적함

さい てき
最___ 최적

績
길쌈할 **적**

음 せき

ぎょう せき
業___ 업적, 실적

こう せき
功___ 공적

じっ せき
実___ 실적

せい せき
成___ 성적

ぼう せき
紡___ 방적

絶
끊을 **절**

음 ぜつ
훈 た(える), た(やす), た(つ)

ぜっ たい
___対 절대

ぜつ めつ
___滅 멸종, 근절

きょ ぜつ
拒___ 거절

しゃ ぜつ
謝___ 사절

た
___える 끊어지다, 없어지다

た
___やす 끊어지게 하다, 없애다

た
___つ 끊다, 자르다

接
이을 **접**

- 음 せつ
- 훈 つ(ぐ)

| 0778 |

接 接

接 接 接 接 接 接 接 接 接 接

せっ きん
___近 접근

せっ しょく
___触 접촉

せっ たい
___待 접대

ちょく せつ
直___ 직접

めん せつ
面___ 면접

つ
___ぐ 잇다

つ き
___ぎ木 접목

政
정사 **정**

- 음 せい, しょう
- 훈 まつりごと

| 0779 |

政 政

政 政 政 政 政 政 政 政

せい さく
___策 정책

せい じ
___治 정치

せい とう
___党 정당

こく せい
国___ 국정

せっ しょう
___摂 섭정

まつりごと
___ 정사, 영토와 국민을 다스림

情
뜻 **정 (情)**

- 음 じょう, せい
- 훈 なさ(け)

| 0780 |

情 情

情 情 情 情 情 情 情 情 情 情

じょう せい
___勢 정세

じょう ちょ
___緒 정서, 정취

あい じょう
愛___ 애정

かん じょう
感___ 감정

ふ ぜい
風___ 운치, 정취

なさ
___け 정, 인정, 동정

なさ
___けない 한심하다, 비참하다

停
머무를 **정**

- 음 てい

| 0781 |

停 停

停 停 停 停 停 停 停 停 停 停

てい し
___止 정지(하던 일을 중도에서 멈춤)

てい せん
___戦 정전(전투를 중단함)

てい でん
___電 정전

てい
バス___ 버스정류장

ちょう てい
調___ 조정

程
한도 **정**

- 음 てい
- 훈 ほど

| 0782 |

程 程

程 程 程 程 程 程 程 程 程 程 程

てい ど
___度 정도

か てい
過___ 과정(process)

か てい
課___ 과정, 코스

にっ てい
日___ 일정

りょ てい
旅___ 여정

ほど
___ 한계, 한도, 정도

ほど ほど
___々に 적당히, 정도껏

み ほど し
身の___知らず 분수를 모름, 그런 사람

精
정할 정 (精)

음 せい, しょう

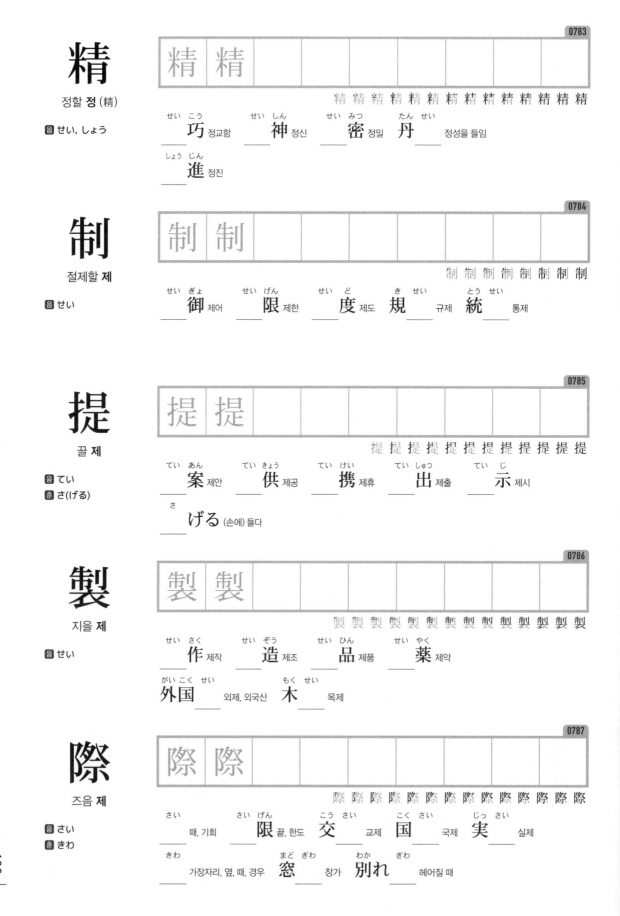

0783

| 精 | 精 | | | | | | | | | | | | |

精 精 精 精 精 精 精 精 精 精 精 精 精

___巧 (せい こう) 정교함　　___神 (せい しん) 정신　　___密 (せい みつ) 정밀　丹 (たん せい) ___ 정성을 들임

___進 (しょう じん) 정진

制
절제할 제

음 せい

0784

| 制 | 制 | | | | | | | | | | | | |

制 制 制 制 制 制 制 制

___御 (せい ぎょ) 제어　　___限 (せい げん) 제한　　___度 (せい ど) 제도　規___ (き せい) 규제　統___ (とう せい) 통제

提
끌 제

음 てい
훈 さ(げる)

0785

| 提 | 提 | | | | | | | | | | | | |

提 提 提 提 提 提 提 提 提 提 提

___案 (てい あん) 제안　　___供 (てい きょう) 제공　　___携 (てい けい) 제휴　　___出 (てい しゅつ) 제출　　___示 (てい じ) 제시

___げる (さ) (손에) 들다

製
지을 제

음 せい

0786

| 製 | 製 | | | | | | | | | | | | |

製 製 製 製 製 製 製 製 製 製 製 製 製

___作 (せい さく) 제작　　___造 (せい ぞう) 제조　　___品 (せい ひん) 제품　　___薬 (せい やく) 제약

外国___ (がい こく せい) 외제, 외국산　木___ (もく せい) 목제

際
즈음 제

음 さい
훈 きわ

0787

| 際 | 際 | | | | | | | | | | | | |

際 際 際 際 際 際 際 際 際 際 際 際 際

___ (さい) 때, 기회　　___限 (さい げん) 끝, 한도　交___ (こう さい) 교제　国___ (こく さい) 국제　実___ (じっ さい) 실제

___ (きわ) 가장자리, 옆, 때, 경우　窓___ (まど ぎわ) 창가　別れ___ (わか ぎわ) 헤어질 때

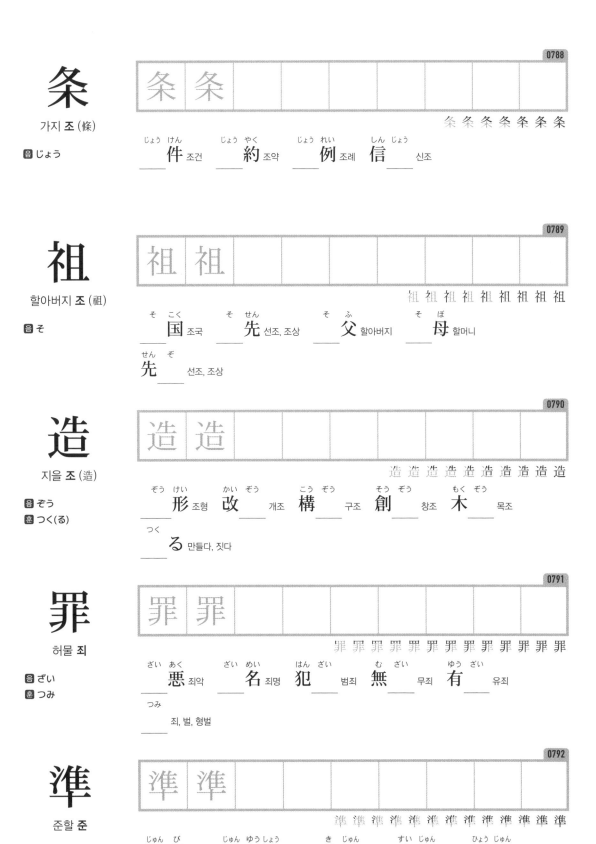

条 가지 조 (條)

0788

음 じょう

___件 조건　___約 조약　___例 조례　信___ 신조
じょう けん　じょう やく　じょう れい　しん じょう

祖 할아버지 조 (祖)

0789

음 そ

___国 조국　___先 선조, 조상　___父 할아버지　___母 할머니
そ こく　そ せん　そ ふ　そ ぼ

先___ 선조, 조상
せん ぞ

造 지을 조 (造)

0790

음 ぞう
훈 つく(る)

___形 조형　改___ 개조　構___ 구조　___造 창조　木___ 목조
ぞう けい　かい ぞう　こう ぞう　そう ぞう　もく ぞう

___る 만들다, 짓다
つく

罪 허물 죄

0791

음 ざい
훈 つみ

___悪 죄악　___名 죄명　犯___ 범죄　無___ 무죄　有___ 유죄
ざい あく　ざい めい　はん ざい　む ざい　ゆう ざい

___ 죄, 벌, 형벌
つみ

準 준할 준

0792

음 じゅん

___備 준비　___優勝 준우승　基___ 기준　___水___ 수준　___標 표준
じゅん び　じゅん ゆうしょう　き じゅん　すい じゅん　ひょう じゅん

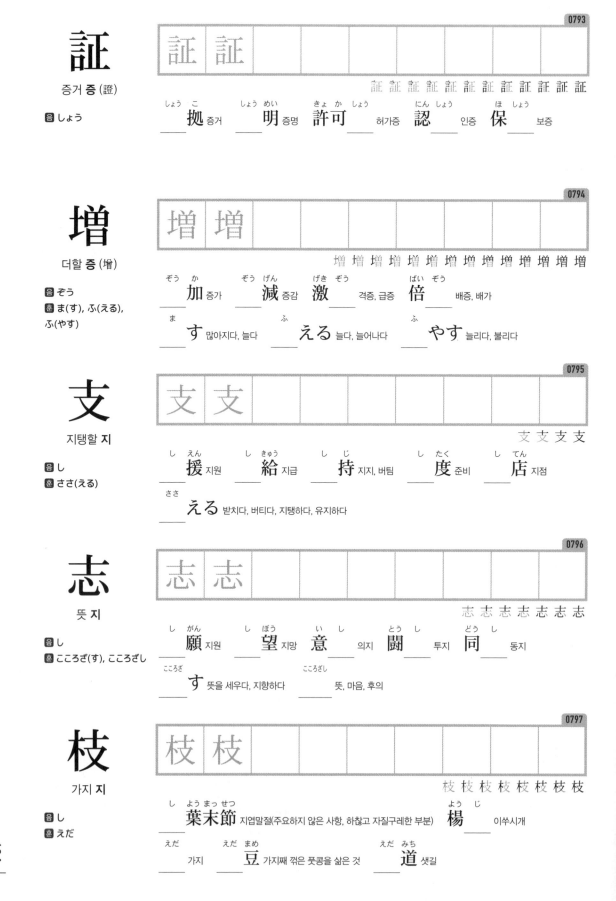

証
증거 **증** (證)

음 しょう

0793

証 証

証 証 証 証 証 証 証 証 証 証 証 証

____ 拠 증거 ____ 明 증명 許可 ____ 허가증 認 ____ 인증 保 ____ 보증
しょう こ / しょう めい / きょ か しょう / にん しょう / ほ しょう

増
더할 **증** (增)

음 ぞう
훈 ま(す), ふ(える), ふ(やす)

0794

増 増

増 増 増 増 増 増 増 増 増 増 増 増 増

____ 加 증가 ____ 減 증감 激 ____ 격증, 급증 倍 ____ 배증, 배가
ぞう か / ぞう げん / げき ぞう / ばい ぞう

____ す 많아지다, 늘다 ____ える 늘다, 늘어나다 ____ やす 늘리다, 불리다
ま / ふ / ふ

支
지탱할 **지**

음 し
훈 ささ(える)

0795

支 支

支 支 支 支

____ 援 지원 ____ 給 지급 ____ 持 지지, 버팀 ____ 度 준비 ____ 店 지점
し えん / し きゅう / し じ / し たく / し てん

____ える 받치다, 버티다, 지탱하다, 유지하다
ささ

志
뜻 **지**

음 し
훈 こころざ(す), こころざし

0796

志 志

志 志 志 志 志 志 志

____ 願 지원 ____ 望 지망 意 ____ 의지 闘 ____ 투지 同 ____ 동지
し がん / し ぼう / い し / とう し / どう し

____ す 뜻을 세우다, 지향하다 ____ 뜻, 마음, 후의
こころざ / こころざし

枝
가지 **지**

음 し
훈 えだ

0797

枝 枝

枝 枝 枝 枝 枝 枝 枝 枝

____ 葉末節 지엽말절(주요하지 않은 사항, 하찮고 자질구레한 부분) 楊 ____ 이쑤시개
し ようまっせつ / よう じ

____ 가지 ____ 豆 가지째 꺾은 풋콩을 삶은 것 ____ 道 샛길
えだ / えだ まめ / えだ みち

職

직분 **직**

음 しょく

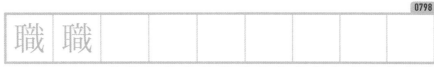

職職職職職職職職職職職職職職職職職職

しょく ぎょう	しょく しゅ	きゅう しょく	しゅう しょく	たい しょく
＿＿業 직업	＿＿種 직종	求＿＿ 구직	就＿＿ 취직, 취업	退＿＿ 퇴직

織

짤 **직**

음 しょく, しき
훈 お(る)

織織織織織織織織織織織織織織織織織織

せん しょく	ぼう しょく	そ しき
染＿＿ 염직, 천의 염색과 직조	紡＿＿ 방직	組＿＿ 조직

お	おり もの
＿＿る 짜다, 짜서 만들다	＿＿物 직물

質

바탕 **질**

음 しつ, しち, ち

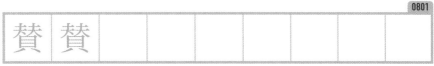

質質質質質質質質質質質質質質質質

しつ もん	せい しつ	ひん しつ
＿＿問 질문	＿＿性 성질	品＿＿ 품질

しち や	ひと じち	げん ち
＿＿屋 전당포	＿＿人 인질, 볼모	＿＿言 언질

賛

도울 **찬** (贊)

음 さん

賛賛賛賛賛賛賛賛賛賛賛賛賛賛

さん せい	さん じ	じ さん	ぜっ さん
＿＿成 찬성	＿＿辞 찬사	自＿＿ 자찬	絶＿＿ 절찬, 극찬

採

캘 **채** (採)

음 さい

採採採採採採採採採採採

さい けつ	さい しゅ	さい しゅう	さい てん	さい よう
＿＿血 채혈	＿＿取 채취	＿＿集 채집	＿＿点 채점	＿＿用 채용

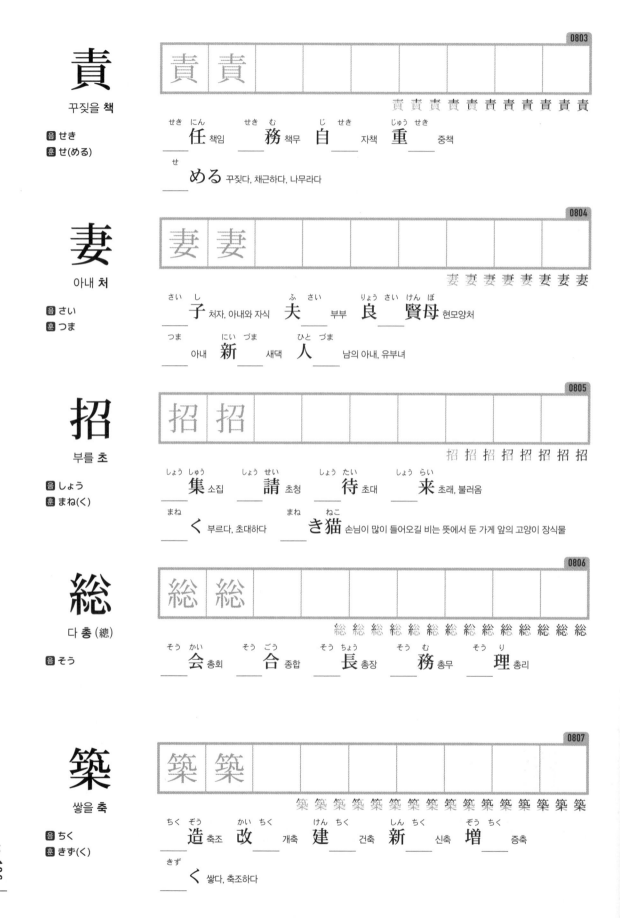

責

꾸짖을 **책**

- 음 せき
- 훈 せ(める)

せき にん	せき む	じ せき	じゅう せき
__任 책임	__務 책무	自__ 자책	重__ 중책

せ
__める 꾸짖다, 채근하다, 나무라다

妻

아내 **처**

- 음 さい
- 훈 つま

さい し	ふ さい	りょう さい けん ぼ
__子 처자, 아내와 자식	夫__ 부부	良__賢母 현모양처

つま	にい づま	ひと づま
__ 아내	新__ 새댁	__人 남의 아내, 유부녀

招

부를 **초**

- 음 しょう
- 훈 まね(く)

しょう しゅう	しょう せい	しょう たい	しょう らい
__集 소집	__請 초청	__待 초대	__来 초래, 불러옴

まね	まね ねこ
__く 부르다, 초대하다	__き猫 손님이 많이 들어오길 비는 뜻에서 둔 가게 앞의 고양이 장식물

総

다 **총** (總)

- 음 そう

そう かい	そう ごう	そう ちょう	そう む	そう り
__会 총회	__合 종합	__長 총장	__務 총무	__理 총리

築

쌓을 **축**

- 음 ちく
- 훈 きず(く)

ちく ぞう	かい ちく	けん ちく	しん ちく	ぞう ちく
__造 축조	改__ 개축	建__ 건축	新__ 신축	増__ 증축

きず
__く 쌓다, 축조하다

測

헤아릴 **측**

0808

음 そく
훈 はか(る)

そく てい	そく りょう	かん そく	けい そく	すい そく
定 측정	量 측량	観 관측	計 계측	推 추측

はか
る (무게·길이·깊이·넓이 등) 재다, 측정하다

則

법칙 **칙**

0809

음 そく

き そく	げん そく	こう そく	はん そく	ほう そく
規 규칙	原 원칙	校 교칙	反 반칙	法 법칙

快

쾌할 **쾌**

0810

5학년 한자 ❷

음 かい
훈 こころよ(い)

かい かん	かい せい	かい てき	けい かい	そう かい
感 쾌감	晴 쾌청	適 쾌적함	軽 경쾌함	爽 상쾌함

こころよ
い 기분이 좋다, 상쾌하다

態

모습 **태**

0811

음 たい

たい せい	たい ど	けい たい	じっ たい	じょう たい
勢 태세	度 태도	形 형태	実 실태	状 상태

統

거느릴 **통**

0812

음 とう
훈 す(べる)

とう いつ	とう けい	とう ち	だい とう りょう	でん とう
一 통일	計 통계	治 통치	大 領 대통령	伝 전통

す
べる 통합하다, 통치하다, 지배하다

破

깨뜨릴 **파**

- 음 は
- 훈 やぶ(る), やぶ(れる)

破 破

破 破 破 破 破 破 破 破 破 破

___壊 파괴　　___産 파산　　___損 파손　　撃___ 격파　　突___ 돌파

___る 찢다, 깨다, 부수다　　___れる 깨지다, 부서지다, 찢어지다

判

판단할 **판** (判)

- 음 はん, ばん, ぱん

判 判

判 判 判 判 判 判 判

___断 판단　　___定 판정　　批___ 비판

裁___ 재판　　審___ 심판

版

판목 **판**

- 음 はん

版 版

版 版 版 版 版 版 版 版

___画 판화　　___権 판권　　改定___ 개정판　　限定___ 한정판　　出___ 출판

編

엮을 **편**

- 음 へん
- 훈 あ(む)

編 編

編 編 編 編 編 編 編 編 編 編 編 編 編 編 編

___集 편집　　___入 편입　　前___ 전편　　短___ 단편　　長___ 장편

___む 엮다, 뜨다　　___み物 뜨개질

評

평할 **평**

- 음 ひょう

評 評

評 評 評 評 評 評 評 評 評 評 評

___価 평가　　___判 평판　　批___ 비평　　論___ 논평

布

베 포/펄 포

0818

布 布

布 布 布 布 布

음 ふ
훈 ぬの

___ 団 이불 ___ 教 포교 財 ___ 지갑 毛 ___ 모포, 담요 こう ___ 公 ___ 공포

ぬの
___ 천, 직물, 무명

暴

사나울 폭

0819

暴 暴

暴 暴 暴 暴 暴 暴 暴 暴 暴 暴 暴 暴 暴 暴 暴

음 ぼう, ばく
훈 あば(れる), あば(く)

___ 風 폭풍 ___ 力 폭력 凶 ___ 흉폭함 乱 ___ 난폭함 ばく ろ ___ 露 폭로

あば
___ れる 날뛰다, 난폭하게 굴다, 대담하게 행동하다   あば ___ く 폭로하다, 들추어내다

豊

풍년 **풍**

0820

豊 豊

豊 豊 豊 豊 豊 豊 豊 豊 豊 豊 豊 豊 豊

음 ほう
훈 ゆた(か)

___ 作 풍작 ___ 年 풍년 ___ 富 풍부

ゆた
___ か 풍부함, 풍족함

河

물 **하**

0821

河 河

河 河 河 河 河 河 河 河

음 か, が
훈 かわ

___ 口 하구, 강어귀 ___ 川 하천 運 ___ 운하 銀 ___ 은하수

かわ
___ 강, 하천

限

한할 **한**

0822

限 限

限 限 限 限 限 限 限 限 限

음 げん
훈 かぎ(る)

___ 界 한계 ___ 定 한정 ___ 期 기한 極 ___ 극한 せい ___ 制 제한

かぎ
___ る 한정하다, 한하다

航

배 **항**

음 こう

航航　航航航航航航航航航航

こう くう	こう ろ	うん こう	けっ こう
空 항공	路 항로	運 운항	欠 결항

解

풀 **해**

음 かい, げ
훈 と(く), と(かす),
と(ける)

解解　解解解解解解解解解解

かい せつ	かい とう	り かい	げ ねつ ざい	げ どく
説 해설	答 해답	理 이해	熱剤 해열제	毒 해독

と	と	と
く (매듭 등) 풀다	かす 녹이다, (머리를) 빗다	ける 풀리다

許

허락할 **허**

음 きょ
훈 ゆる(す)

許許　許許許許許許許許許許

きょ か	きょ だく	とっ きょ	めん きょ
可 허가	諾 허락	特 특허	免 면허

ゆる
す 허락하다, 용서하다

険

험할 **험** (險)

음 けん
훈 けわ(しい)

険険　険険険険険険険険険険

けん あく	き けん	ほ けん	ぼう けん
悪 험악	危 위험	保 보험	冒 모험

けわ
しい 험하다, 험악하다

現

나타날 **현**

음 げん
훈 あらわ(れる), あらわ
(す)

現現　現現現現現現現現現現

げん ざい	げん しょう	げん だい	じつ げん	ひょう げん
在 현재	象 현상	代 현대	実 실현	表 표현

あらわ	あらわ
れる 나타나다, 출현하다	す 나타내다, 드러내다

型

모형 **형**

음 けい
훈 かた

型	型							

型 型 型 型 型 型 型 型 型

げん けい
原＿＿ 원형　　体＿＿ 체형　　典＿＿ 전형　　模＿＿ 모형
たい けい　　　　てん けい　　　も けい

おお がた　　　　こ がた　　　けつ えき がた　　　しん がた
大＿＿ 대형　　小＿＿ 소형　　血液＿＿ 혈액형　　新＿＿ 신형

護

도울 **호**

음 ご

護	護							

護 護 護 護 護 護 護 護 護 護 護 護 護 護 護 護

かん ご　　　　けい ご　　　ほ ご　　　べん ご し
看＿＿ 간호　　警＿＿ 경호　　保＿＿ 보호　　弁＿＿士 변호사

混

섞을 **혼**

음 こん
훈 ま(じる), ま(ざる),
ま(ぜる)

混	混							

混 混 混 混 混 混 混 混 混 混

こん ごう　　　こん ざつ　　　こん どう　　　こん らん
＿＿合 혼합　　＿＿雑 혼잡함　　＿＿同 혼동　　＿＿乱 혼란

ま　　　　　　　ま　　　　　　　ま
＿＿じる 섞이다　　＿＿ざる 섞이다　　＿＿ぜる 섞다, 뒤섞다

確

굳을 **확**

음 かく
훈 たし(か), たし(かめる)

確	確							

確 確 確 確 確 確 確 確 確 確 確 確 確 確

かく じつ　　　かく にん　　　かく りつ　　　せい かく　　　てき かく
＿＿実 확실함　　＿＿認 확인　　＿＿率 확률　　正＿＿ 정확　　＿＿的 적확, 정확함

たし　　　　　　たし
＿＿か 확실함, 정확함　　＿＿かめる 확인하다

効

본받을 **효** (效)

음 こう
훈 き(く)

効	効							

効 効 効 効 効 効 効

こう か　　　　こう りつ てき　　　こう りょく　　　ゆう こう
＿＿果 효과　　＿＿率的 효율적　　＿＿力 효력　　有＿＿ 유효

き　　　　　　　き め
＿＿く 듣다, 효과가 있다　　＿＿き目 효과, 효능

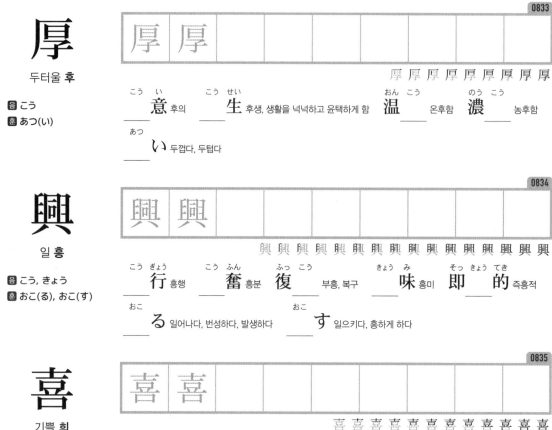

厚
두터울 **후**

- 음 こう
- 훈 あつ(い)

0833

厚 厚

厚 厚 厚 厚 厚 厚 厚 厚

こう い
＿意 후의

こう せい
＿生 후생, 생활을 넉넉하고 윤택하게 함

おん こう
温＿ 온후함

のう こう
濃＿ 농후함

あつ
＿い 두껍다, 두텁다

興
일 **흥**

- 음 こう, きょう
- 훈 おこ(る), おこ(す)

0834

興 興

興 興 興 興 興 興 興 興 興 興 興 興 興 興 興 興

こう ぎょう
＿行 흥행

こう ふん
＿奮 흥분

ふっ こう
復＿ 부흥, 복구

きょう み
＿味 흥미

そっ きょう てき
即＿＿的 즉흥적

おこ
＿る 일어나다, 번성하다, 발생하다

おこ
＿す 일으키다, 흥하게 하다

喜
기쁠 **희**

- 음 き
- 훈 よろこ(ぶ)

0835

喜 喜

喜 喜 喜 喜 喜 喜 喜 喜 喜 喜 喜

き げき
＿劇 희극, 코미디

かん き
歓＿ 환희

よろこ
＿ぶ 기뻐하다

おお よろこ
大＿び 매우 기뻐함

日本語漢字

초등학교 6학년

한자쓰기

刻	閣	干	看	簡	鋼	降	激	絹	敬
새길 각	집 각	방패 간	볼 간	대쪽 간	강철 강	내릴 강/ 항복할 항	격할 격	비단 견	공경 경
警	系	屆	穀	困	骨	供	券	巻	権
경계할 경	맬 계	이를 계	곡식 곡	곤할 곤	뼈 골	이바지할 공	문서 권	책 권	권세 권
机	貴	劇	勤	筋	己	暖	難	納	脳
책상 궤	귀할 귀	심할 극	부지런할 근	힘줄 근	몸 기	따뜻할 난	어려울 난	들일 납	골 뇌
段	担	党	糖	乱	卵	覽	朗	論	律
층계 단	멜 담	무리 당	엿 당	어지러울 란	알 란	볼 람	밝을 랑	논할 론	법칙 률
裏	臨	幕	晚	亡	忘	枚	盟	暮	模
속 리	임할 림	장막 막	늦을 만	망할 망	잊을 망	낱 매	맹세 맹	저물 모	본뜰 모
密	班	訪	拜	背	俳	並	宝	補	腹
빽빽할 밀	나눌 반	찾을 방	절 배	등 배/ 배반할 배	배우 배	나란히 병	보배 보	기울 보/ 도울 보	배 복
棒	否	奮	秘	批	私	砂	射	捨	詞
막대 봉	아닐 부	떨칠 분	숨길 비	비평할 비	사사 사	모래 사	쏠 사	버릴 사	말 사
傷	署	宣	善	舌	盛	聖	誠	洗	収
다칠 상	마을 서	베풀 선	착할 선	혀 설	성할 성	성인 성	정성 성	씻을 세	거둘 수
垂	樹	熟	純	承	視	我	若	嚴	域
드리울 수	나무 수	익을 숙	순수할 순	이을 승	볼 시	나 아	같을 약	엄할 엄	지경 역
訳	延	沿							
번역할 역	늘일 연	물 따라갈 연							

刻
새길 **각**

음 こく
훈 きざ(む)

0836

時[じ こく] 시각 　 深[しん こく] 심각 　 遅[ち こく] 지각 　 彫[ちょう こく] 조각 　 定[てい こく] 정각

[きざ]む 잘게 썰다, 조각하다, 새기다

閣
집 **각**

음 かく

0837

[かく りょう]僚 각료 　 内[ない かく] 내각 　 入[にゅう かく] 입각

干
방패 **간**

음 かん
훈 ほ(す), ひ(る)

0838

[かん しょう]渉 간섭 　 [かん たく]拓 간척 　 [かん ちょう]潮 간조, 썰물 　 若[じゃっ かん] 약간

[ほ]す 말리다 　 [ほ]し[がき]柿 곶감 　 [ひ]菓子[がし] 말린 과자 　 [ひ]物[もの] 건어물

看
볼 **간**

음 かん

0839

[かん か]過 간과 　 [かん ご]護 간호 　 [かん ぱ]破 간파 　 [かん ばん]板 간판 　 [かん びょう]病 간병

簡
대쪽 **간**

음 かん

0840

[かん けつ]潔 간결함 　 [かん たん]単 간단함 　 [かん りゃく]略 간략 　 [しょ かん]書 서간, 편지

>> 205

鋼

강철 **강**

음 こう
훈 はがね

鋼 鋼

鋼 鋼 鋼 鋼 鋼 鋼 鋼 鋼 鋼 鋼 鋼 鋼 鋼 鋼 鋼

___鉄 강철　製___ 제강　___鉄 철강
こう てつ　せい こう　てっ こう

はがね
___ 강철

降

내릴 **강**/항복할 **항**

음 こう
훈 お(りる), お(ろす),
　ふ(る)

降 降

降 降 降 降 降 降 降 降 降

___雨 강우　___水量 강수량　下___ 하강　___伏 항복　投___ 투항
こう う　こう すいりょう　か こう　こう ふく　とう こう

___りる (전철 등에서) 내리다　___ろす 내리다, 내려 놓다　___る (비·눈 등이) 내리다
お　お　ふ

激

격할 **격**

음 げき
훈 はげ(しい)

激 激

激 激 激 激 激 激 激 激 激 激 激 激 激 激 激

___増 격증, 급증　___励 격려　___過 과격　___感 감격　刺___ 자극
げき ぞう　げき れい　か げき　かん げき　し げき

はげ
___しい 심하다, 격렬하다

絹

비단 **견**

음 けん
훈 きぬ

絹 絹

絹 絹 絹 絹 絹 絹 絹 絹 絹 絹 絹 絹 絹

___糸・___糸 견사, 비단실　___布 견직물　人___ 인조견, 레이온
けん し　きぬ いと　けん ぶ　じん けん

きぬ
___ 견직물, 실크

敬

공경 **경**

음 けい
훈 うやま(う)

敬 敬

敬 敬 敬 敬 敬 敬 敬 敬 敬 敬 敬 敬

___意 경의　___語 경어　___礼 경례　尊___ 존경
けい い　けい ご　けい れい　そん けい

うやま
___う 존경하다, 공경하다

警

경계할 **경**

[음] けい

警 警

警 警 警 警 苟 苟 苟 苟 警 警 警 警 警 警 警 警 警 警

__ 戒 경계 ・ __ 告 경고 ・ __ 察 경찰 ・ __ 備 경비 ・ __ 報 경보
けい かい ・ けい こく ・ けい さつ ・ けい び ・ けい ほう

系

맬 **계**

[음] けい

系 系

系 系 系 系 系 系 系

__ 統 계통 ・ __ 譜 계보, 족보 ・ __ 列 계열 ・ 家 __ 가계 ・ 体 __ 체계
けい とう ・ けい ふ ・ けい れつ ・ か けい ・ たい けい

届

이를 **계** (届)

[훈] とど(ける), とど(く)

届 届

届 届 届 届 届 届 届 届

__ ける 보내다, 신고하다 ・ 婚姻 __ け 혼인 신고
とど ・ こん いん とど

__ く 배달되다, 도착하다
とど

穀

곡식 **곡** (穀)

[음] こく

穀 穀

穀 穀 穀 穀 穀 穀 穀 穀 穀 穀 穀 穀 穀

__ 倉地帯 곡창지대 ・ __ 物 곡물, 곡식 ・ 雑 __ 잡곡
こく そう ち たい ・ こく もつ ・ ざっ こく

困

곤할 **곤**

[음] こん
[훈] こま(る)

困 困

困 困 困 困 困 困 困

__ 窮 곤궁함 ・ __ 難 곤란함 ・ __ 惑 곤혹, 난처함 ・ 貧 __ 빈곤
こん きゅう ・ こん なん ・ こん わく ・ ひん こん

__ る 곤란하다, 어려움을 겪다, 난처하다
こま

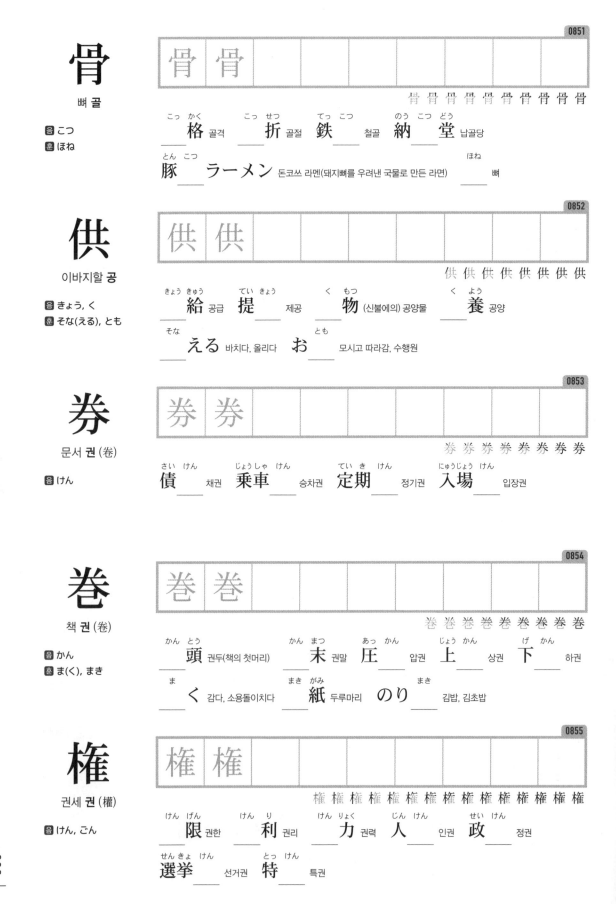

骨
뼈 **골**

0851

음 こつ
훈 ほね

骨 骨

骨骨骨骨骨骨骨骨骨骨

___格 골격　　___折 골절　　鉄___ 철골　　納___堂 납골당
こっ かく　　こっ せつ　　てっ こつ　　のう こつ どう

豚___ラーメン 돈코쓰 라멘(돼지뼈를 우려낸 국물로 만든 라면)　　___ 뼈
とん こつ　　ほね

供
이바지할 **공**

0852

음 きょう, く
훈 そな(える), とも

供 供

供供供供供供

___給 공급　　提___ 제공　　___物 (신불에의) 공양물　　___養 공양
きょう きゅう　　てい きょう　　く もつ　　く よう

___える 바치다, 올리다　　お___ 모시고 따라감, 수행원
そな　　とも

券
문서 **권** (券)

0853

음 けん

券 券

券券券券券券券

債___ 채권　　乗車___ 승차권　　定期___ 정기권　　入場___ 입장권
さい けん　　じょうしゃ けん　　てい き けん　　にゅうじょう けん

巻
책 **권** (卷)

0854

음 かん
훈 ま(く), まき

巻 巻

巻巻巻巻巻巻巻巻

___頭 권두(책의 첫머리)　　___末 권말　　圧___ 압권　　___上 상권　　___下 하권
かん とう　　かん まつ　　あっ かん　　じょう かん　　げ かん

___く 감다, 소용돌이치다　　___紙 두루마리　　___のり 김밥, 김초밥
ま　　まき がみ　　まき

権
권세 **권** (權)

0855

음 けん, ごん

権 権

権権権権権権権権権権権権権

___限 권한　　___利 권리　　___力 권력　　人___ 인권　　政___ 정권
けん げん　　けん り　　けん りょく　　じん けん　　せい けん

選挙___ 선거권　　特___ 특권
せんきょ けん　　とっ けん

机

책상 궤

음 き
훈 つくえ

机 机

机 机 机 机 机 机

<ruby>机<rt>き</rt></ruby><ruby>上<rt>じょう</rt></ruby>の<ruby>空論<rt>くうろん</rt></ruby> 탁상공론

<ruby>机<rt>つくえ</rt></ruby> 책상　<ruby>机<rt>づくえ</rt></ruby><ruby>勉強<rt>べんきょう</rt></ruby> 공부하는 책상

貴

귀할 귀

음 き
훈 とうと(い), とうと(ぶ),
　たっと(い), たっと(ぶ)

貴 貴

貴 貴 貴 貴 貴 貴 貴 貴 貴 貴 貴

<ruby>貴<rt>き</rt></ruby><ruby>金属<rt>きんぞく</rt></ruby> 귀금속　<ruby>貴<rt>き</rt></ruby><ruby>重<rt>ちょう</rt></ruby> 귀중　<ruby>兄<rt>あに</rt></ruby><ruby>貴<rt>き</rt></ruby> 형님　<ruby>高<rt>こう</rt></ruby><ruby>貴<rt>き</rt></ruby> 고귀

<ruby>貴<rt>とうと</rt></ruby>い・<ruby>貴<rt>たっと</rt></ruby>い 소중하다, 귀중하다, 고귀하다　<ruby>貴<rt>とうと</rt></ruby>ぶ・<ruby>貴<rt>たっと</rt></ruby>ぶ 존경하다, 공경하다

劇

심할 극

음 げき

劇 劇

劇 劇 劇 劇 劇 劇 劇 劇 劇 劇 劇 劇 劇 劇 劇

<ruby>劇<rt>げき</rt></ruby><ruby>場<rt>じょう</rt></ruby> 극장　<ruby>劇<rt>げき</rt></ruby><ruby>団<rt>だん</rt></ruby> 극단　<ruby>演<rt>えん</rt></ruby><ruby>劇<rt>げき</rt></ruby> 연극　<ruby>喜<rt>き</rt></ruby><ruby>劇<rt>げき</rt></ruby> 희극　<ruby>悲<rt>ひ</rt></ruby><ruby>劇<rt>げき</rt></ruby> 비극

勤

부지런할 근 (勤)

음 きん, ごん
훈 つと(める), つと(まる)

勤 勤

勤 勤 勤 勤 勤 勤 勤 勤 勤 勤 勤 勤

<ruby>勤<rt>きん</rt></ruby><ruby>勉<rt>べん</rt></ruby> 근면함　<ruby>勤<rt>きん</rt></ruby><ruby>務<rt>む</rt></ruby> 근무　<ruby>出<rt>しゅっ</rt></ruby><ruby>勤<rt>きん</rt></ruby> 출근　<ruby>通<rt>つう</rt></ruby><ruby>勤<rt>きん</rt></ruby> 통근　<ruby>夜<rt>や</rt></ruby><ruby>勤<rt>きん</rt></ruby> 야근

<ruby>勤<rt>つと</rt></ruby>める 근무하다　<ruby>勤<rt>つと</rt></ruby>め<ruby>先<rt>さき</rt></ruby> 근무처　<ruby>勤<rt>つと</rt></ruby>まる 감당해 내다, 잘 수행할 수 있다

筋

힘줄 근

음 きん
훈 すじ

筋 筋

筋 筋 筋 筋 筋 筋 筋 筋 筋 筋 筋 筋

<ruby>筋<rt>きん</rt></ruby><ruby>骨<rt>こつ</rt></ruby> 근골(근육과 골격), 체격　<ruby>筋<rt>きん</rt></ruby><ruby>肉<rt>にく</rt></ruby> 근육　<ruby>鉄<rt>てっ</rt></ruby><ruby>筋<rt>きん</rt></ruby> 철근　<ruby>腹<rt>ふっ</rt></ruby><ruby>筋<rt>きん</rt></ruby> 복근

<ruby>筋<rt>すじ</rt></ruby> 힘줄, (이야기의) 줄거리　<ruby>筋<rt>すじ</rt></ruby><ruby>道<rt>みち</rt></ruby> 사리, 조리, 절차　<ruby>粗<rt>あら</rt></ruby><ruby>筋<rt>すじ</rt></ruby> 개요　<ruby>一<rt>ひと</rt></ruby><ruby>筋<rt>すじ</rt></ruby> 한 줄기, 외곬, 한결같음

己

몸 기

음 こ, き
훈 おのれ

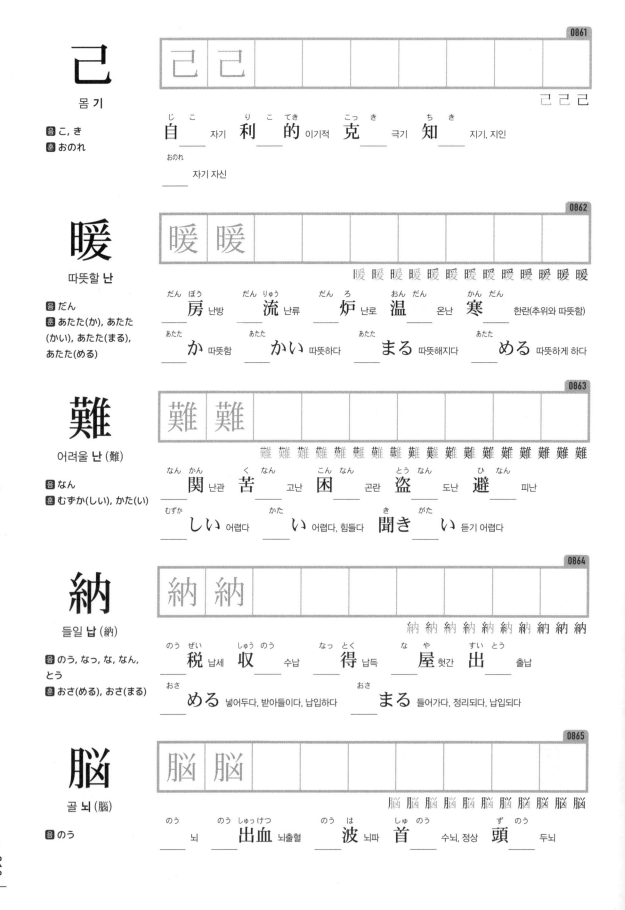

0861

己 己

己 己 己

自 □ 자기 　利 □ 的 이기적 　克 □ 극기 　知 □ 지기, 지인
じ こ　　　　り こ てき　　　こっ き　　　　ち き

□ 자기 자신
おのれ

暖

따뜻할 난

음 だん
훈 あたた(か), あたた
(かい), あたた(まる),
あたた(める)

0862

暖 暖

暖 暖 暖 暖 暖 暖 暖 暖 暖 暖 暖 暖 暖

□ 房 난방 　□ 流 난류 　□ 炉 난로 　温 □ 온난 　寒 □ 한란(추위와 따뜻함)
だん ぼう　　　だん りゅう　　だん ろ　　　おん だん　　　かん だん

□ か 따뜻함 　□ かい 따뜻하다 　□ まる 따뜻해지다 　□ める 따뜻하게 하다
あたた　　　　　あたた　　　　　　　　あたた　　　　　　　あたた

難

어려울 난 (難)

음 なん
훈 むずか(しい), かた(い)

0863

難 難

難 難 難 難 難 難 難 難 難 難 難 難 難 難 難 難 難 難

関 □ 난관 　苦 □ 고난 　困 □ 곤란 　盗 □ 도난 　避 □ 피난
なん かん　　　く なん　　　こん なん　　　とう なん　　　ひ なん

□ しい 어렵다 　□ い 어렵다, 힘들다 　聞き □ い 듣기 어렵다
むずか　　　　　かた　　　　　　　　き がた

納

들일 납 (納)

음 のう, なっ, な, なん,
とう
훈 おさ(める), おさ(まる)

0864

納 納

納 納 納 納 納 納 納 納 納 納

□ 税 납세 　□ 収 수납 　□ 得 납득 　□ 屋 헛간 　□ 出 출납
のう ぜい　　　しゅう のう　　なっ とく　　　な や　　　　すい とう

□ める 넣어두다, 받아들이다, 납입하다 　□ まる 들어가다, 정리되다, 납입되다
おさ　　　　　　　　　　　　　　　　おさ

脳

골 뇌 (腦)

음 のう

0865

脳 脳

脳 脳 脳 脳 脳 脳 脳 脳 脳 脳 脳

□ 뇌 　□ 出血 뇌출혈 　□ 波 뇌파 　首 □ 수뇌, 정상 　頭 □ 두뇌
のう　　　のう しゅっけつ　　　のう は　　　しゅ のう　　　ず のう

段

층계 단

음 だん

＿＿ 階 だんかい 단계 ＿＿ 差 だんさ 단(높낮이)의 차이 階＿＿ かいだん 계단 手＿＿ しゅだん 수단 値＿＿ ねだん 가격

担

멜 담 (擔)

음 たん
훈 かつ(ぐ), にな(う)

＿＿ 当 たんとう 담당 ＿＿ 任 たんにん 담임 ＿＿ 保 たんぽ 담보 負＿＿ ふたん 부담 分＿＿ ぶんたん 분담

＿＿ ぐ かつ 메다, 짊어지다, 추대하다 ＿＿ う にな 짊어지다, 떠맡다, 담당하다

党

무리 당 (黨)

음 とう

＿＿ 首 とうしゅ 당수 ＿＿ 派 とうは 당파 政＿＿ せいとう 정당 野＿＿ やとう 야당 与＿＿ よとう 여당

糖

엿 당

음 とう

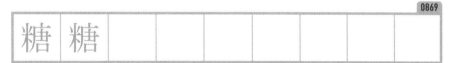

＿＿ 尿病 とうにょうびょう 당뇨병 ＿＿ 分 とうぶん 당분 砂＿＿ さとう 설탕 製＿＿ せいとう 제당

乱

어지러울 란

음 らん
훈 みだ(れる), みだ(す)

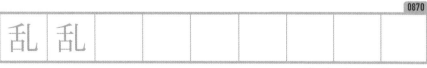

＿＿ 射 らんしゃ 난사 ＿＿ 暴 らんぼう 난폭함 ＿＿ 立 らんりつ 난입 混＿＿ こんらん 혼란 反＿＿ はんらん 반란

＿＿ れる みだ 흐트러지다, 혼란해지다 ＿＿ す みだ 어지럽히다, 어지르다, 혼란시키다

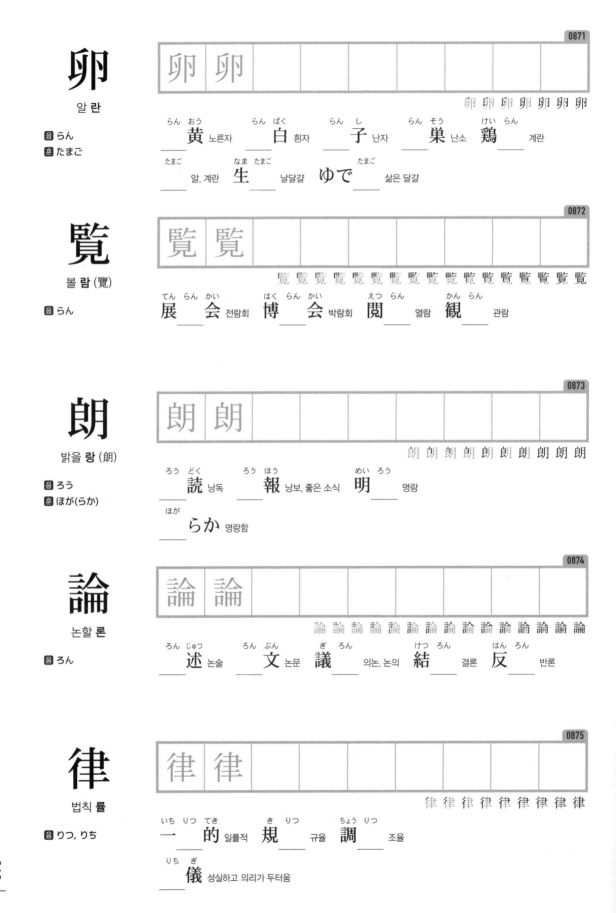

卵
알 **란**

- 음 らん
- 훈 たまご

0871

卵 卵

卵 卵 卵 卵 卵 卵 卵

らん おう	らん ぱく	らん し	らん そう	けい らん
黄 노른자	白 흰자	子 난자	巣 난소	鶏 계란

たまご	なま たまご	たまご
알, 계란	生 날달걀	ゆで 삶은 달걀

覧
볼 **람** (覽)

- 음 らん

0872

覽 覽

覽 覽 覽 覽 覽 覽 覽 覽 覽 覽 覽 覽 覽 覽 覽 覽

てん らん かい	はく らん かい	えつ らん	かん らん
展 会 전람회	博 会 박람회	閲 열람	観 관람

朗
밝을 **랑** (朗)

- 음 ろう
- 훈 ほが(らか)

0873

朗 朗

朗 朗 朗 朗 朗 朗 朗 朗 朗 朗

ろう どく	ろう ほう	めい ろう
読 낭독	報 낭보, 좋은 소식	明 명랑

ほが
らか 명랑함

論
논할 **론**

- 음 ろん

0874

論 論

論 論 論 論 論 論 論 論 論 論 論 論 論 論

ろん じゅつ	ろん ぶん	ぎ ろん	けつ ろん	はん ろん
述 논술	文 논문	議 의논, 논의	結 결론	反 반론

律
법칙 **률**

- 음 りつ, りち

0875

律 律

律 律 律 律 律 律 律 律

いち りつ てき	き りつ	ちょう りつ
一 的 일률적	規 규율	調 조율

りち ぎ
儀 성실하고 의리가 두터움

裏
속 리

음 り
훈 うら

裏 裏

裏 裏 裏 裏 裏 裏 裏 裏 裏 裏 裏 裏

り めん
＿＿ 面 이면
のう り
脳 ＿＿ 뇌리
ひょう り
表 ＿＿ 표리, 안팎, 겉과 속

うら
＿＿ 뒤, 안감
うら おもて
＿＿ 表 안팎, 표리
うら がわ
＿＿ 側 이면
うら ぐち
＿＿ 口 뒷문
うら ぎ
＿＿ 切る 배신하다

臨
임할 림

음 りん
훈 のぞ(む)

臨 臨

臨 臨 臨 臨 臨 臨 臨 臨 臨 臨 臨 臨 臨 臨 臨 臨 臨

りん かい
＿＿ 海 임해
りん じ
＿＿ 時 임시
りん しょう
＿＿ 床 임상
くん りん
君 ＿＿ 군림

のぞ
＿＿ む 면하다, 임하다

幕
장막 막

음 まく, ばく

幕 幕

幕 幕 幕 幕 幕 幕 幕 幕 幕 幕 幕 幕

あん まく
暗 ＿＿ 암막
かい まく
開 ＿＿ 개막
じょ まく
序 ＿＿ 서막
へい まく
閉 ＿＿ 폐막

ばく ふ
＿＿ 府 막부

晩
늦을 만

음 ばん

晩 晩

晩 晩 晩 晩 晩 晩 晩 晩 晩 晩 晩 晩

ばん がく
＿＿ 学 만학
ばん しゅう
＿＿ 秋 만추, 늦가을
ばん ねん
＿＿ 年 만년, 늘그막
まい ばん
毎 ＿＿ 매일 밤

亡
망할 망

음 ぼう, もう
훈 な(い)

亡 亡

亡 亡 亡

ぼう めい
＿＿ 命 망명
し ぼう
死 ＿＿ 사망
とう ぼう
逃 ＿＿ 도망
み ぼう じん
未 ＿＿ 人 미망인
もう しゃ
＿＿ 者 망자

な
＿＿ くなる 죽다, 돌아가시다

忘
잊을 망

음 ぼう
훈 わす(れる)

忘 忘

忘忘忘忘忘忘忘

___ 却 ぼう きゃく 망각　　___ 年会 ぼう ねん かい 송년회　　健 ___ 症 けん ぼう しょう 건망증

___ れる わす 잊어버리다　　___ れ物 わす もの 유실물, 분실물　　物 ___ れ もの わす 건망증

枚
낱 매

음 まい

枚 枚

枚枚枚枚枚枚枚枚

___ 数 まい すう 매수　　一 ___ いち まい 한 장　　何 ___ なん まい 몇 장　　二 ___ 舌 に まい じた 일구이언(전후 모순된 말을 함)

盟
맹세 맹

음 めい

盟 盟

盟盟盟盟盟盟盟盟盟盟盟盟盟

___ 主 めい しゅ 맹주　　加 ___ か めい 가맹　　同 ___ どう めい 동맹　　連 ___ れん めい 연맹

暮
저물 모

음 ぼ
훈 く(れる), く(らす)

暮 暮

暮暮暮暮暮暮暮暮暮暮暮暮暮

お歳 ___ せい ぼ 연말 선물

___ れる く 해가 저물다　　夕 ___ れ ゆう ぐ 해질녘, 황혼　　___ らす く 살다, 지내다

模
본뜰 모

음 も, ぼ

模 模

模模模模模模模模模模模模

___ 擬試験 も ぎ し けん 모의시험　　___ 型 も けい 모형　　___ 範 も はん 모범　　___ 倣 も ほう 모방

___ 様 も よう 모양, 상황, 기미　　___ 規 き ぼ 규모

密
빽빽할 **밀**

음 みつ

密 密　　　　　　　　

密密密密密密密密密密

みつ やく	か みつ	きん みつ	せい みつ	ひ みつ
___約 밀약	過___ 과밀	緊___ 긴밀함	精___ 정밀함	秘___ 비밀

班
나눌 **반**

음 はん

班 班　　　　　　　　

班班班班班班班班班班

はん いん	はん ちょう	きゅう ご はん	しゅざい はん
___員 반원(반의 구성원)	___長 반장	救護___ 구호반	取材___ 취재반

訪
찾을 **방**

음 ほう
훈 おとず(れる), たず(ねる)

訪 訪　　　　　　　　

訪訪訪訪訪訪訪訪訪訪

ほう にち	ほう もん	たん ぼう	らい ほう
___日 방일	___問 방문	探___ 탐방	___来 내방

おとず　　たず
___れる · ___ねる 찾다, 방문하다

拝
절 **배** (拜)

음 はい
훈 おが(む)

拝 拝　　　　　　　　

拝拝拝拝拝拝拝拝

はい けい	はい けん	はい しゃく	さん ぱい	すう はい
___啓 배계	___見 삼가 봄	___借 빌려 씀(겸사말)	参___ 참배	崇___ 숭배

おが
___む 두손 모아 빌다, 절하다

背
등 **배**/배반할 **배**

음 はい
훈 せ, せい, そむ(く), そむ(ける)

背 背　　　　　　　　

背背背背背背背背

はい けい	はい ご	はい しん	はい にん	せ
___景 배경	___後 배후	___信 배신	___任 배임, 임무를 저버림	___キ 키

せ なか	せい くら	そむ	そむ
___中 등	___比べ 키 대보기	___く 등지다, 위반하다	___ける 돌리다, 외면하다

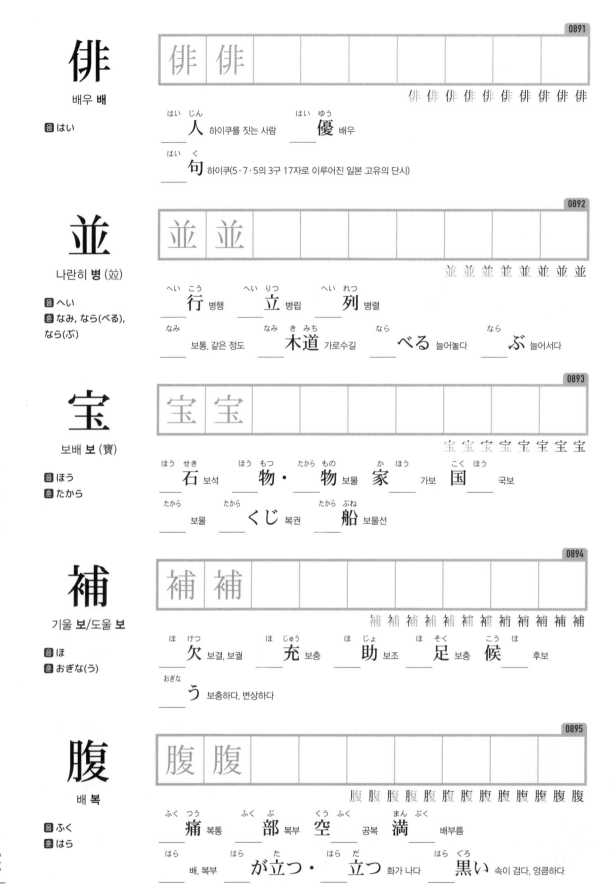

俳
배우 **배**

音 はい

はい じん **人** 하이쿠를 짓는 사람	はい ゆう **優** 배우

はい く **句** 하이쿠(5·7·5의 3구 17자로 이루어진 일본 고유의 단시)

並
나란히 **병** (竝)

音 へい
訓 なみ, なら(べる), なら(ぶ)

へい こう **行** 병행	へい りつ **立** 병립	へい れつ **列** 병렬

なみ 보통, 같은 정도	なみ き みち **木道** 가로수길	なら **べる** 늘어놓다	なら **ぶ** 늘어서다

宝
보배 **보** (寶)

音 ほう
訓 たから

ほう せき **石** 보석	ほう もつ **物**・ たから もの **物** 보물	か ほう **家** 가보	こく ほう **国** 국보

たから 보물	たから **くじ** 복권	たから ぶね **船** 보물선

補
기울 **보**/도울 **보**

音 ほ
訓 おぎな(う)

ほ けつ **欠** 보결, 보궐	ほ じゅう **充** 보충	ほ じょ **助** 보조	ほ そく **足** 보충	こう ほ **候** 후보

おぎな **う** 보충하다, 변상하다

腹
배 **복**

音 ふく
訓 はら

ふく つう **痛** 복통	ふく ぶ **部** 복부	くう ふく **空** 공복	まん ぷく **満** 배부름

はら 배, 복부	はら た **が立つ**・ はら だ **立つ** 화가 나다	はら ぐろ **黒い** 속이 검다, 엉큼하다

棒
막대 **봉**

음 ぼう

|0896|

棒 棒

棒 棒 棒 棒 棒 棒 棒 棒 棒 棒 棒 棒

___ 막대기, 몽둥이　警___ 경찰봉　鉄___ 철봉　泥___ 도둑　綿___ 면봉
　　　　　　　　　　ぼう　　　　けい ぼう　　てつ ぼう　どろ ぼう　めん ぼう

否
아닐 **부**

음 ひ
훈 いな

|0897|

否 否

否 否 否 否 否 否 否

___定 부정　___認 부인　安___ 안부　可___ 가부　拒___ 거부
ひ てい　　　ひ にん　　あん び　　　か ひ　　　きょ ひ

___ 아니, 아니오　～___や___や ~하자마자
いな　　　　　　いな　　いな

奮
떨칠 **분**

음 ふん
훈 ふる(う)

|0898|

奮 奮

奮 奮 奮 奮 奮 奮 奮 奮 奮 奮 奮 奮 奮 奮

___起 분기　___闘 분투　___発 분발　興___ 흥분
ふん き　　　ふん とう　　ふん ばつ　こう ふん

___う 떨치다, 성해지다
ふる

秘
숨길 **비**

음 ひ
훈 ひ(める)

|0899|

秘 秘

秘 秘 秘 秘 秘 秘 秘 秘 秘 秘

___書 비서　___密 비밀　極___ 극비　神___ 신비
ひ しょ　　　ひ みつ　　ごく ひ　　しん び

___める 숨기다, 감추다, 간직하다
ひ

批
비평할 **비**

음 ひ

|0900|

批 批

批 批 批 批 批 批 批

___准 비준　___難 비난　___判 비판　___評 비평
ひ じゅん　　ひ なん　　ひ はん　　ひ ひょう

私
사사 **사**
음 し
훈 わたくし, わたし

私 私

私私私私私私私

___財 しざい 사재　___費 しひ 사비　___利 しり 사리　___立 しりつ 사립　___公 こうし 공사

___ わたくし
나(격식 차린 말), 사사로운 것

___ わたし
나(わたくし의 변한 말)

砂
모래 **사**
음 さ, しゃ
훈 すな

0902

砂 砂

砂砂砂砂砂砂砂砂砂

___糖 さとう 설탕　___漠 さばく 사막　黄___ こうさ 황사　___土 どしゃ 토사　예외 ___利 じゃり 자갈

___ すな 모래　___時計 すなどけい 모래 시계　___場 すなば 모래밭　___浜 すなはま 모래로 된 해변, 모래톱

射
쏠 **사**
음 しゃ
훈 い(る)

0903

射 射

射射射射射射射射射射

___撃 しゃげき 사격　___程距離 しゃていきょり 사정 거리　発___ はっしゃ 발사　注___ ちゅうしゃ 주사

___る い 쏘다, 맞히다

捨
버릴 **사**
음 しゃ
훈 す(てる)

0904

捨 捨

捨捨捨捨捨捨捨捨捨捨

喜___ きしゃ 희사, 기부　四___五入 ししゃごにゅう 반올림　___取 しゅしゃ 취사

___てる す 버리다　使い___て つかすて 한번 쓰고 버림, 일회용

詞
말 **사**
음 し

0905

詞 詞

詞詞詞詞詞詞詞詞詞詞詞

歌___ かし 가사　作___ さくし 작사　動___ どうし 동사　品___ ひんし 품사　名___ めいし 명사

傷

다칠 상

- 음 しょう
- 훈 きず, いた(む), いた(める)

0906

傷 傷

傷傷傷傷傷傷傷傷傷傷傷傷傷

しょう がい	害	상해
しょう しん	心	상심
じゅう しょう	重	중상
ふ しょう	負	부상

きず	___	상처, 흉터
きず あと	跡	상처 자국
いた	む	아프다, 고통스럽다
いた	める	아프게 하다

署

마을 서 (署)

- 음 しょ

0907

署 署

署署署署署署署署署署署署署

しょ ちょう	長	서장
しょ めい	名	서명
けい さつ しょ	警察	경찰서
しょうぼう しょ	消防	소방서

宣

베풀 선

- 음 せん

0908

宣 宣

宣宣宣宣宣宣宣宣宣

せん げん	言	선언
せん こく	告	선고
せん せい	誓	선서
せん でん	伝	선전

善

착할 선

- 음 ぜん
- 훈 よ(い)

0909

善 善

善善善善善善善善善善善善

ぜん あく	悪	선악
ぜん にん	人	선인
かい ぜん	改	개선
ぎ ぜん	偽	위선
さい ぜん	最	최선

| よ | い | 좋다 |
| よ あ | し悪し | 좋고 나쁨 |

舌

혀 설

- 음 ぜつ
- 훈 した

0910

舌 舌

舌舌舌舌舌舌

ぜっ せん	戦	설전, 말다툼, 언쟁
どく ぜつ	毒	독설
べん ぜつ	弁	언변, 말솜씨

| した | 혀 |
| ねこ じた | 猫 | 뜨거운 것을 잘 못 먹는 일, 그런 사람 |

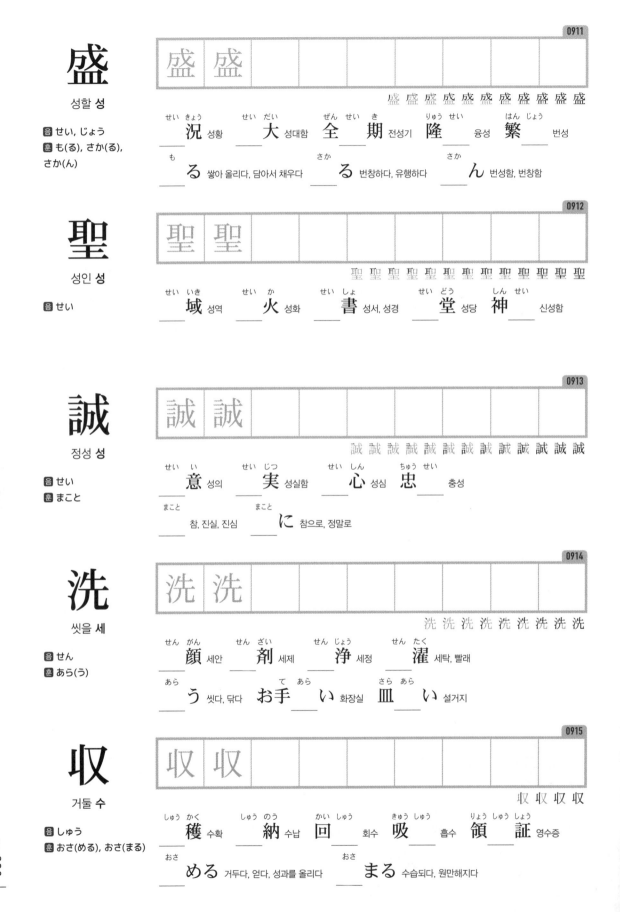

盛
성할 성

- 음 せい, じょう
- 훈 も(る), さか(る), さか(ん)

0911

盛	盛								

盛盛盛盛盛盛盛盛盛盛

__況 성황　__大 성대함　__全__期 전성기　隆__ 융성　繁__ 번성

__る 쌓아 올리다, 담아서 채우다　__る 번창하다, 유행하다　__ん 번성함, 번창함

聖
성인 성

- 음 せい

0912

聖	聖								

聖聖聖聖聖聖聖聖聖聖聖聖

__域 성역　__火 성화　__書 성서, 성경　__堂 성당　神__ 신성함

誠
정성 성

- 음 せい
- 훈 まこと

0913

誠	誠								

誠誠誠誠誠誠誠誠誠誠誠誠

__意 성의　__実 성실함　__心 성심　忠__ 충성

__ 참, 진실, 진심　__に 참으로, 정말로

洗
씻을 세

- 음 せん
- 훈 あら(う)

0914

洗	洗								

洗洗洗洗洗洗洗洗洗

__顔 세안　__剤 세제　__浄 세정　__濯 세탁, 빨래

__う 씻다, 닦다　お手__い 화장실　皿__い 설거지

収
거둘 수

- 음 しゅう
- 훈 おさ(める), おさ(まる)

0915

収	収								

収収収収

__穫 수확　__納 수납　回__ 회수　吸__ 흡수　領__証 영수증

__める 거두다, 얻다, 성과를 올리다　__まる 수습되다, 원만해지다

垂

드리울 **수**

음 すい
훈 た(れる), た(らす)

0916

すい せん
__線 수직선

すい ちょく
__直 수직

た
__れる 드리워지다, 늘어지다, 떨어지다

た
__らす 드리우다, 늘어뜨리다, 흘리다

樹

나무 **수**

음 じゅ

0917

じゅ もく えん
__木園 수목원

じゅ りつ
__立 수립

がい ろ じゅ
街路__ 가로수

か じゅ えん
果__園 과수원

熟

익을 **숙**

음 じゅく
훈 う(れる)

0918

じゅく ご
__語 숙어

じゅく せい
__成 숙성

じゅく れん
__練 숙련

せい じゅく
成__ 성숙

み じゅく
未__ 미숙

う
__れる 익다, 여물다

純

순수할 **순**

음 じゅん

0919

じゅん すい
__粋 순수함

じゅん ぱく
__白 순백

せい じゅん
清__ 청순함

たん じゅん
単__ 단순함

承

이을 **승**

음 しょう
훈 うけたまわ(る)

0920

しょう だく
__諾 승낙

しょう ち
__知 알아들음

しょう にん
__認 승인

でん しょう
伝__ 전승

りょう しょう
__了 승낙, 납득, 양해

うけたまわ
__る 삼가 받다, 삼가 듣다(겸사말)

視

볼 시 (視)

음 し

| 視 | 視 | | | | | | | |

視視視視視視視視視視

野 시야 ・ 力 시력 ・ 監 감시 ・ 近 근시 ・ 重 중시
しや・しりょく・かんし・きんし・じゅうし

我

나 **아**

음 が
훈 われ, わ

| 我 | 我 | | | | | | | |

我我我我我我

慢 인내, 참음, 용서함 ・ 流 아류, 자기류 ・ 自 자아 ・ 無 の境 무아지경
がまん・がりゅう・じが・むがきょう

자기 ・ 々 우리들 ・ が国 우리나라 ・ が家 우리 집
われ・われわれ・わくに・わや

若

같을 **약**

음 じゃく, にゃく
훈 わか(い), も(しくは)

| 若 | 若 | | | | | | | |

若若若若若若若若

年 나이가 젊음 ・ 干 약간 ・ 老 男女 남녀노소
じゃくねん・じゃっかん・ろうにゃくなんにょ

い 젊다, 어리다 ・ 者 젊은이 ・ しくは 혹은, 또는
わか・わかもの・も

厳

엄할 엄 (嚴)

음 げん, ごん
훈 おごそ(か), きび(しい)

| 厳 | 厳 | | | | | | | |

厳厳厳厳厳厳厳厳厳厳厳厳厳厳厳厳

格 엄격함 ・ 禁 엄금 ・ 重 엄중함 ・ 威 위엄 ・ 荘 장엄함
げんかく・げんきん・げんじゅう・いげん・そうごん

か 엄숙함 ・ しい 엄하다, 엄격하다
おごそ・きび

域

지경 **역**

음 いき

| 域 | 域 | | | | | | | |

域域域域域域域域域域

海 해역 ・ 区 구역 ・ 全 전역 ・ 地 지역 ・ 領 영역
かいいき・くいき・ぜんいき・ちいき・りょういき

訳

번역할 **역** (譯)

- 음 やく
- 훈 わけ

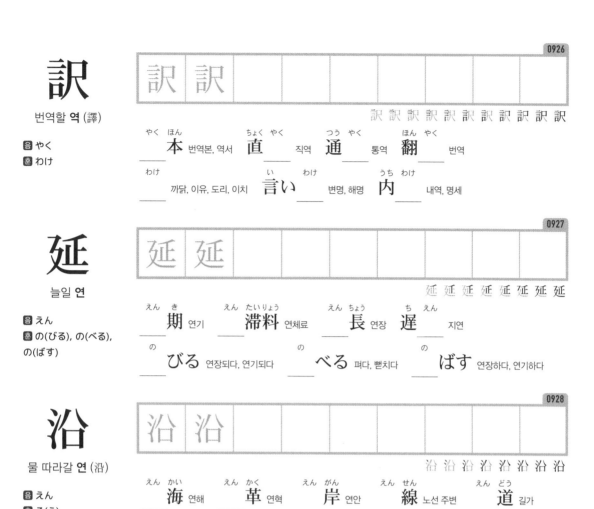

6학년 한자 ❶

訳 0926

訳 訳

訳訳訳訳訳訳訳訳訳訳訳

やく ほん
＿＿本 번역본, 역서

ちょく やく
直＿＿ 직역

つう やく
通＿＿ 통역

ほん やく
翻＿＿ 번역

わけ
＿＿ 까닭, 이유, 도리, 이치

い わけ
言い＿＿ 변명, 해명

うち わけ
内＿＿ 내역, 명세

延

늘일 **연**

- 음 えん
- 훈 の(びる), の(べる),
  の(ばす)

延 0927

延 延

延延延延延延延

えん き
＿＿期 연기

えん たいりょう
＿＿滞料 연체료

えん ちょう
＿＿長 연장

ち えん
遅＿＿ 지연

の
＿＿びる 연장되다, 연기되다

の
＿＿べる 펴다, 뻗치다

の
＿＿ばす 연장하다, 연기하다

沿

물 따라갈 **연** (沿)

- 음 えん
- 훈 そ(う)

沿 0928

沿 沿

沿沿沿沿沿沿沿沿

えん かい
＿＿海 연해

えん かく
＿＿革 연혁

えん がん
＿＿岸 연안

えん せん
＿＿線 노선 주변

えん どう
＿＿道 길가

そ
＿＿う 따르다, ~주위에 있다

かわ そ
川＿＿い 강을 낌, 강가

やま そ
山＿＿い 산 주변

染 물들 염	映 비칠 영	預 맡길 예	誤 그르칠 오	欲 하고자할 욕	宇 집 우	郵 우편 우	優 넉넉할 우	源 근원 원	危 위태할 위
胃 밥통 위	幼 어릴 유	乳 젖 유	遺 남길 유	恩 은혜 은	疑 의심할 의	異 다를 이	翌 다음날 익	仁 어질 인	認 알 인
賃 품삯 임	姿 모양 자	磁 자석 자	蚕 누에 잠	將 장수 장	裝 꾸밀 장	腸 창자 장	障 막을 장	蔵 감출 장	臓 오장 장
裁 마를 재	著 나타날 저	敵 대적할 적	專 오로지 전	展 펼 전	錢 돈 전	頂 정수리 정	除 덜 제	済 건널 제	諸 모두 제
潮 밀물 조	操 잡을 조	存 있을 존	尊 높을 존	宗 마루 종	從 좇을 종	縱 세로 종	座 자리 좌	宙 집 주	奏 아뢸 주
株 그루 주	衆 무리 중	蒸 찔 증	至 이를 지	誌 기록할 지	窓 창 창	創 비롯할 창	冊 책 책	策 꾀 책	処 곳 처
尺 자 척	泉 샘 천	庁 관청 청	寸 마디 촌	推 밀 추	縮 줄일 축	忠 충성 충	就 나아갈 취	層 층 층	値 값 치
針 바늘 침	誕 낳을 탄	探 찾을 탐	宅 집택/댁댁	討 칠 토	痛 아플 통	退 물러날 퇴	派 갈래 파	片 조각 편	肺 허파 폐
陛 대궐 섬돌 폐	閉 닫을 폐	俵 나누어줄 표	割 벨 할	鄕 시골 향	憲 법 헌	革 가죽 혁	穴 구멍 혈	呼 부를 호	紅 붉을 홍
拡 넓힐 확	皇 임금 황	灰 재 회	孝 효도 효	后 임금 후	揮 휘두를 휘	胸 가슴 흉	吸 마실 흡		

染

물들 염

음 せん
훈 そ(める), そ(まる),
し(みる), し(み)

染染染染染染染

せん しょく	せん りょう	お せん	かん せん	でん せん
色 염색	料 염료, 물감	汚 오염	感 감염	伝 전염

そ　める 물들이다　　そ　まる 물들다　　し　みる 배다, 번지다　　し　み 얼룩, 검버섯

映

비칠 영

음 えい
훈 うつ(る), うつ(す),
は(える)

映映映映映映映映

えい が	えい ぞう	じょう えい	はん えい
画 영화	像 영상	上 상영	反 반영

うつ　る 비치다, 조화되다　　うつ　す 비추다, 상영하다　　は　える 빛나다, 비치다

預

맡길 예

음 よ
훈 あず(ける), あず(かる)

預預預預預預預預預預預預

よ きん	よ たく
金 예금	託 예탁

あず　ける 맡기다, 위임하다　　あず　かる 맡다, 보관하다

誤

그르칠 오 (誤)

음 ご
훈 あやま(る)

誤誤誤誤誤誤誤誤誤誤誤誤誤

ご かい	ご さん	ご じ	ご どく	さく ご
解 오해	算 오산, 착오	字 오자	読 잘못 읽음	錯 착오

あやま　る 실패하다, 실수하다, 잘못되다

欲

하고자 할 욕

음 よく
훈 ほっ(する), ほ(しい)

欲欲欲欲欲欲欲欲欲欲欲

よく ば	よく ぼう	よっ きゅう	い よく	しょく よく
張り 욕심꾸러기	望 욕망	求 욕구	意 의욕	食 식욕

ほっ　する 바라다, 원하다　　ほ　しい 갖고 싶다, 바라다

宇
집 우

う

宇 宇

宇宇宇宇宇宇

___宙 우주 ___宙人 우주인, 외계인 ___宙船 우주선
う ちゅう　　　　　う ちゅうじん　　　　　　　　う ちゅうせん

郵
우편 우

음 ゆう

0935

郵 郵

郵郵郵郵郵郵郵郵郵郵郵

___送 우송 ___便 우편 ___便局 우체국
ゆう そう　　　　　ゆう びん　　　　　　ゆう びんきょく

優
넉넉할 우

음 ゆう
훈 やさ(しい), すぐ(れる)

0936

優 優

優優優優優優優優優優優優優優優

___秀 우수 ___勝 우승 ___先 우선 ___劣 우열 俳___ 배우
ゆう しゅう　　ゆう しょう　　ゆう せん　　ゆう れつ　　はい ゆう

___しい 상냥하다, 우아하다 ___れる 우수하다, 뛰어나다
やさ　　　　　　　　　　　　　　　すぐ

源
근원 원

음 げん
훈 みなもと

0937

源 源

源源源源源源源源源源源源

___流 원류 起___ 기원 資___ 자원 電___ 전원
げん りゅう　　き げん　　　し げん　　　でん げん

___ 수원, 근원
みなもと

危
위태할 위

음 き
훈 あぶ(ない), あや(うい),
あや(ぶむ)

0938

危 危

危危危危危危

___害 위해 ___機 위기 ___険 위험 ___篤 위독, 중태
き がい　　　き き　　　き けん　　　き とく

___ない 위험하다 ___うい 위태롭다 ___ぶむ 걱정하다, 의심하다
あぶ　　　　　　　あや　　　　　　　あや

胃
밥통 위

음 い

胃 胃

胃 胃 胃 胃 胃 胃 胃 胃 胃

____ い 위 ____ 癌 위암 胃 ____ 薬 위장약 ____ 腸 위장

幼
어릴 유

음 よう
훈 おさな(い)

幼 幼

幼 幼 幼 幼 幼

____ 児 유아 ____ 稚園 유치원 ____ 虫 유충 ____ 年期 유년기

____ い 어리다, 유치하다 ____ なじみ 소꿉친구, 죽마고우

乳
젖 유

음 にゅう
훈 ちち, ち

乳 乳

乳 乳 乳 乳 乳 乳 乳 乳

____ 児 유아, 젖먹이 ____ 製品 유제품 ____ 牛 우유 ____ 母 모유 ____ 哺 ____ 類 포유류

____ 젖 ____ 飲み子 젖먹이, 유아

遺
남길 유

음 い, ゆい

遺 遺

遺 遺 遺 遺 遺 遺 遺 遺 遺 遺 遺 遺 遺

____ 産 유산 ____ 跡 유적 ____ 族 유족 ____ 伝 유전

____ 言 유언

恩
은혜 은

음 おん

恩 恩

恩 恩 恩 恩 恩 恩 恩 恩 恩

____ 恵 은혜 ____ 師 은사, 스승 ____ 人 은인 ____ 謝会 사은회

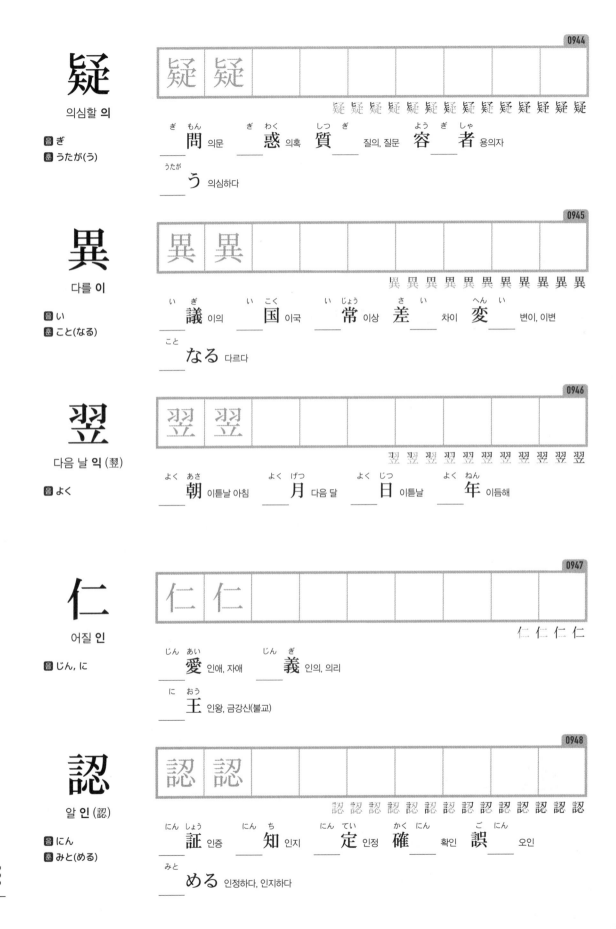

疑
의심할 **의**

- 음 ぎ
- 훈 うたが(う)

0944

| 疑 | 疑 | | | | | | |

疑疑疑疑疑疑疑疑疑疑疑疑疑

___問 ぎもん 의문　___惑 ぎわく 의혹　質___ しつぎ 질의, 질문　___容___者 ようぎしゃ 용의자

___う うたが 의심하다

異
다를 **이**

- 음 い
- 훈 こと(なる)

0945

| 異 | 異 | | | | | | |

異異異異異異異異異異異

___議 いぎ 이의　___国 いこく 이국　___常 いじょう 이상　___差 さい 차이　___変 へんい 변이, 이변

___なる こと 다르다

翌
다음 날 **익** (翌)

- 음 よく

0946

| 翌 | 翌 | | | | | | |

翌翌翌翌翌翌翌翌翌翌翌

___朝 よくあさ 이튿날 아침　___月 よくげつ 다음 달　___日 よくじつ 이튿날　___年 よくねん 이듬해

仁
어질 **인**

- 음 じん, に

0947

| 仁 | 仁 | | | | | | |

仁仁仁仁

___愛 じんあい 인애, 자애　___義 じんぎ 인의, 의리

___王 におう 인왕, 금강신(불교)

認
알 **인** (認)

- 음 にん
- 훈 みと(める)

0948

| 認 | 認 | | | | | | |

認認認認認認認認認認認認認

___証 にんしょう 인증　___知 にんち 인지　___定 にんてい 인정　確___ かくにん 확인　誤___ ごにん 오인

___める みと 인정하다, 인지하다

賃

품삯 **임**

음 ちん

借 ちんしゃく 임차　貸 ちんたい 임대　運 うんちん 운임　家 やちん 집세

姿

모양 **자**

음 し
훈 すがた

勢 しせい 자세　態 したい 자태　雄 ゆうし 용감한 모습　容 ようし 얼굴 모양이나 자태

すがた 모습, 상태　後ろ うしすがた 뒷모습

磁

자석 **자**

음 じ

気 じき 자기　石 じしゃく 자석　力 じりょく 자력　青 せいじ 청자　陶 器 とうじき 도자기

蚕

누에 **잠** (蠶)

음 さん
훈 かいこ

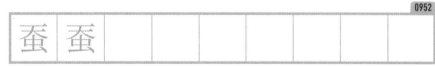

業 さんぎょう 양잠업　食 さんしょく 잠식　養 ようさん 양잠, 누에치기

かいこ 누에

将

장수 **장**

음 しょう

将将将将将将将将将将

棋 しょうぎ 장기　軍 しょうぐん 장군　来 しょうらい 장래　主 しゅしょう 주장　名 めいしょう 명장

装

꾸밀 장 (裝)

음 そう, しょう
훈 よそお(う)

装 装

装 装 装 装 装 装 装 装 装 装 装

そう しょく
飾 장식

そう ち
置 장치

そう び
備 장비

ほう そう
包 포장

い しょう
衣 의상

よそお
う 치장하다, 꾸미다, 그런 체하다

腸

창자 장

음 ちょう

腸 腸

腸 腸 腸 腸 腸 腸 腸 腸 腸 腸 腸 腸 腸

ちょう
장

ちょう えん
炎 장염

い ちょう
胃 위장

だい ちょう
大 대장

もう ちょう
盲 맹장

障

막을 장

음 しょう
훈 さわ(る)

障 障

障 障 障 障 障 障 障 障 障 障 障 障 障

しょう がい
害 장애

しょう じ
子 장지, 미닫이

しょう へき
壁 장벽

こ しょう
故 고장

ほ しょう
保 보장

さわ
る 해가 되다, 지장을 초래하다

め ざわ
目 り 방해물, 눈에 거슬림

蔵

감출 장 (藏)

음 ぞう
훈 くら

蔵 蔵

蔵 蔵 蔵 蔵 蔵 蔵 蔵 蔵 蔵 蔵 蔵 蔵 蔵 蔵

ぞう しょ
書 장서

しょ ぞう
所 소장

ちょ ぞう
貯 저장

まい ぞう
埋 매장

れい ぞう
冷 냉장

くら
창고

さか ぐら
酒 술 창고

ぐら
ワイン 와인 창고

臓

오장 장 (臟)

음 ぞう

臓 臓

臓 臓 臓 臓 臓 臓 臓 臓 臓 臓 臓 臓 臓 臓 臓 臓 臓 臓

ぞう き
器 장기

かん ぞう
肝 간장, 간

しん ぞう
心 심장

ない ぞう
内 내장

裁

마를 **재**

- 음 さい
- 훈 た(つ), さば(く)

裁 裁 裁 裁 裁 裁 裁 裁 裁 裁 裁

さい ばん	さい ほう	けっ さい	ちゅう さい	てい さい
__判 재판	__縫 재봉	決__ 결재	仲__ 중재	体__ 외관, 체면

た	さば
__つ 재단하다	__く 심판하다, 재판하다

著

나타날 **저** (著)

- 음 ちょ
- 훈 あらわ(す), いちじる (しい)

著 著 著 著 著 著 著 著 著 著 著

ちょ しゃ	ちょ じゅつ	ちょ めい	けん ちょ	きょう ちょ
__者 저자	__述 저술	__名 저명, 유명함	顕__ 현저	共__ 공저

あらわ	いちじる
__す 저술하다	__しい 현저하다, 명백하다

敵

대적할 **적**

- 음 てき
- 훈 かたき

敵 敵 敵 敵 敵 敵 敵 敵 敵 敵 敵 敵 敵 敵

てき い	てき し	きょう てき	ひっ てき	む てき
__意 적의	__視 적대시	強__ 강적	匹__ 필적	無__ 무적

かたき	かたき う
__ 원수, 상대, 적수	__討ち 원수를 갚음, 복수

専

오로지 **전** (專)

- 음 せん
- 훈 もっぱ(ら)

専 専 専 専 専 専 専 専

せん ぎょう	せん こう	せん ぞく	せん もん	せん よう
__業 전업	__攻 전공	__属 전속	__門 전문	__用 전용

もっぱ
__ら 오로지, 한결같이, 전적으로

展

펼 **전**

- 음 てん

展 展 展 展 展 展 展 展 展

てん かい	てん じ	てん らん かい	しん てん	はっ てん
__開 전개	__示 전시	__覧会 전람회	進__ 진전	発__ 발전

銭

돈 전(錢)

음 せん
훈 ぜに

銭	銭	

銭 銭 銭 銭 銭 銭 銭 銭 銭 銭 銭 銭 銭

せん とう
___湯 대중 목욕탕

きん せん
金___ 금전

どう せん
銅___ 동전

ぜに
___ 돈, 금속제 화폐

こ ぜに
小___ 잔돈

頂

정수리 정

음 ちょう
훈 いただ(く), いただき

頂	頂	

頂 頂 頂 頂 頂 頂 頂 頂 頂 頂 頂

ちょう じょう
___上 정상

ちょう てん
___点 정점

さん ちょう
山___ 산꼭대기, 정상

ぜっ ちょう
絶___ 절정

とう ちょう
登___ 등정

いただ
___く 받다, 얻다, 마시다, 먹다(겸사말)

いただき
___ 꼭대기, 정상

除

덜 제

음 じょ, じ
훈 のぞ(く)

除	除	

除 除 除 除 除 除 除 除 除

じょ きょ
___去 제거

かい じょ
解___ 해제

さく じょ
削___ 삭제

めん じょ
免___ 면제

そう じ
掃___ 청소

のぞ
___く 없애다, 제외하다

済

건널 제(濟)

음 さい
훈 す(む), す(ます)

済	済	

済 済 済 済 済 済 済 済 済 済 済

へん さい
返___ 반제, 꾸어 쓴 돈이나 빌려 쓴 물건을 갚음

きゅう さい
救___ 구제

きょう さい
共___ 공제

けい ざい
経___ 경제

す
___む 끝나다, 해결되다

す
___ます 끝내다, 해결하다

諸

모두 제(諸)

음 しょ

諸	諸	

諸 諸 諸 諸 諸 諸 諸 諸 諸 諸 諸 諸 諸 諸

しょ くん
___君 여러분

しょ こく
___国 여러 나라

しょ とう
___島 제도, 여러 섬

潮

밀물 조

음 ちょう
훈 しお

| 潮 | 潮 | | | | | | | | |

潮潮潮潮潮潮潮潮潮潮潮潮潮潮

___ 流 조류 ___ 風 풍조 干 ___ 간조, 썰물 満 ___ 만조, 밀물

___ しお 바닷물, 조수 ___ 風 바닷바람, 갯바람 ___ 引き 썰물 ___ 満ち 밀물

操

잡을 조

음 そう
훈 みさお, あやつ(る)

| 操 | 操 | | | | | | | | |

操操操操操操操操操操操操操操操操

___ 作 조작 ___ 縦 조종 体 ___ 체조 貞 ___ 정조

___ みさお 지조, 절개, 정조 ___ る 조종하다, 다루다 ___ り人形 꼭두각시

存

있을 존

음 そん, ぞん

| 存 | 存 | | | | | | | | |

存存存存存存

___ 在 존재 ___ 続 존속 既 ___ 기존

___ じる 알다, 생각하다(겸사말) 保 ___ 보존, 저장

尊

높을 존 (尊)

음 そん
훈 とうと(い), とうと(ぶ),
たっと(い), たっと(ぶ)

| 尊 | 尊 | | | | | | | | |

尊尊尊尊尊尊尊尊尊尊尊

___ 敬 존경 ___ 厳 존엄 ___ 重 존중 自 ___ 자존

___ い・___ い 소중하다, 고귀하다 ___ ぶ・___ ぶ 공경하다, 숭상하다

宗

마루 종

음 しゅう, そう

| 宗 | 宗 | | | | | | | | |

宗宗宗宗宗宗宗宗

___ 教 종교 ___ 徒 신도, 신자 ___ 派 종파 ___ 改 개종

___ 家 종가, 본가

従

좇을 **종** (從)

음 じゅう, しょう, じゅ
훈 したが(う), したが(える)

従 従

従 従 従 従 従 従 従 従 従

___業員 종업원　___順 순종　服___ 복종

___う 따르다　～に___って ～에 따라서　___える 따르게 하다, 데리고 가다

縦

세로 **종** (縱)

음 じゅう
훈 たて

0975

縦 縦

縦 縦 縦 縦 縦 縦 縦 縦 縦 縦 縦 縦 縦 縦 縦

___横 종횡　___走 종주　___断 종단　操___ 조종

___ 세로　___書き 세로쓰기

座

자리 **좌**

음 ざ
훈 すわ(る)

0976

座 座

座 座 座 座 座 座 座 座 座

___席 좌석　___談 좌담　___布団 방석　上___ 상좌, 상석　___星 별자리

___る 앉다

宙

집 **주**

음 ちゅう

0977

宙 宙

宙 宙 宙 宙 宙 宙 宙 宙

___返り 공중제비, 비행기의 공중회전　___吊り 공중에 매달림　宇___ 우주

奏

아뢸 **주**

음 そう
훈 かな(でる)

0978

奏 奏

奏 奏 奏 奏 奏 奏 奏 奏 奏

演___ 연주　合___ 합주　独___ 독주　伴___ 반주

___でる 악기를 켜다, 연주하다

株

그루 주

훈 かぶ

株 株

株 株 株 株 株 株 株 株 株 株

かぶ ___ 그루터기, 그루, 주식

かぶ か ___価 주가

かぶ しき ___式 주식

かぶ ぬし ___主 주주

衆

무리 중

음 しゅう, しゅ

衆 衆

衆 衆 衆 衆 衆 衆 衆 衆 衆 衆 衆

かん しゅう 観___ 관중

ぐん しゅう 群___ 군중

こう しゅう 公___トイレ 공중화장실

みん しゅう 民___ 민중

しゅ じょう ___生 중생

蒸

찔 증

음 じょう
훈 む(す), む(れる),
む(らす)

蒸 蒸

蒸 蒸 蒸 蒸 蒸 蒸 蒸 蒸 蒸 蒸 蒸 蒸 蒸

じょう き ___気 증기

じょう はつ ___発 증발

じょう りゅう ___留 증류

すい じょう き 水___気 수증기

む ___す 찌다

む ___れる 뜸들다

む ___らす 뜸들이다

至

이를 지

음 し
훈 いた(る)

至 至

至 至 至 至 至 至

し きゅう ___急 지급, 시급히

し ごく ___極 지극

げ し 夏___ 하지

とう じ 冬___ 동지

ひっ し 必___ 필연, 불가피

いた ___る 다다르다, 도달하다, 되다

いた ところ ___る所 도처에, 가는 곳마다

誌

기록할 지

음 し

誌 誌

誌 誌 誌 誌 誌 誌 誌 誌 誌 誌 誌 誌 誌

し じょう ___上 기사면, 지면

しゅう かん し 週刊___ 주간지

ざっ し 雑___ 잡지

にっ し 日___ 일지

窓
창 **창**

음 そう
훈 まど

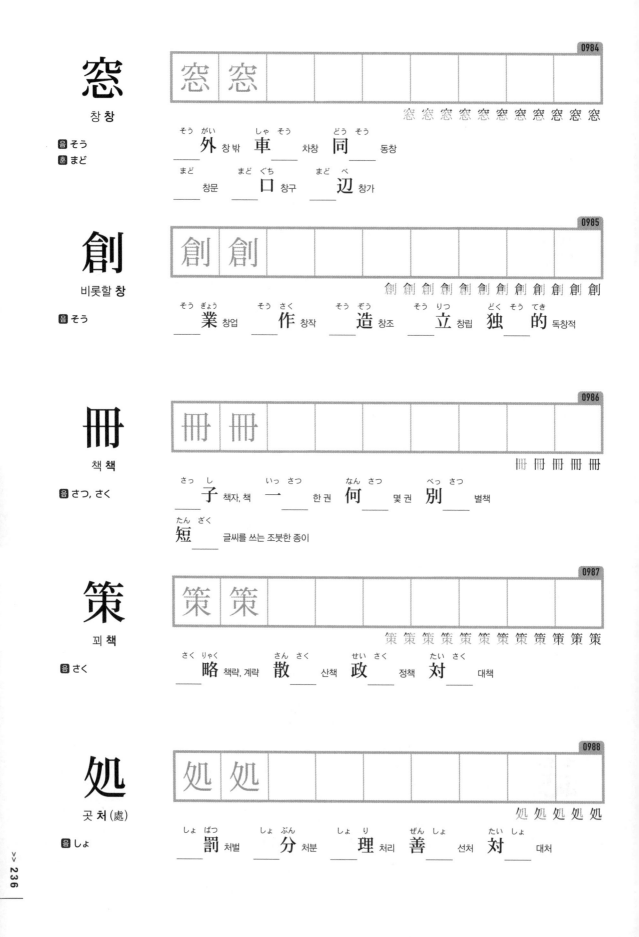

0984

窓窓 | 窓窓窓窓窓窓窓窓窓窓窓

＿外 창밖 そう がい　車＿ 차창 しゃ そう　同＿ 동창 どう そう

＿ 창문 まど　＿口 창구 まど ぐち　＿辺 창가 まど べ

創
비롯할 **창**

음 そう

0985

創創 | 創創創創創創創創創創創

＿業 창업 そう ぎょう　＿作 창작 そう さく　＿造 창조 そう ぞう　＿立 창립 そう りつ　独＿的 독창적 どく そう てき

冊
책 **책**

음 さつ, さく

0986

冊冊 | 冊冊冊冊冊

＿子 책자, 책 さっ し　一＿ 한권 いっ さつ　何＿ 몇권 なん さつ　別＿ 별책 べっ さつ

短＿ 글씨를 쓰는 조붓한 종이 たん ざく

策
꾀 **책**

음 さく

0987

策策 | 策策策策策策策策策策策

＿略 책략, 계략 さく りゃく　散＿ 산책 さん さく　政＿ 정책 せい さく　対＿ 대책 たい さく

処
곳 **처** (處)

음 しょ

0988

処処 | 処処処処処

＿罰 처벌 しょ ばつ　＿分 처분 しょ ぶん　＿理 처리 しょ り　善＿ 선처 ぜん しょ　対＿ 대처 たい しょ

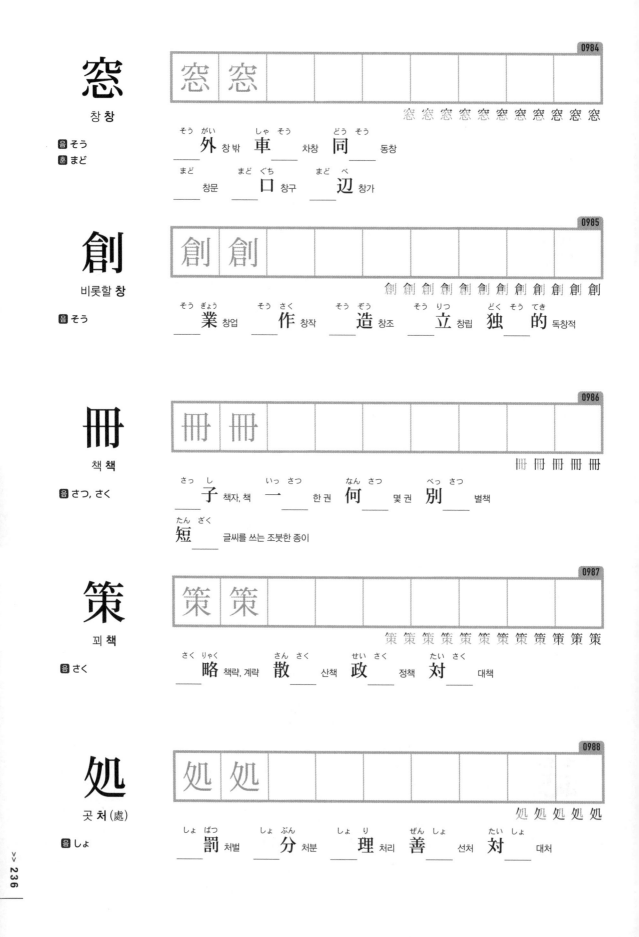

尺
자 **척**

음 しゃく

<u>しゃく ど</u>
　度 자, 길이

<u>いっ しゃく</u>
一　　 1척

<u>しゅく しゃく</u>
縮　　 축척

泉
샘 **천**

음 せん
훈 いずみ

<u>せん すい</u>
　水 샘물

<u>おん せん</u>
温　　 온천

<u>げん せん</u>
源　　 원천

<u>いずみ</u>
　　　 샘, 샘물

庁
관청 **청** (廳)

음 ちょう

<u>ちょう しゃ</u>
　舍 청사

<u>かん ちょう</u>
官　　 관청

<u>けい さつ ちょう</u>
警察　　 경찰청

<u>けん ちょう</u>
県　　 현청

寸
마디 **촌**

음 すん

<u>すん ぜん</u>
　前 직전, 바로 전

<u>すん だん</u>
　断 잘게 끊음, 토막토막 자름

<u>いっ すん</u>
一　　 잠시, 잠깐, 조금

推
밀 **추**

음 すい
훈 お(す)

<u>すい い</u>
　移 추이

<u>すい せん</u>
　薦 추천

<u>すい そく</u>
　測 추측

<u>すい り</u>
　理 추리

<u>るい すい</u>
類　　 유추

<u>お</u>
　す 밀다, 추진시키다, 천거하다

縮

줄일 **축**

음 しゅく
훈 ちぢ(む), ちぢ(まる),
ちぢ(める), ちぢ(れる),
ちぢ(らす)

縮 縮

縮 縮 縮 縮 縮 縮 縮 縮 縮 縮 縮 縮 縮 縮 縮 縮

しゅく しょう
__ 小 축소

しゅく ず
__ 図 축도

あっ しゅく
__ 圧 압축

きょう しゅく
__ 恐 황송함

たん しゅく
__ 短 단축

ちぢ
__ む 주름이 지다, 오그라들다

ちぢ
__ まる 줄어들다, (시간·거리 등) 짧아지다

ちぢ
__ める 줄이다, 단축하다

ちぢ
__ れる 주름이 지다, 곱슬곱슬해지다

ちぢ
__ らす 오그라들게 하다, 곱슬곱슬하게 만들다

ふく ちぢ
服が縮まる

忠

충성 **충**

음 ちゅう

忠 忠

忠 忠 忠 忠 忠 忠 忠 忠

ちゅう こく
__ 告 충고

ちゅう じつ
__ 実 충실함

ちゅう しん
__ 臣 충신

ちゅう せい
__ 誠 충성

就

나아갈 **취**

음 しゅう, じゅ
훈 つ(く), つ(ける)

就 就

就 就 就 就 就 就 就 就 就 就 就 就

しゅう こう
__ 航 취항

しゅう しょく
__ 職 취직, 취업

しゅう しん
__ 寝 취침

しゅう にん
__ 任 취임

じょう じゅ
__ 成 성취

つ
__ く 취임하다, 취업하다, 종사하다

つ
__ ける 지위(자리)에 앉히다, 종사하게 하다

層

층 **층** (層)

음 そう

層 層

層 層 層 層 層 層 層 層 層 層 層 層 層 層

かい そう
階 __ 계층

こう そう
高 __ 고층

だん そう
断 __ 단층

ち そう
地 __ 지층

値
값 치

0998

値 値

値 値 値 値 値 値 値 値 値

음 ち
훈 ね, あたい

価 ——
か ち
가치

血糖 ——
けっ とう ち
혈당치

数 ——
すう ち
수치, 값

平均 ——
へい きん ち
평균치

—— ね
값, 가격

—— 段
ね だん
가격

—— あたい
값, 가격, 값어치

～に —— する
あたい
～할 만하다

針
바늘 침

0999

針 針

針 針 針 針 針 針 針 針 針 針

음 しん
훈 はり

—— 葉樹
しん よう じゅ
침엽수

秒 ——
びょう しん
초침

方 ——
ほう しん
방침

—— はり
바늘, 침, 가시

—— 金
はり がね
철사

誕
낳을 탄

1000

誕 誕

誕 誕 誕 誕 誕 誕 誕 誕 誕 誕 誕 誕 誕 誕

음 たん

—— 生日
たん じょう び
생일

降 ——
こう たん
강탄, 탄생

聖 ——
せい たん
성탄

生 ——
せい たん
탄생

探
찾을 탐

1001

探 探

探 探 探 探 探 探 探 探 探 探

음 たん
훈 さぐ(る), さが(す)

—— 究
たん きゅう
탐구

—— 検
たん けん
탐험

—— 索
たん さく
탐색

—— 偵
たん てい
탐정

—— 訪
たん ぼう
탐방

—— る
さぐ
찾다, 탐색하다, 조사하다

—— す
さが
찾다

宅
집 택/댁 댁

1002

宅 宅

宅 宅 宅 宅 宅 宅

음 たく

—— 地
たく ち
택지

—— 配
たく はい
택배

自 ——
じ たく
자택

住 ——
じゅう たく
주택

お ——
たく
댁

帰 ——
き たく
귀가

討
칠 **토**

- 음 とう
- 훈 う(つ)

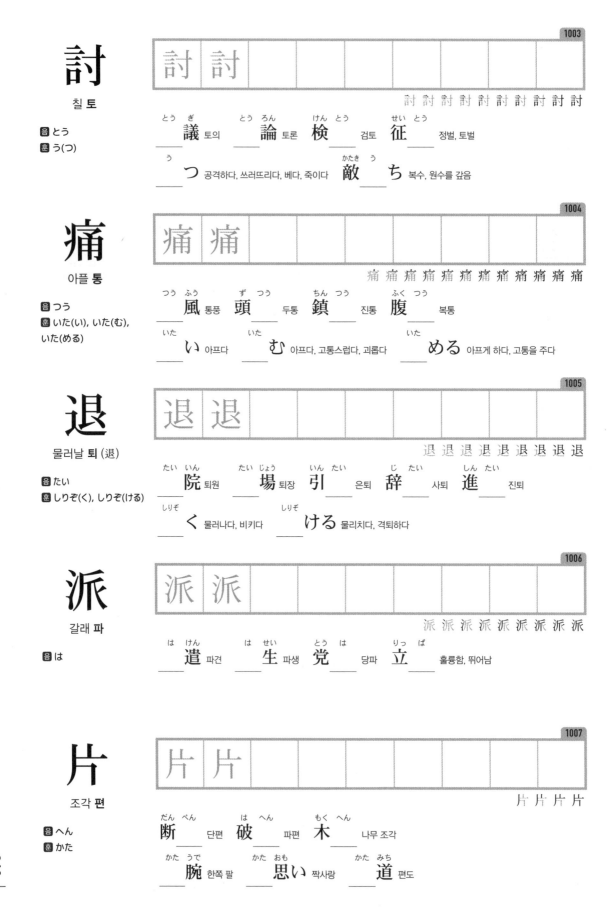

討 討

討 討 討 討 討 討 討 討 討 討

とう ぎ	とう ろん	けん とう	せい とう
__議 토의	__論 토론	検__ 검토	征__ 정벌, 토벌

__つ 공격하다, 쓰러뜨리다, 베다, 죽이다 かたき う 敵__ち 복수, 원수를 갚음

痛
아플 **통**

- 음 つう
- 훈 いた(い), いた(む),
  いた(める)

痛 痛

痛 痛 痛 痛 痛 痛 痛 痛 痛 痛 痛

つう ふう	ず つう	ちん つう	ふく つう
__風 통풍	頭__ 두통	鎮__ 진통	腹__ 복통

いた__い 아프다   いた__む 아프다, 고통스럽다, 괴롭다   いた__める 아프게 하다, 고통을 주다

退
물러날 **퇴** (退)

- 음 たい
- 훈 しりぞ(く), しりぞ(ける)

退 退

退 退 退 退 退 退 退 退 退

たい いん	たい じょう	いん たい	じ たい	しん たい
__院 퇴원	__場 퇴장	引__ 은퇴	辞__ 사퇴	進__ 진퇴

しりぞ__く 물러나다, 비키다   しりぞ__ける 물리치다, 격퇴하다

派
갈래 **파**

- 음 は

派 派

派 派 派 派 派 派 派 派 派

は けん	は せい	とう は	りっ ば
__遣 파견	__生 파생	党__ 당파	__立 훌륭함, 뛰어남

片
조각 **편**

- 음 へん
- 훈 かた

片 片

片 片 片 片

だん ぺん	は へん	もく へん
断__ 단편	破__ 파편	__木 나무 조각

かた うで	かた おも	かた みち
__腕 한쪽 팔	__思い 짝사랑	__道 편도

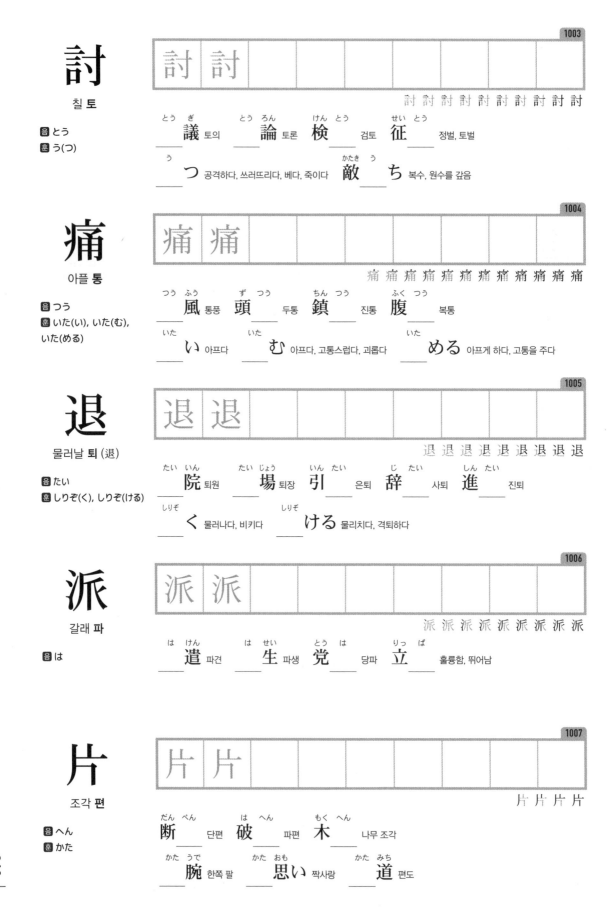

肺
허파 **폐**

음 はい

肺肺肺肺肺肺肺肺肺

はい	はい えん	はい かつ りょう	はい
___ 폐	___ 炎 폐렴	___ 活量 폐활량	___ がん 폐암

陛
대궐 섬돌 **폐**

음 へい

陛陛陛陛陛陛陛陛陛

へい か	こう ごう へい か	てん のう へい か
___ 下 폐하(일본 국왕)	皇后 ___ 下 황후 폐하	天皇 ___ 下 천황 폐하

閉
닫을 **폐**

음 へい
훈 し(まる), し(める),
と(じる), と(ざす)

閉閉閉閉閉閉閉閉閉閉閉

へい さ	へい てん	かい へい	みっ ぺい
___ 鎖 폐쇄	___ 店 폐점	開 ___ 개폐	___ 密 밀폐

し	し	と
___ まる 닫히다	___ める 닫다, 잠그다	___ じる 닫히다, 닫다, (눈을) 감다

と
___ ざす 닫다, (길·통행을) 막다, 가두다

まど し
窓を閉める

俵
나누어줄 **표**

음 ひょう
훈 たわら

俵俵俵俵俵俵俵俵俵

いっ ぴょう	ど ひょう
一 ___ 낱 섬, 한 가마	土 ___ 스모를 하는 판, 씨름판

たわら	こめ だわら
___ 섬, 가마니	米 ___ 쌀섬, 쌀가마니

割

벨 할

음 かつ
훈 わ(る), わり, わ(れる), さ(く)

割割

割割割割割割割割割割割

かつ あい
愛 할애

かっ ぶ
賦 할부

かっ ぷく
腹 할복

ぶん かつ
分 분할

わ
る 깨다, 쪼개다

わり かん
勘 각자 부담, 더치페이

わり びき
引 할인

じ かん わり
時間 시간표

わ
れる 깨지다, 분열되다, 갈라지다

さ
く 찢다, 쪼개다

さら わ
皿を割る

郷

시골 향 (鄕)

음 きょう, ごう

郷郷

郷郷郷郷郷郷郷郷郷郷郷

きょう しゅう
愁 향수

きょう ど
土 향토, 태어난 곳

こ きょう
故 고향

どう きょう
同 동향, 같은 고향

憲

법 헌

음 けん

憲憲

憲憲憲憲憲憲憲憲憲憲憲憲憲憲憲

けん ぺい
兵 헌병

けん ぽう
法 헌법

い けん
違 위헌

ごう けん
合 합헌

革

가죽 혁

음 かく
훈 かわ

革革

革革革革革革革革革

かく しん
新 혁신

かく めい
命 혁명

かい かく
改 개혁

へん かく
変 변혁

かわ
가죽

かわ ぐつ
靴 가죽 구두(신)

かわ せい ひん
製品 가죽 제품

穴
구멍 **혈**

- 음 けつ
- 훈 あな

虎^{こけつ}穴 호랑이 굴 洞^{どうけつ}穴 동굴 墓^{ぼけつ}穴 묘혈, 무덤 구덩이

穴^{あな} 구멍 落^{あな}とし穴 함정, 계략 毛^{けあな}穴 모공

呼
부를 **호**

- 음 こ
- 훈 よ(ぶ)

1017

呼^{こおう}応 호응 呼^{こきゅう}吸 호흡 点^{てんこ}呼 점호 連^{れんこ}呼 연호(같은 말을 되풀이 해서 외침)

呼^よぶ 부르다 呼^よび出し 호출 呼^よび鈴 초인종

紅
붉을 **홍**

- 음 こう, く
- 훈 べに, くれない

1018

紅^{こうちゃ}茶 홍차 紅^{こうちょう}潮 홍조 紅^{こうはく}白 홍백 紅^{こうよう}葉 단풍잎 真^{しんく}紅 진홍

紅^{べに} 홍화, 잇꽃, 연지 口^{くちべに}紅 립스틱 紅^{くれない} 다홍, 주홍색

拡
넓힐 **확** (擴)

- 음 かく

1019

拡^{かくさん}散 확산 拡^{かくじゅう}充 확충 拡^{かくだい}大 확대 拡^{かくちょう}張 확장

皇
임금 **황**

- 음 こう, おう

1020

皇^{こうきょ}居 황거, 천황이 거처하는 곳 皇^{こうごう}后 황후 皇^{こうしつ}室 황실

皇^{おうじ}子 황자

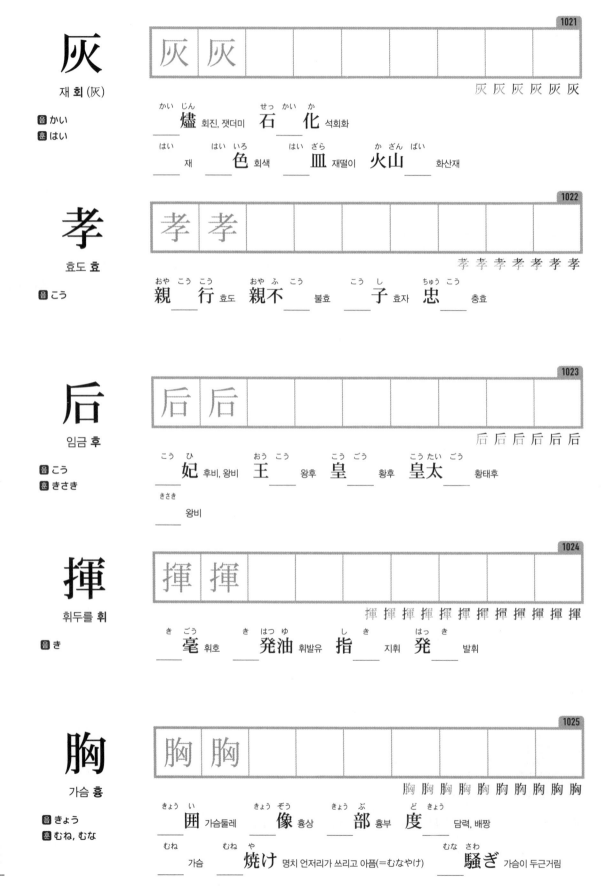

灰
재 회 (灰)

음 かい
훈 はい

| 1021 |
| 灰 | 灰 | | | | | | | |

灰灰灰灰灰灰

___燼 회진, 잿더미　石___化 석회화

___재　___色 회색　___皿 재떨이　火山___ 화산재

孝
효도 효

음 こう

| 1022 |
| 孝 | 孝 | | | | | | | |

孝孝孝孝孝孝孝

親___行 효도　親不___ 불효　___子 효자　忠___ 충효

后
임금 후

음 こう
훈 きさき

| 1023 |
| 后 | 后 | | | | | | | |

后后后后后后

___妃 후비, 왕비　王___ 왕후　皇___ 황후　皇太___ 황태후

___ 왕비

揮
휘두를 휘

음 き

| 1024 |
| 揮 | 揮 | | | | | | | |

揮揮揮揮揮揮揮揮揮揮揮

___毫 휘호　___発油 휘발유　指___ 지휘　発___ 발휘

胸
가슴 흉

음 きょう
훈 むね, むな

| 1025 |
| 胸 | 胸 | | | | | | | |

胸胸胸胸胸胸胸胸胸胸

___囲 가슴둘레　___像 흉상　___部 흉부　___度 담력, 배짱

___ 가슴　___焼け 명치 언저리가 쓰리고 아픔(=むなやけ)　___騒ぎ 가슴이 두근거림

吸

마실 **흡**

음 きゅう
훈 す(う)

吸 吸

吸 吸 吸 吸 吸 吸

<ruby>吸<rt>きゅう</rt></ruby><ruby>引<rt>いん</rt></ruby> 흡인　　<ruby>吸<rt>きゅう</rt></ruby><ruby>収<rt>しゅう</rt></ruby> 흡수　　<ruby>吸<rt>きゅう</rt></ruby><ruby>入<rt>にゅう</rt></ruby> 흡입　　<ruby>深呼<rt>しんこ</rt></ruby><ruby>吸<rt>きゅう</rt></ruby> 심호흡

<ruby>吸<rt>す</rt></ruby>う 들이마시다, 빨다　　<ruby>吸<rt>す</rt></ruby>いがら 담배꽁초

NEW
일본어 상용한자
기초 마스터 **1026** 쓰기노트

지은이 한선희, 이이호시 카즈야
펴낸이 정규도
펴낸곳 (주)다락원

초판 1쇄 발행 2020년 5월 12일
초판 5쇄 발행 2024년 2월 21일

편집총괄 송화록
책임편집 김은경
표지디자인 장미연
내지디자인 하태호, 박태연
일러스트 야하타 에미코

다락원 경기도 파주시 문발로 211
내용문의: (02)736-2031 내선 460~465
구입문의: (02)736-2031 내선 250~252
Fax: (02)732-2037
출판등록 1977년 9월 16일 제406-2008-000007호

ISBN 978-89-277-1231-2 13730

http://www.darakwon.co.kr

- 다락원 홈페이지를 방문하시면 상세한 출판 정보와 함께 동영상강좌, MP3 자료 등 다양한 어학 정보를 얻으실 수 있습니다.
- 다락원 홈페이지에서 『NEW 일본어 상용한자 기초 마스터 1026 쓰기노트』를 검색하신 후 **일반자료의 기타**에서 「**한자 확인문제**」를 무료 다운로드 받으세요.